MANAGEMENT ACCOUNTING

管理会計で未来の利益が増大する

実践 原価計算

COST ACCOUNTING

橋本賢一 マネジメント・コンサルタント、公認会計士
KENICHI HASHIMOTO

日本能率協会マネジメントセンター

はじめに

1962年、旧大蔵省企業会計審議会が米国の管理会計基準を参考にして制定した「原価計算基準」がある。原価計算を学ぶ誰もがこの「原価計算基準」を参考にして実務に応用してきた。経営環境は変わっても原価計算の本質は変わらないが、社会科学である以上、実務にそぐわない部分が出るのは当然である。原価計算基準の根幹をなす制度としての原価計算は期間損益計算目的である財務会計に使われるが、もともと原価計算は未来の利益増大目的である管理会計に使われる部分が多く、近年ますますその重要が高まっている。ところが、原価の活用部門や計算範囲が目的によって異なるため、難解な学問分野であった。

本書は「原価計算と管理会計の実践的な活用」をテーマに、下記の部門とニーズに応えるよう原価計算の活用を重点に執筆したものである。

■原価計算は多目的であり、対象はメーカーに絞っているが、部門とニーズは広い

- ・トップは、会社組織が機能し、業績向上に貢献しているかを見えるようにしたい。
- ・経理部門は、どのような原価情報が利益増に繋がるか。また予算管理と原価管理の管理会計上の違いを知りたい。
- ・技術部門は、製品製造原価のほとんどを決めているにも関わらずお金の計算に弱い。どのように技術段階でコストをつくり込むか。
- ・製造部門は、日常の改善や効率向上がどうコストダウンに繋がっているか。
- ・生産管理は、コストダウン・リードタイム・在庫低減に果たす役割は何か。
- ・営業部門は、価格決定や受注可否判断ができる原価情報とは何か。
- ・情報部門は、最適な原価データと原価情報システムをどのように構築するか。
- ・管理部門は、間接費の肥大化の中での固定費、業績の管理はどのようにするか。

■本書は従来の原価入門・原価計算書にない次の特徴がある

- 入門書を読んだが実務にどう生かしてよいかわからない人が学ぶ実務書である。
- 手間のかかる日報記録に代わる多種少量生産向きの原価計算ができる本である。
- 多目的な原価データを一元的に管理し、原価情報システムの構築に役立つ本である。
- 原価計算より、その活用（コストダウン・価格決定など）に重点を置いた本である。
- 制度としての原価計算の枠外で行う見積・標準原価計算を業績向上につなげるまでの実践を書いた本である。
- コストダウンから管理会計の未来の利益増の目的に繋がる本である。

前半は原価計算が多目的に使われる故に、目的に合った原価分類が必要なことを述べる。経理は棚卸資産評価目的、トップは事業採算の意思決定目的、部門業績評価（予算管理目的）、営業は価格決定目的、技術は製品別原価管理目的、製造は部門別原価管理目的など原価は幅広く使われる。このすべての目的に合う原価計算はなく、かといって目的別に原価データをつくるわけにもいかない。その解決策は、製品別・工程別の標準原価のデータを一元化して持ち、各部門に目的に合った原価情報を提供することである。

後半は、標準原価データから作成される原価情報を活用して、利益増大に繋げるアクションである。トップの事業選択、営業の適正価格設定、技術のコストダウン、製造のコストダウンがそれぞれどのように利益増大に結び付くかを記述する。

筆者がマネジメント・コンサルタントとして長年追い続けてきた「原価・コスト」というテーマを実務に役立つよう、具体的な数字の計算や帳表を掲載してたので、貴社の業績向上に役立てていただきたい。

目的別の原価・原価計算分類

目的＼手段		会計領域	財務会計	⇐過去	（現在）⇐	管理会計	⇒（未来）	原価レベル		
		原価計算種類	事後原価計算	事前原価計算				実力値A	達成可能値B	理想値C
			実際原価計算	予定原価計算	見積原価計算		標準原価計算			
		原価種類	期間原価		製品原価（製品・部品・工程別）					
			実際原価A	予定原価B	見積原価A	目標原価B	標準原価C			
誰：評価	社長・経理	損益計算書	棚卸資産原価	（予想決算書）				○		
	事業部長	事業別原価計算	総原価	事業戦略 業績管理					○	
	部門長	部門別原価計算							○	
何：アクション	営業	顧客別原価計算	販売費・管理費	（販売予算）	価格見積			○		
	設計技術	製品別原価計算	売上原価	製造予算管理	原価見積	原価企画 コストリダクション	（標準消費量）			○
	生産技術	工程別　〃			（コストテーブル）		（標準時間）			○
	購買	実際原価計算	仕入原価				標準原価管理 コストコントロール			○
	製造	・個別原価計算	製造原価							○
		・総合原価計算	材料・労務・経費							○
管理可能性による分類 ⇒			埋没原価・機会原価	管理可能・不能費	増分原価	ライフサイクルコスト	管理可能・不能費	標準原価に一元化		
原単位による分類 ⇒			単価×消費量	材料単価×消費量		加工費レート×時間				
製品との関連分類 ⇒			直接費・間接費	材料費		加工費				
操業度との関連分類 ⇒				限界原価＝変動費			固定費			
原価の集計範囲分類 ⇒			全部原価	部分原価・直接原価計算			損益分岐点			

上記は、原価・原価計算とその使用目的を体系図にしたものである。原価計算がわかりにくい原因に、使用目的によって原価の切り口が違うため、いろいろな用語が出てくることがある。本書は原価計算に出てくる用語はすべて網羅しているが、多岐にわたるため、各章の扉に、これから学習する原価の位置づけがわかる体系図を示した。図は原価分類および原価計算方法からその活用までを体系的に一覧できるインデックスである。

前半の原価・原価計算の種類（第1部：第1～5章）は図のアミ部分を解説し、後半の原価情報の活用である目的（第2部：第6～9章）は図の白色部分を解説している。

2018年9月

MEマネジメントサービス
橋本　賢一

目　次

第2章　事業・製品別実際原価計算のやり方

—どの事業・製品が儲かっているか—

第3章　部分原価・直接原価計算のやり方

—粗利と限界利益は何が違うか—

第4章　見積・標準原価計算のやり方

—事前に知る原価が圧倒的に大事—

第２部　原価情報の活用

第６章　多目的の原価をERPで一元化
—標準原価を目的に合った原価情報に—

第7章　原価計算から原価管理へ

―原価が見えたらどのように使うか―

第8章 2つの原価管理とコストダウン
―原価企画と標準原価管理（原価差異分析）―

第9章　原価・価格見積と採算判断
―原価を使った意思決定と利益管理―

本書は日本の原価計算のマニュアルともいえる「原価計算基準」に準拠するように執筆しているので、原価計算基準からの引用文を、アミ入りの囲みで、随所に参考記載している。

第1部

原価のねらいと構成

第1章 原価のしくみと原価計算

—なぜ何種類もの原価があるのか—

目的別の原価・原価計算分類

手段		会計領域	財務会計	⇐過去	（現在）⇐	管理会計	⇒（未来）	原価レベル		
		原価計算種類	事後原価計算	事前原価計算				実力値A	達成可能値B	理想値C
			実際原価計算	予定原価計算	見積原価計算		標準原価計算			
目的		原価種類	期間原価		製品原価（製品・部品・工程別）					
			実際原価A	**予定原価B**	**見積原価A**	**目標原価B**	**標準原価C**			
誰：評価	社長・経理	損益計算書	棚卸資産原価	（予想決算書）				○		
	事業部長	事業別原価計算	総原価	**事業戦略 業績管理**					○	
	部門長	部門別原価計算							○	
何：アクション	営業	顧客別原価計算	販売費・管理費	（販売予算）	**価格見積**			○		
	設計技術	製品別原価計算	売上原価	**製造予算管理**	原価見積	**原価企画**	（標準消費量）			○
	生産技術	工程別 〃			（コストテーブル）	**コストリダクション**	（標準時間）			○
	購買	実際原価計算	仕入原価				**標準原価管理**			○
	製造	・個別原価計算	製造原価				**コストコントロール**			○
		・総合原価計算	材料・労務・経費							○
管理可能性による分類		⇒	埋没原価・機会原価	管理可能・不能費	増分原価	ライフサイクルコスト	管理可能・不能費			
原単位による分類		⇒	単価×消費量	材料単価×消費量		加工費レート×時間		標準原価に一元化		
製品との関連分類		⇒	直接費・間接費	材料費		加工費				
操業度との関連分類		⇒		限界原価＝変動費			固定費			
原価の集計範囲分類		⇒	全部原価	部分原価・直接原価計算			損益分岐点			

CONTENTS

原価計算の目的は、経理は棚卸資産評価、予算管理、トップは事業戦略、部門業績管理、営業は価格決定、技術は原価企画、製造は標準原価管理などのように幅広い。原価は多目的に使われるため、目的に合った原価分類や原価計算がある。

本章は財務会計と管理会計に用いる原価から入る。財務会計は過去の期間の利益分配を、管理会計は未来の利益増大を目的としているが、原価は後者の管理会計目的に使われることが圧倒的に多い。そこで、金額による見える化に始まり、PLAN－DO－SEEの管理サイクルを回す管理会計の中で果たす原価の役割を記述する。

1-1　期間損益計算と原価の役割

(1) 経営の基本機能は、財務、生産、販売機能

経営には、① 財務、② 生産、③ 販売活動の3つの基本機能がある。この3つの基本機能がバランスよく活動すると成長と収益を生む。

財務は資金を調達し運用する機能で、通常は経理部門が担当しているが、会社の規模が大きくなると、経理とは別に財務部門が担当する。

生産は顧客にとって価値のある製品やサービスをつくり出す機能である。製品やサービスは会社の心臓部であり、付加価値の高い製品やサービスを生み出し、それを低コストで生産する。これは、開発設計技術部門、生産技術部門、そして製造部門までが担当する。

販売はつくられた製品やサービスを顧客に提供し資金を回収する機能である。市場を調査した上で、ターゲットとなる顧客を見定め、販促を行う機能は営業部門が担当する。

図表1・1　利益はどのようにして生まれるのか

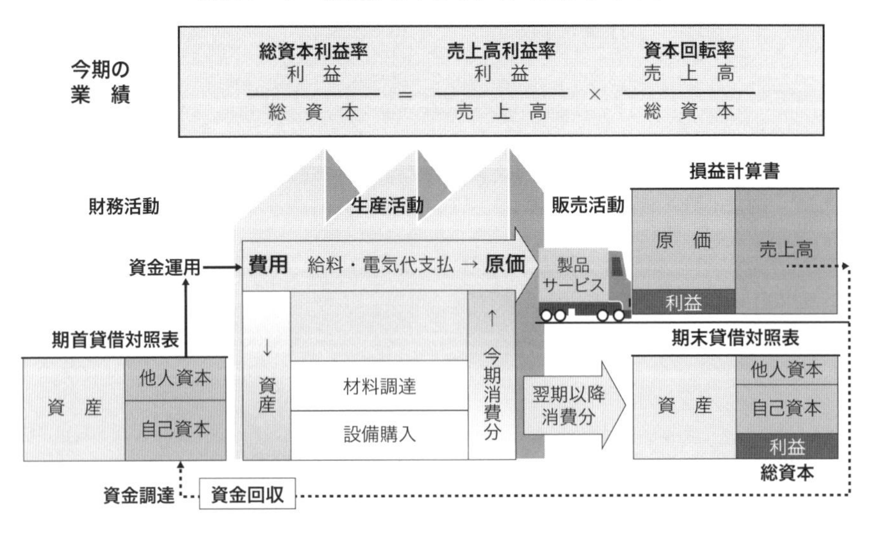

図表1・1は、経営の基本機能がどのようにつながり、利益に結び付いているかを資金の流れで示した。企業は財務活動によって自己資本（出資など）または他人資本（借入など）から資金を調達し、モノやサービスを生産するのに

必要な生産要素（人、資材、設備、エネルギー、情報）に運用する。決算書の1つである貸借対照表の右側に記載された調達資本を合計すると総資本になる。運用は消費か資産のいずれかである。給料、電気代など消費して戻らない資金は費用となり、材料、設備など換金性のあるものに使われると資産になるが、建物や設備のような資産は消費されて価値が減ると減価償却費として費用になる。貸借対照表の左側はまだ消費されてない資産を示している。

費用はまだ何に使われたかわからないが、使用目的がわかると原価に替わる。生産活動の結果、製品やサービスをつくり出すために使われた費用は製造原価、売るために使われた費用は売上原価というように、原価は費用と違って使用目的がある。

生産された製品やサービスは販売活動によって売上になる。その際、生産、販売活動にかかった原価、さらには財務活動にかかった費用よりも多くの資金が回収できれば、儲け（利益）が生まれる。その利益を計算する決算書に損益計算書がある。

要約すると、経営は資金をインプットし、利益をアウトプットする活動であり、会社の業績指標は、総資本利益率（利益÷総資本）で測定する。売上から原価を差し引くと利益なので、売上増または原価低減ができれば利益が増える。売上高利益率（利益÷売上高）は収益力を示す指標である。

売り上げた資金は回収されて自己資本に戻り、再び運用されて回転する。できるだけ資金も早く回転したほうが望ましく、資金の流動性を資本回転率（売上高÷総資本）で測定する。企業会計は1年ごとに期間を切って損益計算をするため、利益率と回転率に分解するが、最終的には少ない資金で多くの利益を生む総資本利益率が業績評価指標になる。

(2) 生産と販売機能の中に原価がある

図表１・２は生産活動と販売活動の結果から営業利益が生み出される過程を示したものである。生産活動は材料仕入から始まる。仕入材料は払出材料と期間的なズレがあるので「期首材料在庫＋仕入材料－期末材料在庫」で払出材料である材料費を計算する。工場で働く人の給料や賞与は労務費に、電気・水・ガス代などの支払いや設備を使う費用は製造経費になる。材料費、労務費、製

図表1・2　営業利益が生み出される過程

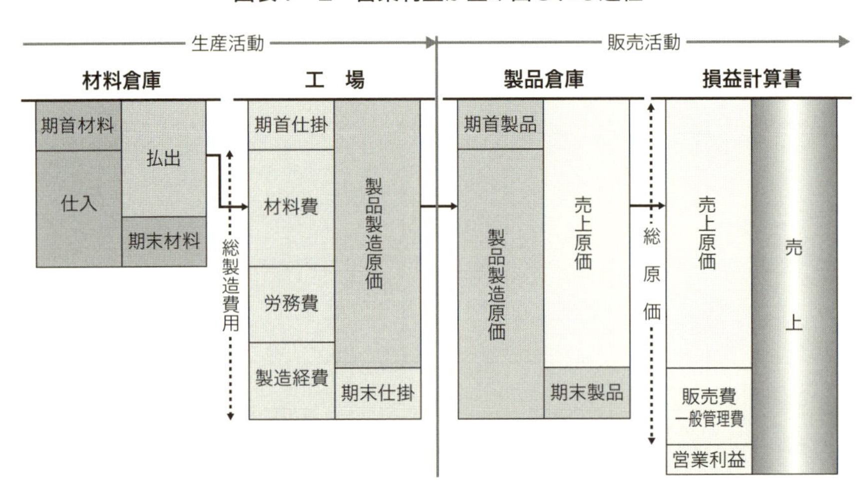

造経費を合計すると総製造費用になる。期間の総製造費用のすべてが同じ期に製品として完成するわけではないので「期首仕掛在庫＋当期総製造費用－期末仕掛在庫」で当期に完成した製品製造原価がわかる。なお、外部から購買した商品は仕入原価であり、製品製造原価と同等に扱われる。

販売部門は生産部門より製品製造原価を仕入れて販売活動を行う。その結果「期首製品在庫＋当期製品製造原価－期末製品在庫」で製品倉庫から出荷した売上原価になる。売上原価に販売や管理のためにかかった費用である販売費・一般管理費をプラスすると総原価になる。総原価は損益計算書には出てこないが、生産・販売活動にかける原価である。このように、原価は材料払出から出荷に至るまで、製品やサービスに価値が乗り移るように計算される。

(3) 製造原価報告書の見方

生産活動は図表1・3に示す製造原価報告書という損益計算書の明細資料にして報告する。その内訳は、材料費、労務費、製造経費である。

材料費はモノの消費であり、目で見て製品に着いていくモノでわかりやすい。労務費はサービスの消費であり、直接作業員だけでなく間接スタッフの給料、賞与、退職金など工場で働く人の人件費もある。また、健康保険や厚生年金の会社負担分である法定福利費や厚生費などの労務副費も含まれる。製造経費は

図表1・3　製造原価報告書の見方

製造原価報告書　xx年4月1日～xx年3月31日		単位万円
材料費		
期首材料棚卸高	100	
当期材料仕入高	1,800	
計	1,900	
期末材料棚卸高	200	1,700
労務費		
給料	900	
賞与	200	
福利厚生費	100	1,200
製造経費		
水道光熱費	250	
賃借料	180	
減価償却費	100	
修繕費	50	
消耗品費	20	600
総製造費用		3,500
期首仕掛品棚卸高		4
期末仕掛品棚卸高		4
当期製品製造原価		3,500

$$\text{材料費比率} = \frac{\text{材料費}}{\text{総製造費用}} \times 100$$

$$\text{労務費比率} = \frac{\text{労務費}}{\text{総製造費用}} \times 100$$

$$\text{製造経費比率} = \frac{\text{製造経費}}{\text{総製造費用}} \times 100$$

材料費 65%	労務費 12%	経費 23%
総製造費用 100%		

材料費、労務費以外その他の消費であり、電気、ガス、水道代、減価償却費などがある。

図表1・3の製造原価報告書では、材料費1,700万円、労務費1,200万円、製造経費600万円をプラスした3,500万円が総製造費用になる。それに、期首と期末の仕掛品を増減して当期製品製造原価の3,500万円（3,500万円＋4万円－4万円）を計算する。

製造原価の構成比率は、日本の製造業の平均値として、材料費が65%、労務費は12%、製造経費は23%ほどである。それぞれの比率は図表1・3に示す算式で計算する。長期的に見ると、企業は付加価値のある製品を求めるために労働力を必要とし、材料費は労務費へ、また賃金上昇により人を機械に置き換えるため、労務費は製造経費へ移る傾向にある。

図表1・4は一般的な製造業の製造原価報告書の明細である。勘定科目から材料、人、設備、エネルギーに区分すると、生産要素の構成比がわかる。材料は61%と依然として高いが、人から設備に生産要素が移ると、設備に関連するコストのウエイト（15%＋8%）が高まる。

図表1・4　製造原価の内訳と管理可能部門

製造原価報告書の内訳			生産要素				管理可能部門		
科　目　名	金額　千円	構成	材料	人	設備	エネ	設計	生技	製造
月初原材料棚卸	3,036	0%							
材料仕入高	485,107	61%							
月末原材料棚卸	2,815	0%							
材料費計	**485,327**	**61%**	**61%**				**59%**	**1%**	**1%**
賃　金	80,051	10%							
賞　与	11,024	1%							
法定福利費	10,895	1%							
労務費計	**101,970**	**13%**		**13%**			**2%**	**1%**	**10%**
福利厚生費	3,688	0%		0%					0%
研修費	247	0%		0%					0%
消耗品費	22,242	3%			3%				3%
支払地代	118	0%			0%			0%	
旅費交通費	420	0%							0%
修繕費	6,958	1%			1%			1%	
減価償却費	30,254	4%			4%			4%	
通信費	572	0%							0%
保険料	4,477	1%			1%				1%
燃料費	12,570	2%				2%		2%	
水道光熱費	688	0%				0%		0%	
租税公課	1,519	0%			0%			0%	
接待交際費	29	0%		0%					0%
車両費	36	0%			0%				0%
事務用品費	1,299	0%		0%					0%
メンテナンス料	6,307	1%			1%			1%	
会議費	8	0%		0%					0%
出張選別費	66	0%		0%					0%
雑　費	23	0%		0%					0%
新聞図書費	5	0%		0%					0%
機械賃借料	698	0%			0%			0%	
研究開発費	29	0%		0%			0%		
電力費	19,615	2%				2%		2%	
重　油	30,843	4%				4%		4%	
リース料	3,203	0%			0%			0%	
金型費	43,519	5%			5%			5%	
製造経費計	**189,433**	**24%**							
外注加工費	**23,270**	**3%**							**3%**
当期総製造費用	**800,000**	**100%**	**61%**	**13%**	**15%**	**8%**	**61%**	**21%**	**17%**

注：小数点以下四捨五入

さらに、勘定科目を見て、設計、生産技術、製造のいずれの部門で管理可能なコストであるかを分類してみる。ちなみに、材料費は設計部門でほとんど決まるが、設備に絡む歩留ロスがある場合は生産技術に、不良ロスは製造で管理可能である。また､労務費は各部門で管理できるので､部門別人件費を割り振ってみる。

このように振り分けると、設計部門の管理可能費は61%、生産技術が21%、製造では17%になった。コストダウンは製造部門という時代は終わり、その役割は次第に上流段階に移るフロントローディング現象が確認できる。

(4) 損益計算書（P/L：Profit & Loss）の見方

図表1・5は、製造原価報告書より損益計算書を作成したものである。損益計算書は経営成績を示す表であり、収益と費用から利益を計算する。最初に年間売上高5,000万円を、その下に売り上げるためにかかった売上原価3,500万円を記載する。売上原価は「期首製品在庫＋当期製品製造原価－期末製品在庫」で計算する。当期製品製造原価の3,500万円は製造原価報告書から来ている。売上高から売上原価を引くと売上総利益1,500万円になる。そこから、販売費・一般管理費を差し引いた営業利益は150万円である。さらに営業利益から営業外損益を差し引いた経常利益は100万円になる。

このように、一口に利益と言ってもいろいろあることがわかる。ここに出てきただけで売上総利益（粗利益）、営業利益、経常利益の3種類がある。

・売上総利益（粗利益）は売上とそれを生産する原価から生じた利益で、生産機能の良否を示す。日本の製造業の売上高総利益率（売上総利益÷売上高）は20％以上あれば生産（付加価値の高い製品開発や低コストの製品製造）機能が優れているとみてよい。

・営業利益は生産と販売機能の結果を示す利益なので、本業による利益と呼ばれる。日本の製造業の営業利益率（営業利益÷売上高）は2～3％ほどであるが、販売効率が高いと営業利益率も上昇する。ちなみに販売費・一般管理費比率は製造業でも17％超ある。

・経常利益は営業利益に営業外損益を加味して計算した利益で、営業外損益は利息の支払いや受取りなど主に金融上の収支を表している。つまり、経常利益は生産、販売、財務活動の経営の3つの基本機能を示す利益である。日本の経常利益率（経常利益÷売上高）は2～3％ほどで営業利益率とほぼ同じで、一般に金融収支は良好で資金繰りは潤沢である。

さらに、決算書を見ると当期純利益があるが、ここでは3つの利益の意味をよく理解しておこう。

図表1・5　損益計算書に原価はどのように出ているか

製造原価報告書		単位：万円
xx年4月1日～xx年3月31日		
材　料　費		
期首材料棚卸高	100	
当期材料仕入高	1,800	
計	1,900	
期末材料棚卸[illegible]	[illegible]	[illegible]700
労　務　費		
給　　料	[illegible]	
賞　　与	200	
福利厚生費	100	1,200
製 造 経 費		
水道光熱費	[illegible]	
賃　借　料	[illegible]	
減価償却費	[illegible]	
修　繕　費	50	
消　耗　品　費	[illegible]	600
総製造費用		[illegible]500
期首仕掛品棚[illegible]		4
期末仕掛品棚[illegible]		-4
当期製品製造原価		3,500

損益計算書		単位：万円
xx年4月1日～xx年3月31日		
売　上　高		5,000
売 上 原 価		
期首製品棚卸高	3	
当期製品製造原価	3,500	
計	3,503	
期末製品棚卸高	3	3,500
売 上 総 利 益		1,500
販売費・一般管理費		
給　　料	500	
賞　　与	100	
福利厚生費	60	
包装材料費	300	
広告宣伝費	60	
賃　借　料	200	
減価償却費	30	
そ　の　他	100	1,350
営業利益		150
営業外損益		50
経常利益		100

生産活動の業績
売上総利益率 20%

プラス
販売活動の業績
営業利益率 2～3%

プラス
財務活動の業績
経常利益率 2～3%

※表記の利益率％は日本の製造業の平均的値である。

(5) 原価とは何か、原価の本質

■原価の定義

> 原価は経営の一定の給付に関わらせて把握された財貨または用役の消費を貨幣価値的に表したものである。
> ①原価は経済価値の消費である
> ②原価は経営においてつくり出された一定の給付に転嫁される価値である
> ③原価は経営目的に関連したものである
> ④原価は正常的なものである

上記の原価計算基準の原価の定義を平易にいうと、原価とは「製品やサービスを生産・販売するために消費された価値」である。製造原価、売上原価、総原価という言葉からわかるように、原価はつくり出された仕掛品・製品、あるいは売られた製品に対して集計されたもので、必ずアウトプットがある。したがって、製品をつくったり売ったりするために使われた費用はいずれは原価になるが、仕掛品や製品になるまでは費用として扱われる。原価は必ず仕掛品原価、製品原価、売上原価、部門別原価、総原価のように××原価と言われるように、経営の一定の給付に関わらせて把握されたものである。

■原価の本質

蛍光灯が切れたので、20ワットの蛍光灯を2本買った。1本は同じ1,000円であったが、実際に使ってみると1つは5,000時間、もう1つは5,500時間で切れた。すると、時間当たり原価は後者の蛍光灯の方が安かったことになる。使用後にわかっても取返しがつかないが、「LEDは白熱球に比べ価格は高いが、耐久性、消費電力共に優れている」ことが事前にわかっていれば、購入するのではないだろうか。

「1日24時間」は地球上どこにいようとも一緒であり、従業員数が同じ会社は、インプットする時間もほぼ同じである。にもかかわらず伸びる会社と伸びない会社があるのは、インプットした時間・原価を何に使うかという違いである。新製品の開発には原価がかかるが、せっかく開発した製品が売れなくては意味がない。顧客を訪問したり見積書を書くにも原価がかかるが、受注が決まらなければ意味がない。

原価はアウトプットである製品やサービスに対して消費されたインプットを集計したものである。アウトプットの価値が同じであれば原価も同じでよいが、アウトプットの価値が違えば原価は同じにはならない。

原価はインプットだけを見ないで、アウトプットする価値を評価し、価値のあるものに資金をかけることが大切である。つまり、売れる製品や受注の取れる顧客に時間や資金を使うことである。これを最適資源配分と呼んでいる。原価の本質は最適資源配分にあった。

■非原価項目とは

費用ではあっても原価にならないものには次のようなものがある。

①経営目的に関連しない価値の減少…………支払利息など営業外費用
②異常な状態を原因とする価値の減少………偶発的事故など
③税法上とくに認められている損金算入項目 …価格変動準備金など
④その他の利益剰余金に関する項目…………法人税、地方税、配当など

図表1・6　費用・原価・非原価の範囲

損益計算書 xx年4月1日～xx年3月31日		単位：万円
売　上　高		5,000
売上原価		
期首製品棚卸高	3	
当期製品製造原価	3,500	
計	3,503	
期末製品棚卸高	3	3,500
売上総利益		1,500
販売費・一般管理費		
給　料	500	
賞　与	100	
福利厚生費	60	
包装材料費	300	
広告宣伝費	60	
賃借料	200	
減価償却費	30	
その他	100	1,350
営業利益		150
営業外損益		50
経常利益		100

特別損益
当期純利益
法人税等
配当金

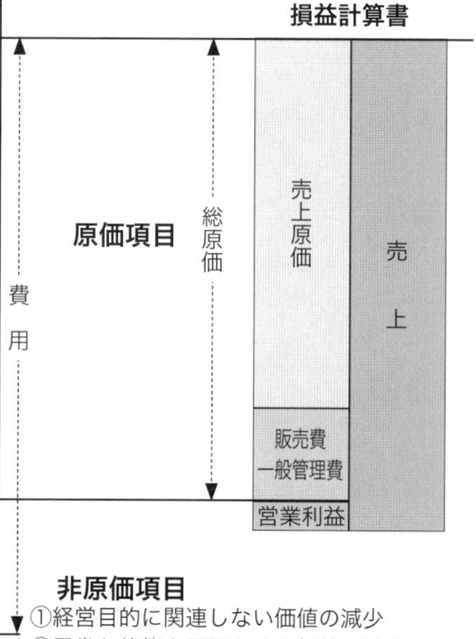

費用
総原価
原価項目
損益計算書
売上原価
販売費
一般管理費
営業利益
売上

非原価項目
①経営目的に関連しない価値の減少
②異常な状態を原因とする価値の減少
③税法上とくに認められている損金算入項目
④その他の利益剰余金に関する項目

利益分配

図表1・6に示すように、損益計算書に計上される総原価（売上原価＋販売費・一般管理費）までが原価項目であり、非原価項目は営業外損益以下に計上される。これは、販売部門が価格見積・原価見積をするときの原価に含まれる範囲に合わせることが望ましい。つまり、販売部門は営業利益で利益を考えることである。

Q 原価費目を分類してみる

問　次の費目は、材料費（Ｍ）、労務費（Ｌ）、製造経費（Ｏ）、販売費・一般管理費（Ｓ）、または非原価項目（Ｎ）のうち、いずれに分類されるかを符号で答えなさい。

1）交際費（　）	2）外注加工費（　）	3）法人税（　）	4）電力料（　）
5）棚卸減耗費（　）	6）作業員給料（　）	7）購入部品費（　）	8）法定福利費（　）
9）修繕費（　）	10）塗料費（　）	11）機械賃借料（　）	12）作業員賞与（　）
13）支払利息（　）	14）鋼材費（　）	15）役員給料（　）	16）固定資産税（　）
17）本社賃借料（　）	18）品管部給料（　）	19）役員賞与（　）	20）減価償却費（　）

A

1）**S**　2）**O**　3）**N**　4）**O**　5）**O**　6）**L**　7）**M**　8）**L**　9）**O**　10）**M**
11）**O**　12）**L**　13）**N**　14）**M**　15）**S**　16）**O**　17）**S**　18）**L**　19）**S**　20）**O**

※上記はもっとも一般的な解答であり、会社の経理規定により変わることがある。

1-2　未来の利益を増やす管理会計へ

(1) 財務会計は過去の計算

■損益計算書（P/L：Profit&Loss）・貸借対照表（B/S：Balance Sheet）

決算書は会社の姿を一定の様式で記録し、従業員、株主、債権者などの利害関係者に知らせ、利益を適正に分配する役目を果たす。企業は永続的であるが、出資者である株主はもとより、従業員、経営者でさえ時とともに移り行く。

そこで、企業活動を1年という期間に区切って決算を行い、期間損益計算を行って計算した適正な利益を、その期間に関与した利害関係者に分配することにした。利益の計算は、会計の原則・規則・法律によって決められたルールにしたがって、確実な取引だけを対象に取り上げる。損益計算書で計算される利益は、過去1年間の収益や費用の取引に基づいて行われる。期首の貸借対照表に掲載されている資産と資本を使って、1年間の経営活動の結果を損益計算した後は、期末の貸借対照表で資産と資本を翌期に引き継ぐ処理をする。損益計算書と貸借対照表はそれぞれ下記の役割を果たしている。

① 損益計算書：経営成績を表し、経営の収益性を報告する財務諸表

② 貸借対照表：財政状態を表し、経営の安全性を報告する財務諸表

■キャッシュフロー計算書（C/F：Cash flow）

米国では1990年、日本ではそれから10年後の2000年より、新たな財務諸表として上場会社にキャッシュフロー計算書の開示を義務づけた。先の損益計算書と貸借対照表に加えてキャッシュフロー計算書は企業の現金創出能力と支払能力を査定し、利益の質を評価する財務諸表であり、これらを財務3表と呼ぶ。**図表1・7**は財務3表の中で、キャッシュフロー計算書の位置づけを相関図で示したものである。キャッシュフロー計算書は、営業キャッシュフロー、

図表1・7　財務3表の相関関係

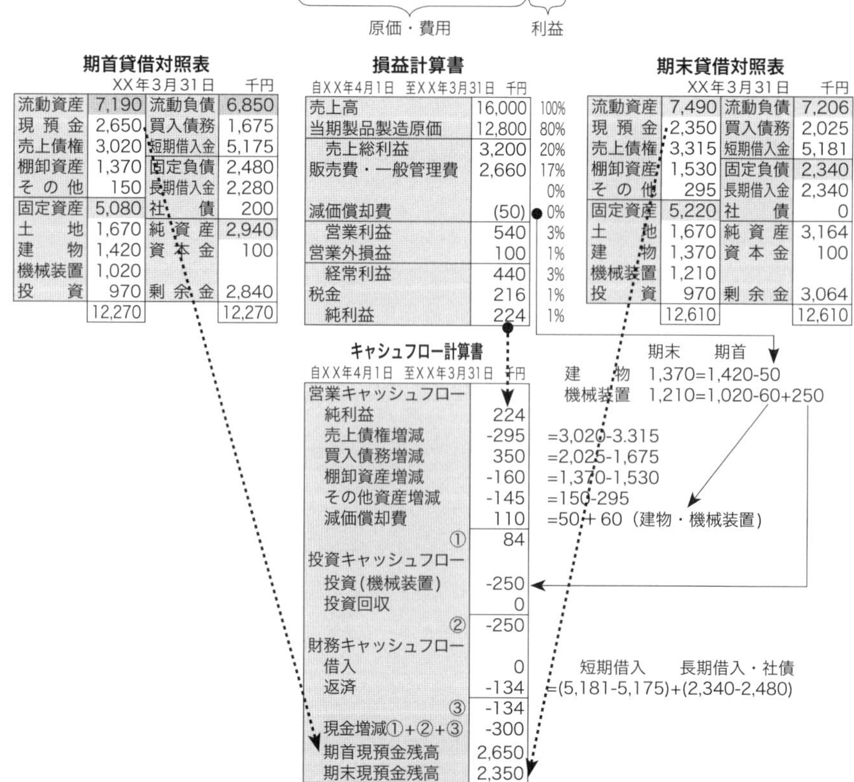

期首貸借対照表　XX年3月31日　千円

流動資産	7,190	流動負債	6,850
現預金	2,650	買入債務	1,675
売上債権	3,020	短期借入金	5,175
棚卸資産	1,370	固定負債	2,480
その他	150	長期借入金	2,280
固定資産	5,080	社債	200
土地	1,670	純資産	2,940
建物	1,420	資本金	100
機械装置	1,020		
投資	970	剰余金	2,840
	12,270		12,270

損益計算書　自XX年4月1日　至XX年3月31日　千円

売上高	16,000	100%
当期製品製造原価	12,800	80%
売上総利益	3,200	20%
販売費・一般管理費	2,660	17%
		0%
減価償却費	(50)	0%
営業利益	540	3%
営業外損益	100	1%
経常利益	440	3%
税金	216	1%
純利益	224	1%

期末貸借対照表　XX年3月31日　千円

流動資産	7,490	流動負債	7,206
現預金	2,350	買入債務	2,025
売上債権	3,315	短期借入金	5,181
棚卸資産	1,530	固定負債	2,340
その他	295	長期借入金	2,340
固定資産	5,220	社債	0
土地	1,670	純資産	3,164
建物	1,370	資本金	100
機械装置	1,210		
投資	970	剰余金	3,064
	12,610		12,610

キャシュフロー計算書　自XX年4月1日　至XX年3月31日　千円

営業キャッシュフロー	
純利益	224
売上債権増減	-295
買入債務増減	350
棚卸資産増減	-160
その他資産増減	-145
減価償却費	110
①	84
投資キャッシュフロー	
投資(機械装置)	-250
投資回収	0
②	-250
財務キャッシュフロー	
借入	0
返済	-134
③	-134
現金増減①+②+③	-300
期首現預金残高	2,650
期末現預金残高	2,350

投資キャッシュフロー、財務キャッシュフローより構成される。

キャッシュフロー計算書は、もともとある損益計算書の当期純利益から逆算して現金に戻す計算をする。たとえば、期首貸借対照表に計上されている建物1,420千円は、損益計算書の販売費・一般管理費に50千円の減価償却費を費用配分して今期の利益を計算し、残りの建物1,370千円を期末貸借対照表で翌期に引き継ぐ。ちなみに、機械装置は同じ計算であるが、期中に250千円の取得があったため、期末貸借対照表は1,210千円（1,020－60＋250）になっている。

しかし、減価償却費は現金がなくなった訳ではないので、キャッシュフロー計算書でそれを再び現金に戻す計算をする。機械装置の減価償却費も同様で、合計の戻し額は110千円（建物50＋機械装置60）になる。こうして、キャッシュフロー計算書の現預金残高は貸借対照表の期末の現預金と一致し、誰が計算しても期間的なズレがなく同じ結果になるので客観性が高いとされる。

(2) 企業の資金の流れを見る

企業は、損益計算書の利益が赤字でも資金が回っていればよいが、利益が出ていても資金がマイナスになると倒産する。会社の財務機能（資金の調達と運用）が基本機能であるように、経営の実務は資金繰りで動いている。資金は1年を境に運転資金と固定資金に分かれる。

図表1・8は企業における資金の流れを示した。運転資金は、現金預金 ⇒ 材料 ⇒ 仕掛品 ⇒ 製品 ⇒ 売上債権（売掛金・受取手形）となり、現金として回収されると、買入債務（買掛金・支払手形）⇒ 短期借入金などの支払・返済に充てるという流れで回転する。キャッシュフロー計算書の営業キャッシュフローは日常の生産、販売活動からどれだけの運転資金が残ったかを示す営業利益のキャッシュフロー版である。

決算時には、残った運転資金を配当や税金に分配した後、投資に回す資金が残る。それでも、不足のときは長期借入や社債、あるいは増資をして固定資金を調達する。これを示すのが財務キャッシュフローで、その一部を短期借入で営業キャッシュフローに組み込むことがある。そして、固定資金の運用の主役は投資であり、投資キャッシュフローにその記載がある。

もともと財務3表はいずれも過去の期間損益しか見えないが、キャッシュフ

図表1・8　企業における資金の流れ

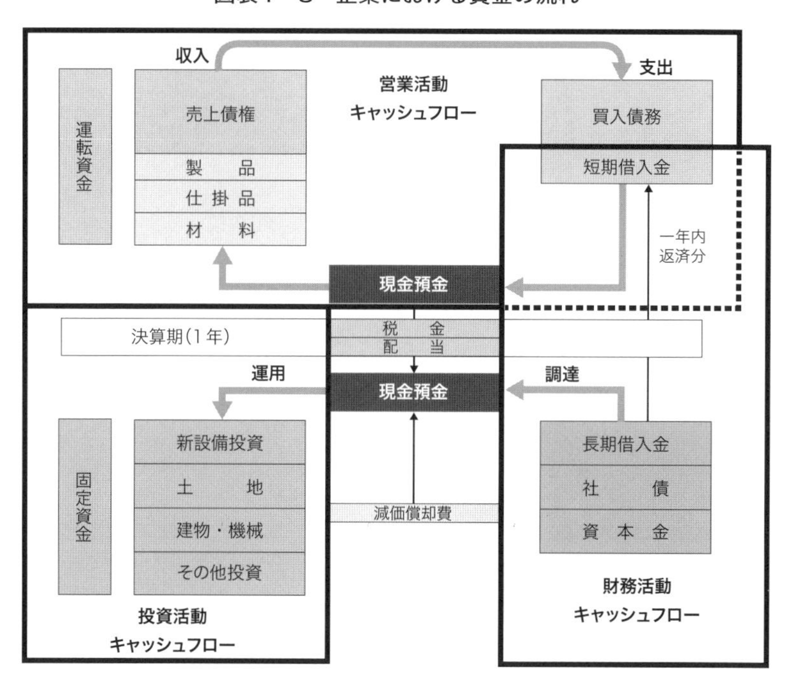

ロー計算書の投資キャッシュフローは、未来に対する会社の投資姿勢を垣間見ることができる。

投資家は期間利益の配当を望むが、それ以上に株価が上がることに期待を寄せるため、会社の未来を知りたい。損益計算書と貸借対照表にキャッシュフロー計算書が加わったのは、投資家が会社の未来を見たいからに他ならない。

(3) 収益と収入・費用と支出は違う

それでは、決算書はキャッシュフロー計算書だけでよいのではないか。「売上は入ってきた資金で、費用・原価は出て行った資金」と考えれば「入ってきた資金－出て行った資金＝利益で計算できるではないか」と考えがちである。

確かに長期的に見ればそれも正しい。しかし、期間を1年に限定すると、損益計算とキャッシュフロー計算には期間的なズレが起こり「入ってきた資金≠売上、出て行った資金≠費用・原価」である。売り上げても未回収であれば、「入ってきた資金≠売上」「設備購入に代金を支払って出ていった資金≠原価」

になる。収益と収入、費用と支出は期間的なズレの違いである。

収益とは販売・役務・サービスなどの提供によって得られる対価で、販売活動による収益は「売上高」、財務活動による収益は「営業外収益」になる。収入とは資金の受取り（流入）を言う。費用は収益を獲得するために消費する対価で、支出は資金の支払い（流出）を言う。企業会計では収益は実現した会計期間に、費用は発生した会計期間に帰属させる。収益は実現主義、費用は発生主義で計上され、費用と収益は対応関係がなければならない。これは期間損益計算を支える基本原則である。

しかし、投資家をはじめ、多くの人の関心は過去の期間損益計算の利益分配よりも未来の利益増大に、財務会計から管理会計に関心が移るようになった。現に有価証券報告書には未来情報に多くのページを割いている。有価証券報告書とは金融商品取引法に基づいて上場会社が事業年度ごとに作成する会社内容の開示資料であるが、日本の会計基準から国際会計基準で作成する企業も出現している。

(4) 国際会計基準（IFRS）の登場

国際会計基準（IFRS：International Financial Reporting Standards）は、ロンドンを拠点とする民間団体である国際会計基準審議会（IASB：International Accounting Standards Board）が設定する会計基準である。「世界共通の会計基準」づくりを目指して、2005年にはEU域内の上場企業に適用義務化され、日本でも適用企業を増やすことを目標に普及促進を図っている。IFRSには次の特徴がある。

① 解釈指針の他には、詳細な規定や数値基準がほとんど示されていない原則主義の会計基準で、自由度が高い

② 各国の独自性（たとえば税務上問題など）も加味せず、議論や定義も英語で行い、言語差異を防ぐグローバル基準である

③ IFRSは貸借対象表重視、日本は期間損益をベースにする損益計算書重視である。IFRSは投資家や債権者が必要としている資産価値を評価する情報として、期間損益よりも将来キャッシュフローの現在価値を重視する。そのため損益計算書には経常利益がなく、営業利益に金融収支を増減して当期純利益を計算する。期間損益計算よりキャッシュフロー計算に近い損益計算書で

ある。世の中は管理会計重視の方向に向かっている。

(5) 管理会計は現在と将来の計算

図表1・9は財務会計と管理会計を比較した。財務会計の目的は過去の期間の利益分配に、管理会計の目的は現在、さらには未来の利益増大にある。

管理会計は現在進行中の生産・販売活動を正しく捉え、随時的確な手を打つために手を貸す。原価管理や予算管理などは目標や予算を決めて、それを達成したか否かをチェックする。扱う数値は、近い将来の予測と現在の実績が対象になる。これらは、外部報告資料ではないので、原則・規則・法律などの制約は受けないが、社内で決められたルールに基づいて定期的に行われる。

さらに一歩進むと、将来の姿を想定して方策を練り、意思決定を助ける意思決定会計もある。ここで扱うテーマはすべて将来のことであるから、程度の差はあれ確実なものはない。不確実なものにはリスクが伴うが、経営科学などの予測技術を使っていくつかの選択肢を予測し、もっとも利益を生み出す道を選ぶ。意思決定会計も広義の管理会計である。

図表1・9 財務会計と管理会計

計算対象	過去	現在	未来
関係学問	財務会計	管理会計 見積原価計算 原価管理、予算管理	意思決定会計 経営科学、オペレーションズ・リサーチなど
特徴	過去の一定期間ごとの姿を一定の様式で記録し、関係者に正しく知らせる	現在進行中の生産・販売活動を正しく捉え随時的確な手を打つ	将来の姿を想定し、いろいろな方策を練り、意思決定を助ける
	利益・コストの配分計算 利益 ・小人数の専門家の深い知識 ・確実 ・約束事（公平計算・年度計算） ・過去の報告		利益の拡大・比較計算 利益 ・全従業員の簡単な基本的原則 ・不確実 ・自由（一括計算） ・意思決定（独創性・リスク）

1-3　原価計算の目的は管理会計

(1) 原価計算基準に見る原価計算の目的

原価計算は、それを活用する人によって目的が異なるが、原価計算基準では下記５つの目的を記載している。

① 財務諸表作成目的：企業の出資者、債権者、経営者等のために、過去の一定期間における損益ならびに期末における財政状態を財務諸表に表示するために必要な真実の原価を集計すること。
② 価格計算目的：価格計算に必要な原価資料を提供すること。
③ 原価管理目的：経営管理者の各階層に対して、原価管理に必要な原価資料を提供すること。
④ 予算管理目的：予算の編成ならびに予算統制のために必要な原価資料を提供すること。
⑤ 基本計画設定目的：経営の基本計画を設定するに当たり、これに必要な原価情報を提供すること。

財務会計に使われる原価計算は、① 財務諸表作成目的のみである。それ以外の② 価格計算、③ 原価管理、④ 予算管理、⑤ 基本計画設定はすべて管理会計である。

(2) 原価計算制度：制度としての原価計算とは

■原価計算基準は原価計算制度の規定

この基準において原価計算とは、制度としての原価計算をいう。原価計算制度は財務諸表の作成、原価管理、予算統制等の異なる目的が、重点の相違はあるが相ともに達成されるべき一定の計算秩序である。かかるものとして原価計算制度は、財務会計機構のらち外において随時断片的に行われる原価の統計的、技術的計算ないし調査ではなくて、財務会計機構と有機的に結びつき常時継続的に行われる計算体系である。原価計算制度は、この意味で原価会計にほかならない。

上記は、原価計算基準が原価計算制度に関する基準であることを述べている。原価計算制度とは財務会計機構と有機的に結びつき常時継続的に行われる計算体系であるから、①の財務諸表作成目的は原価計算制度と深く関わる。その他の原価計算目的はすべて管理会計であり、過去の記録を用いる実際原価だけは財務会計機構と結びつきがあっても、現在または未来の計画段階に用いる原価（標準原価、予定原価、見積原価）を財務会計機構に組み込む必然性はない。

■管理会計は財務会計機構のわく外で行う

> 原価計算制度において計算される原価の種類およびこれと財務会計機構との結びつきは、単一ではないが、しかし原価計算制度を大別して実際原価計算制度と標準原価計算制度とに分類することができる。
> 実際原価計算制度は、製品の実際原価を計算し、これを財務会計の主要帳簿に組み入れ、製品原価の計算と財務会計とが、実際原価をもって有機的に結合する原価計算制度である。**原価管理上必要ある場合には、実際原価計算制度においても必要な原価の標準を勘定組織のわく外において設定し、これと実際との差異を分析し、報告することがある。**
> 標準原価計算制度は、製品の標準原価を計算し、これを財務会計の主要帳簿に組み入れ、製品原価の計算と財務会計とが、標準原価をもって有機的に結合する原価計算制度である。標準原価計算制度は、必要な計算段階において実際原価を計算し、これと標準との差異を分析し、報告する計算体系である。　　（中略）
> 広い意味での原価の計算には、原価計算制度以外に、経営の基本計画および予算編成における選択的事項の決定に必要な特殊の原価たとえば差額原価、機会原価、付加原価等を、随時に統計的、技術的に調査測定することも含まれる。しかし、かかる特殊原価調査は、制度としての原価計算の範囲外に属するものとして、この基準に含めない。

原価計算基準で述べる原価計算制度には実際原価計算と標準原価計算があるが、ゴシック記述の必要な原価の標準を勘定組織のわく外において設定する方がわかりやすく、使いやすいシステムになる。そのため本書では、事後の実際原価以外の事前の見積・標準原価計算は制度としての原価計算のわく外で計算する。

それでは、財務会計と管理会計はどこで結び付くのか。財務会計目的に使用される棚卸資産評価の実際原価計算と管理会計が財務会計と結びつく実際原価計算の具体例から記述しよう。

(3) 財務会計目的に使われる原価計算

■棚卸資産評価は、唯一の財務会計目的の原価計算

原価計算基準の最初にある財務諸表作成目的は、財務会計の要求に応えるものである。対象となる財務諸表（損益計算書、貸借対照表）をつくるために必要な原価を集計するが、そこには、期末の材料、仕掛品、製品の棚卸資産評価がある。期間損益計算を前提にしている財務会計では、棚卸資産の評価額によって期間損益が左右され、それが利益操作に利用されやすいこともあって現品を実地棚卸し、単価は原則として実際原価で計算することになっている。しかし、経営環境が変化した今日では、できるだけ簡単な評価方法を推奨する。その理由は、以下のとおりである。

・棚卸評価額の増減は今期または翌期の利益に入るか否かの違いであり、利害関係者は過去の期間損益より未来損益に関心が移っている
・材料、仕掛品、製品のたった３つの数字を１年に一度計算するだけである
・毎月棚卸を実施しての月次決算は内部報告であり、外部報告の財務会計ではない
・棚卸評価には生産を止めてまで行う実地棚卸や集計評価に時間・コストがかかり、手間をかければ会社の実質的な利益が減る
・今日では在庫はリアルタイムにコンピュータで把握されている。コンピュータ在庫は必ずしも正しいとは言えないが、実地棚卸した在庫とて同じである

もっとも簡単な評価方法は、コンピュータで把握している在庫量に、材料または商品は直近の仕入価格で評価する最終仕入原価法を、製品・仕掛品は売価に原価率を乗じて評価する売価還元法を用いることである。ちなみに、売価還元法による製品、仕掛品の評価は下記のように行うが、毎期継続的に実施することが要件である。

■売価還元法

		金額（円）	%
売上高　合計		100,000	100%
総製造費用			
材料費	51,000		51%
労務費	20,000		
製造経費	10,000	81,000	81%
売上総利益（在庫を加味しない）		19,000	19%

★A製品の評価

A製品売価	A製品原価	
500円	405円	（500円×81%＝405円）

★B仕掛品の評価

B仕掛品売価	B仕掛品原価	
400円	264円	（400円×51%＋400円×30%×1/2＝264円）

（400円×51%：※1、400円×30%×1/2：※2）

※1：仕掛品の材料費は初工程で投入済みと考え、材料費比率の全額51%を売価に乗じて製造原価の中の材料費204円（400円×51%）を計算する。

※2：仕掛品の加工費は製造工程の半分まで進捗していると考える。まず加工費比率（労務費＋製造経費）30%（81%－51%）を売価に乗じて製造原価の中の加工費120円（400×30%）を計算する。その後、進捗度1/2を乗じると半分進捗した状態の加工費60円（120×1/2）が計算できる。合計264円（204＋60）が仕掛品原価である。

なお、上記の棚卸評価方法の採用に当たっては、税務署への届出や公認会計士の承認を求められたい。これは製品別の原価計算ができていない場合の簡便法であるが、本書第6章の原価情報の一元化が確立されて製品別実際原価が計算できれば、それを棚卸資産評価に用いるようにされたい。

この場合でも、実地棚卸ではなくコンピュータ在庫を用いることを推奨する。コンピュータ在庫は日常の生産管理に用いるので、在庫を正確に把握する管理努力にこそ時間を使いたい。在庫の誤りは受入か払出のどちらかしかないのだから…。

（4）管理会計目的に使われる原価計算

■価格計算、原価管理、予算管理、基本計画設定目的は管理会計

1-3（1）で示した原価計算基準にある①財務諸表作成目的以外の、②～⑤

の目的はすべて管理会計である「未来の利益を増やす」ために原価計算が使われる。

② 価格計算目的は売価決定である。価格・売価を決めるには、どれほどの利益が出るかが事前にわからなければならない。利益は「売価－原価」であり、原価がわからなければ顧客との価格交渉にも対応できない。

③ 原価管理目的はコストダウンである。技術段階ではいずれの製品・工程の改善によって、また製造段階でも歩留向上・不良低減・稼働率・能率向上によってどれだけコストダウンできたかを計算したい。またどこを攻めればコストダウンできるかを知りたい。

④ 予算管理目的は決算利益のコントロールである。来期の経営計画を実践して、どれほどの利益が出るかを予想して利益目標を指示するには、販売予算と製造予算・販売費・一般管理費予算が必要になる。とくに原価・費用予算は、売上高に比例して増減する変動予算と固定予算に分けて予測しなければならない。また製品組合わせの決定、部品を内製するか外注するかの決定など個々の選択的事項に関する意思決定に原価が必要になる。

⑤ 基本計画策定目的には、経済の動態的変化に適応して、経営の給付目的たる製品、経営立地、生産設備等経営構造に関する基本的事項の経営意思を決定するには原価が必要になる。

■「どれが儲かっているか、損しているか」を知りたい

初めて原価計算を導入するときは「どれが儲かり、どれが損しているか」を知りたいというニーズから入ることが多い。そこで採用される原価計算は、製品別実際原価計算である。製品別実際原価計算は材料または工数の消費実績を製品別に記録集計するので、ほとんど事前にデータを準備する必要がない。

この要請を受けた経理部門は、作業日報の生産実績に加えて製品別の消費実績の記録を取ろうと試みる。現場の作業員は異なる製品・部品を生産するたびに、毎日、毎回、消費量または時間を記録する。しかし「いつからいつまで、何を、いくつつくったか」の作業日報記録は、多種少量生産の下ではどれほどのデータ量になるだろう。確かに、多量なデータを集計すれば製品別実際原価計算はできるが、その結果は常にバラつく。製品別にかかった時間は、日、時間帯、ロット、人によって常に変わるからである。同じ人が同じ材料と機械を

使って同じ製品をつくっても、同じ材料重量と時間ではできないので、製品個々の実際原価はどれも違う。

それでも「どれが儲かっているか、損しているかを知りたい」というニーズにはある程度応えられる。しかし実際原価は事後計算であるため、計画段階の管理には役立たない。そのまま作業日報記録を継続していると、現場は「経理のためにやっている」という意識になってしまい、記録の精度も次第に低下する。

■知ってどうするのかが目的

「どれが儲かり、どれが損しているか」を知ることは、原価計算をする目的ではなかった。本来の目的は「知ってどうするか」にある。

売値が安すぎるのがわかれば価格決定目的に使うが、すでに決まった価格を修正するのは容易ではない。赤字製品を止めたいのであれば製品改廃が目的である。原価高であることがわかったらコストダウン目的に使う。目的を明確にしてから原価情報システムを構築しないと、データ集計に手間をかけた割には役立たないというジレンマが待ち受ける。

会社の利益は「売上－原価＝利益」で計算され、利益向上は売上向上か原価低減かのいずれかである。とくに、原価は組織上多くの人が関与するため、それぞれに原価を知りたいというニーズはあっても、目的が違うため1つの原価情報が1人ひとりのニーズに合うことはない。取るべきアクションが違えば原価情報も異なる。ここに、せっかく導入した原価計算が十分に活用されない壁がある。この壁を取り払い、各部門のニーズにあった原価情報を提供することが本書のねらいである。

1-4　財務と管理会計数値の不一致

(1)原価集計方法の違い

■実績は財務会計データで見る

管理とはPLAN–DO–SEEの管理サイクルを回すことであるが、PLANは未来、DOは現在、そしてSEEは過去である。現在と未来は管理会計、過去は財務会計の領域である。管理会計で未来のアクションを計画し、時が来るとそれを実行し、過去となって財務会計に反映されたかを見る。

ところが、管理会計上は成果が出るように計算されていても、経理数字にはつながっていないことが多々ある。利益につながらない改善は時間や資金をムダに使ったことになり、改悪に等しい。なぜ、管理データが財務データに結びつかないのか。その原因を原価の計算・システム・報告に関連する部分から取り上げてみよう。

■経理データと管理データの集計方法の違い

経理は、支払をして出る資金と、売り上げて入る資金を正とし、データが取れないときは、棚卸のように現物を調べる。先に確実な数字を押さえ、最後の数字は差額で捉えるやり方をするが､管理データのほとんどは積上げで捉える。

材料費の計算では、経理はまずは支払う当期仕入高を押さえ、「期首棚卸在庫＋当期仕入高－期末在庫」で払い出し材料を求める。しかし、管理では材料を払い出したつど払出伝票を発行し、期末にそれを集計して材料費とする。つまり、経理上の材料費は差額で求め、管理上は積上げで求める。しかし、積上げ数字にはどうしても漏れが出る。不良は不良伝票で処理するが、すべての不良を捉えることが難しい。

労務費では、工数の捉え方に不一致が多い。経理で把握する工数は、給与の支払い対象工数をタイムカードから入手する。しかし、現場で記録する作業日報工数がタイムカード工数と合わない。大抵の場合は作業日報工数に漏れがある。現場で係間の応援をする際､出し側と受け側の両方で応援日報を書いても、応援工数がもらった工数より出した工数が多いという不一致もある。すると、作業日報から計算する生産性指標は向上し、製品別の実際原価も安く計算されても、経理数字に反映されない。

(2) 全部管理と部分管理の違い

■経理は全部管理、管理は部分管理の違い

経理と管理データが合わない原因の1つは、全体管理と部分管理の違いにある。重点管理はよいが、部分管理は経理の全体管理には一致しない。

図表1・10を参照してみよう。工場で使った材料は歩留管理が行われる。歩留管理では試作などに使われた材料を管理対象外にすると材料払出しに合わない。不良が出て追加材料を使っても、試作に使ったことにすれば、歩留だけは向上したように見せることができる。

図表1・10　財務につながる原価情報とは

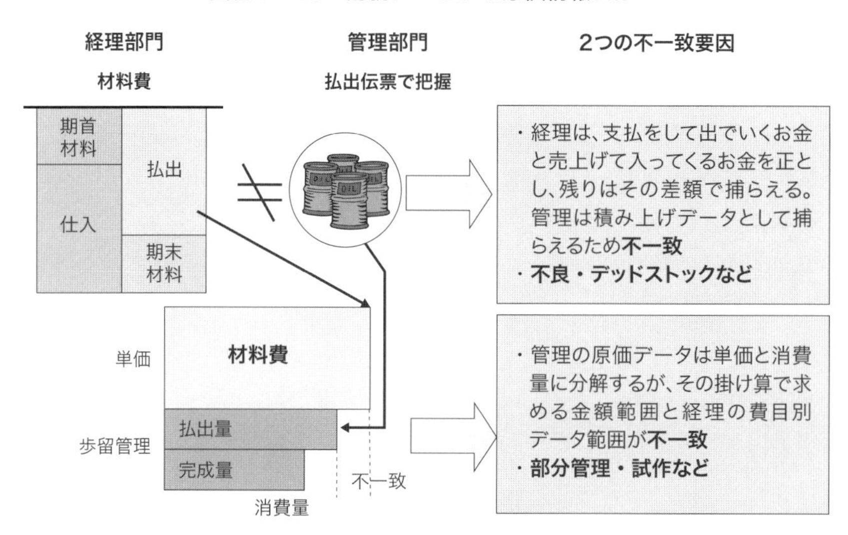

工数管理でも同様で、経理は係の直接労務費（給料の支払い額）に当たる工数を、組織上の所属係の人のタイムカードで集計する。しかし、現場で工数管理の対象にしているのは直接作業員だけで、運搬や段取りなどの間接作業員の日報記録がないと、経理の係別就業工数と作業日報の就業工数が合わない。工数管理では、直接工数を間接工数に使ったように処理すると生産性が向上したように見せることができる。

このように積上げデータから数値を求めようとすると、1つひとつの数値が完璧でないと、合計数字も完璧にはならない。しかし、人のやることには間違いもあり、2つのデータを別ルートで取ると、必ず不一致が起こる。

■どのようにして一致させるか

対外的な取引に使う財務数値は原則として1円まで合わなければならないので財務データを正とし、管理データをレポートするときは両者の差異も併記して合計では一致するようにしておくと、逃げ道が塞がれたシステムになる。

図表1・10の材料費でいえば、払出材料は経理の数値、生産に使われた材料は積上げ数値、その差額は試作など生産に使われなかった材料の数値として計算表示しておく。

労務費の工数の場合は、係間の応援工数を派出工数に合わせて係間の工数を振り替えれば、タイムカードと作業日報の工数は一致する。それでも、未だ不一致があれば、報告漏れ工数である。ここまで来ると、どの係で漏れがあるかがわかるので、部門別の報告漏れ工数として係の稼働率を低下させ「部門長は、作業員にしっかり作業日報を書かせて下さい」とのアクションを期待する。

(3) 成果につながらない改善

■設備改善に終始していないか

現場の生産性は人の効率を測定する工数管理に始まったが、次第に設備集約型になると、設備効率だけで生産性を管理する会社がある。すると設備効率の向上にのみ目が向くが、いったん導入した設備の効率を向上してもコストダウン成果にはつながらない。

図表1・11左は設備の効率、右は人の効率を測定し、それぞれに発生しているロス時間・工数を示している。設備と人のロスを対比すると、速度ロス＝作業ロス、停止ロス＝稼働ロスは同意になるが、設備だけには計画停止ロス（仕事がなくて停止しているロス）がある。設備は会社に寝泊まりするので24時間／日が能力時間であっても作業は負荷時間に行うが、人は出勤している就業工数に作業が負荷されている。

図表1・11　設備生産性と労働生産性

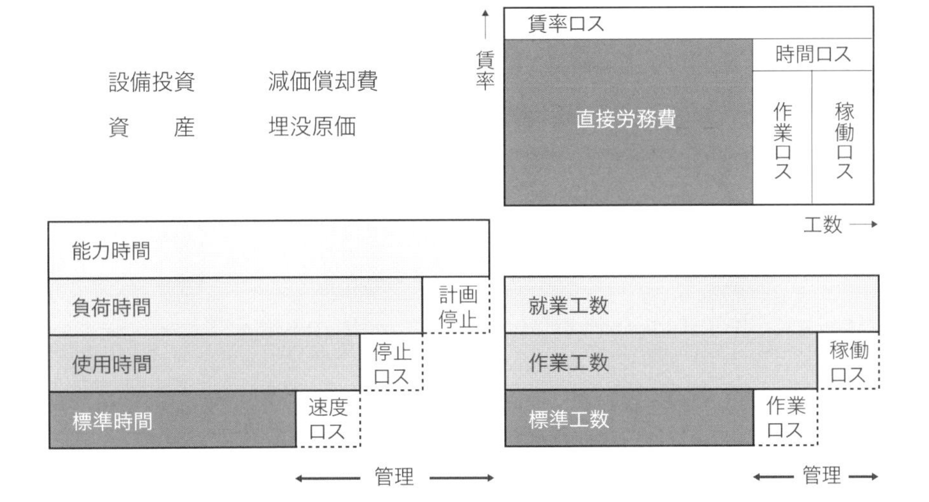

そして、図表1・11に示す設備の能力時間の上にある資産・減価償却費、人の就業工数の上にある直接労務費が原価と連動する部分である。設備はスピードアップやチョコ停をなくして速度ロスが、故障が減って停止ロスがなくなっても、計画停止ロスが増えるだけで、コストダウンにはつながらない。それが人の作業ロス、稼働ロス時間の低減につながったときのみ直接労務費が低減する。既存設備の場合は、設備ではなく人の効率でコストが決まるので、設備生産性より労働生産性が圧倒的に大事であることがわかる。

ただし、改善によって設備に余力ができ、新規設備投資が抑えられれば、改善効果は抜群である。そこで、ネックになる設備を改善対象にする。

■ネック工程以外を改善対象にしていないか

ネックになる生産要素やプロセスを改善テーマに取り上げているだろうか。ネックでない工程の改善は手余り状態をつくるだけで、成果につながらないばかりか、改善に時間や資金をかけた分、会社の業績を悪くする。ムダとりのムダである。

コンベヤなどの自動搬送装置を使って1個1分で同期生産するラインでは、どの工程も1分の作業量で編成することは難しく、いずれかの工程がネックになる。そのとき、ネック工程以外の改善をしても、0になって人が抜けない限り成果につながらない。

同様に、サプライチェーンの中で販売力が弱いのに、いくら新製品を投入しても売上は増えない。それは、販売が業務プロセスのネックだからだ。

■改善効果に固定費を含めていないか

製品別原価計算では加工費を製品別に「加工費レート×加工工数」で計算するが、加工費には変動費と固定費がある。製品1個を生産すると1個分の材料費や加工費の中で支払いが出るのが変動費であり、固定費は製品別に割り振られているだけで支払いはない。それでも固定費を製品別に割り振るのは、固定費が回収できる売価決定をしたいからである。

工数低減による改善効果の計算に、製品別の原価計算で用いた加工費レートをそのまま使うと過大評価になる。改善をして加工工数が減ると変動費は低減するが、固定費は低減しない。したがって、「変動費レート×低減工数」だけで改善効果を計算する。

管理者は管理データの合計が経理数値と一致していないとデータの信憑性に疑念を抱き、そこに議論の矛先が向くことが多い。管理者は数値を信じてアクションを取ることに時間を使ってほしいものである。また、情報を提供する側も分析数値は管理データを用いるが、実績の合計数値は経理数値を、管理データとの不一致があっても、その差額を明らかにして報告したい。

さらに、管理データはアクションを誤ることのない粗さで取れていればよいのであって、1円まで合わすことに時間を割かないことである。

1-5　管理は人をアクションに導く

(1) 管理の原点、科学的管理法

20世紀初頭、米国のF・W・テイラーが提唱し、現代の経営学、経営管理や生産管理論の基礎となった科学的管理法がある。わずか100年前までの経営は米国でも「成行き管理」であったが､テイラーが管理についての客観的な基準「A Fair day's work：公平な1日の仕事」をつくったことで、生産性の増強や労働者の賃金の上昇につながって、労使が共存共栄できる科学的管理法が生まれた。科学的管理法が生まれた背景には、もともと異民族の集まる米国の労働者には、標準を示し守らせるべく指導する管理の必要性があったことがあげられる。

戦後は日本でも労使関係が対立していた時代はあったが、その背景は米国とは大きく異なるものであった。日本の現場はおしなべて中等教育を経た同一民族で構成され、年功序列の賃金体系、終身雇用の環境下で帰属意識の高い優秀な従業員を抱えていた。こうした現場に欧米からの新しい管理技術が入ると、改善ツールとして使いこなし「カイゼン」に目を向けた生産性向上、QCサークル母体の品質向上により、無類の現場力を構築してきた。間違った図面が流れても良品にしてくれる現場など日本にしかなかったのである。日本の風土や時代に合ったやり方は、日本的経営として一定の成果を収めた。

しかし、今日の国内の職場環境は人（派遣・請負・外国人労働者）の流動化とともに弱体化し、海外工場になればなおさらである。そこに現場力の復活を試みるも時計の針は元へは戻らない。現場力依存のモノづくりから管理・マネジメント力の強化が求められる。形骸化したQCを立て直すべくQMに名前を変えマネジメントスタイルに軌道修正しているように…。しかし、長年にわた

る自動化を含む改善依存の生産性向上体質は管理に弱いという側面を生んだために、管理・マネジメント力の向上の足取りは重い。

(2) 管理・マネジメント力強化は見える化から

近年「見える化」という言葉が多用されるが、見える化は管理のゼロステップである。図表1・12は見える化したデータを管理に使うステップを描いたものである。見える化は見えないものを見える化することで、分ける（定性的）→測る（定量的）と見えてくる。

「分ける」は定性的見える化で、目的を考えて上手に分けないと見えない。過去のデータは場所と現象で分けて取るとアクションに展開しやすい。原価計算は多目的に使われるため、本書では原価の分け方、原価の分類が数多く登場する。「測る」は定量的見える化へのレベルアップである。測り方には「量で測る、質で測る、お金で測る」の3段階があり、「お金で測る」レベルまで来ないと利益の見える化にはならない。その意味で、原価や原価計算はもっともレベルの高い見える化である。

ところが、金額で見るのは一部の経営陣だけで、一般の従業員には見せない

図表1・12 見える化したデータを管理に使う

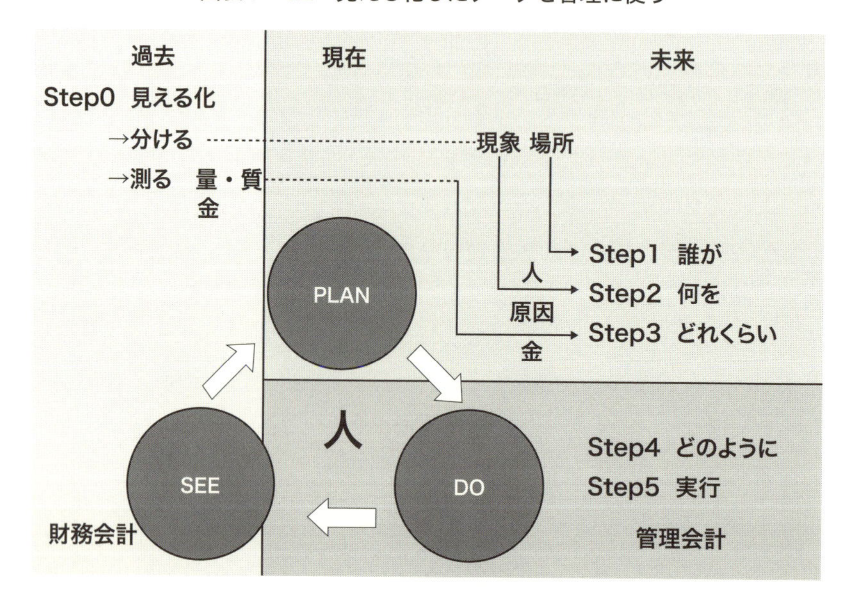

会社がある。これでは武器を持たない戦士を戦場に送り込むようなもので、戦果を期待することは難しい。彼らに業績向上を期待するのであれば、お金で見えるようにすることである。

(3) 管理には計画段階が圧倒的に大事

テイラーは「管理は測定に始まる」と述べ、PLAN–DO–SEEの管理サイクルを回すマネジメントを提唱した。

・PLANは、ビジョン → ミッション → バリューを展開した方針に基づき、その実施手順を計画することである。そして、それを遂行する人の役割・責任を明確にして、実施すべきアクションを立案する。

・DOは、各責任者が計画したアクションをタイムリーに実行することである。

・SEEは、単なる結果・実績報告ではなく、計画したことを実践して成果につながったかを評価し、再び次のアクションにつなげることである。

以上の管理サイクルの中で計画の重要性は言うまでもないが、日本の経営は実績中心主義である。実績報告のためのデータ収集は情報システムにまかせ、提供された真実の数字から未来の利益につながる計画意思決定に時間を使うことが肝要である。

見えるようになったら、計画は「誰が、何を、どれくらい」の順にまとめる。

Step1 「誰」は役割の明確化である。アクションを打つのは必ず「人」であり、アクションを打つ人別に集計する。このため実績データは人が特定できるよう場所のデータを入手しておくとよい。

Step2 「何」は課題の明確化である。人によってアクションを打つ課題が違うので、原因が特定できる現象データを入手して課題を見つける。

Step3 「どれくらい」はあるべき姿と比較して課題の大きさ（量）やウエイト（質）が見える化できると、問題の70～80%は解決である。

PLAN・計画段階を終えると、次のDO・実行段階に移る。

Step4 「どのように」はHOW TOであるが、Step1～3まで見えると、自ずと分かることが多い。「どのように」は原則としてアクションを打つ人自身で考える。人に言われるより、自身で考えた方が実行はスムースであるからだ。

Step5「実行」は人がアクションを打つことであり、やさしいことから完璧に行う。実行に至らないものに成果はないのは当然である。

以上、Step1 ～ 5までは、一貫して「人」中心に回っていることに気づく。成果を出すのは人のアクションでしなないのだから…。

本書は原価の見える化、分ける（目的別の原価分類）→測る（原価計算）から始め、企業の業績につながる正しい意思決定ができるまでの原価の実践的活用を学んでいくことにしよう。

Q 原価と原価計算を管理に使ってみる

問　下図に示すデータから、管理会計の目的である現在または未来の利益増大に使う意思決定をしてみよう。簡単な事例ではあるが、正しい意思決定ができるだろうか。

A商品は80円で仕入れて10個／日売れ、B商品は85円で仕入れて20個／日売れる。販売価格は共に100円なので、利益額（利益の絶対額）で見るとBが有利、利益率（売上高利益率）で見るとAが有利である。ところが、ABは競合商品のため、いずれか1つしか選択できないとき、「A・Bどちらの商品を選択したらよいだろう？」

	基礎データ			判断基準	
	販売価格（1個）	仕入価格（1個）	販売個数（1日）	利益額（1日）	売上高利益率
A製品	100円	80円	10個	200円	20%
B製品	100円	85円	20個	300円	15%

A

A・Bどちらかの商品を選ばなければならないとしたら、利益の絶対額の多いBを選択する。管理会計は未来の利益を増やすことが目的であるからだ。しかし、両方選択してよい場合は利益率の高いAから仕入れる。

最終的には会社は利益を追求している。そこで、どれか1つを選ばなければならないときは利益の絶対額の多い方、いずれを選んでもよいときは利益率の高い方から選択すると会社の利益は最大になる。「率ちゃん」より「額ちゃん」が合言葉である。

第１章のまとめ

■ポイント

・経営の基本機能は財務、生産、販売であり、販売と生産活動の結果、「売上－原価」から、経営目的である利益を算定する。利益は粗利益、営業利益、経常利益の３段階で計算され、３つの基本機能と連動する

・原価とは「製品やサービスを生産・販売するために消費された価値」である

・原価の本質は最適資源配分である

・財務会計は過去の期間損益の計算と分配、管理会計は未来の利益増大が目的である

・原価計算基準は制度としての原価計算の規定であり、財務会計機構との結びつきが強いが、管理会計はその枠外で行う

・棚卸資産表評価以外、原価は未来利益の増大を目的にした管理会計で使う

・財務会計と管理会計に用いる実際原価は合わなければならないが、つながらない要因に…

①財務会計は確実な数字を先に抑え、残りは差額計算、管理会計は積上集計の集計方法に違いがある問題

②全体管理と部分管理がシステムとしてつながっていない問題

③管理では利益につながらない改善対象を取り上げている問題

事業・製品別実際原価計算のやり方

—どの事業・製品が儲かっているか—

目的別の原価・原価計算分類

目的＼手段		会計領域	財務会計	⇐過去　（現在）⇐　管理会計　⇒（未来）				原価レベル		
		原価計算種類	事後原価計算	事前原価計算				実力値A	達成可能値B	理想値C
			実際原価計算	予定原価計算	見積原価計算		標準原価計算			
		原価種類	期間原価		製品原価（製品・部品・工程別）					
			実際原価A	**予定原価B**	**見積原価A**	**目標原価B**	**標準原価C**			
誰：評価	社長・経理	損益計算書	棚卸資産原価	（予想決算書）				○		
	事業部長	事業別原価計算	総原価	**事業戦略 業績管理**					○	
	部門長	部門別原価計算							○	
何：アクション	営業	顧客別原価計算	販売費・管理費	（販売予算）	**価格見積**			○		
	設計技術	製品別原価計算	売上原価		原価見積	**原価企画**	（標準消費量）			○
	生産技術	工程別　〃			（コストテーブル）	**コストリダクション**	（標準時間）			○
	購買	実際原価計算	仕入原価	**製造予算管理**						○
	製造	・個別原価計算	製造原価				**標準原価管理 コストコントロール**			○
		・総合原価計算	材料・労務・経費							○
管理可能性による分類 ⇒			埋没原価・機会原価	管理可能・不能費	増分原価	ライフサイクルコスト	管理可能・不能費			
原単位による分類 ⇒			単価×消費量	材料単価×消費量		加工費レート×時間		標準原価に一元化		
製品との関連分類 ⇒			直接費・間接費	材料費		加工費				
操業度との関連分類 ⇒				限界原価＝変動費			固定費			
原価の集計範囲分類 ⇒			全部原価	部分原価・直接原価計算			損益分岐点			

CONTENTS

本章は財務会計から行う事業別原価計算と製品別実際原価計算について解説する。事業は経営上もっとも大きなビジネスの単位で事業基盤を固め、拡大しながら成長する。事業損益は部門別原価計算 → 製品別原価計算に細分しながら原価分析していく。

そのとき、製品との関連における分類である直接費・間接費から材料費・加工費区分が計算しやすい。また、原価は「単価×消費量」であり、単価の単位である原単位（コストドライバー）を決め、個々の製品にはコストドライバーである消費量を求める。本章は実際消費量を求める製品別実際原価計算を原価計算基準に沿って解説する。

2-1　事業・部門別原価計算と事業損益

- 原価は、財務諸表上収益と費用との対応関係に基づいて、製品原価と期間原価とに区分される。
- 製品原価とは一定単位の製品に集約された原価をいい、
- 期間原価とは一定期間における発生額を、当期の収益に直接対応させて把握した原価をいう。

原価の集計対象が期間か製品かによって、期間原価、製品原価の区分がある。通常、原価を評価目的（決算書、事業実績、部門実績）に使用する場合は、期間が年次、半期、四半期、月次、週次であっても期間原価になる。

アクション目的（価格決定、技術段階のコストダウン）に使用する場合は製品原価になるが、集計範囲は、製品1個から生涯期間のような長期の場合もあり、期間は自ら選択設定する。

（1）事業別原価計算

顧客に引き渡す単位が製品であれば、事業は製品の使い道（用途）に分けた単位で、経営のトップは事業の成長性（どの事業が伸びるか）と収益性（どの事業が儲かるか）に関心を寄せる。

成長性は外部要因と内部要因の分析で予測する。外部要因はターゲットとする市場構造（政治経済動向、業界構造、顧客市場ニース）と競合の分析、内部要因は自社企業力の分析がある。

ここでは事業別原価計算によって収益性の分析を行ってみよう。

戦略策定の事業評価の単位にSBU（Strategic Business Unit：戦略的事業単位）がある。SBUは、実際の組織の区分にとらわれず事業の単位で管理会計を行うことで、事業ごとの業績評価や事業のポートフォリオを組んで資源配分の決定などに使う。

ここでは、事業別損益が部門別損益と一致するサービス業（病院）の例で解説する。ただし、事業別原価計算は戦略策定目的なので、毎月計算するものではない。期間原価ではあるが、せいぜい年次や半期単位の計算である。

Step1　費目別原価計算

会社の部門別損益を見るには、Step1：費目別計算、Step2：部門別計算、補助部門費配賦計算の順に行う。出発点は費目別原価計算であり、損益計算書から原価費目とその金額を抽出する。

・原価の費目別計算とは、一定期間における原価要素を費目別に分類測定する手続きをいい、原価計算における第一次の計算段階である。

Step2　部門別原価計算

・原価の部門別計算とは、費目別計算において把握された原価要素を原価部門別に分類集計する手続きをいい、原価計算における第二次の計算段階である。
・原価部門とは原価の発生を機能別、責任区分別に管理するとともに、製品原価の計算を正確にするために、原価要素を分類集計する計算組織上の区分をいい、これを諸製造部門と諸補助部門とに分ける。

図表2・1の部門別損益計算表を見ると、収益合計234,410千円で、費用合計は225,177千円である。これを事業別・部門別に分ける。医療収益は、いずれの部門の患者かがわかるので、事業別・部門別の集計は容易である。

■製造部門と補助部門に分ける

原価部門は正確に原価計算するための集計単位であり、製造部門と補助部門に分ける。製造部門は製品やサービスを生産するのに直接寄与する部門であり、補助部門は製造部門に対してその活動を支援する部門である。

図表2・1の病院の例では、製造部門は内科、外科、精神科、補助部門は医療事務、食堂、その他である。

■部門個別費と部門共通費を分ける

部門別に原価を集計するとき、原価の発生額を部門に特定できる個別費と、どの部門で発生したかが明らかでない共通費がある。個別費はその発生額をその部門に直接賦課し、共通費はその発生額を適切な配賦基準によって関連部門に配賦する。部門共通費の配賦基準は次の点を考慮して決定する。

図表2・1　部門別損益計算表

		合計		直接部門						補助部門		
				内科		外科		精神科		医療事務	給食	その他
		金額	%	金額	%	金額	%	金額	%	金額	金額	金額
費用配賦基準	従業員数	24	人	14	人	4	人	2	人	2	1	1
	入院患者数	800	延人	480	延人	220	延人	100	延人			
	外来患者数	810	延人	720	延人	70	延人	20	延人			
	面　積	110	㎡	70	㎡	18	㎡	6	㎡	9	5	2
	経費比率	100	%	60	%	20	%	4	%	10%	3%	3%
	委託洗濯460円/人	3,650	千円	2,200	千円	1,000	千円	450	千円			
	委託検査費用	9,870	千円	7,790	千円	1,930	千円	150	千円			
収　益		234,410	100%	179,010	100%	41,220	100%	14,180	100%			
入　院	個別	160,340	68.4%	114,030	63.7%	33,880	82.2%	12,430	87.7%			
外　来	個別	62,430	26.6%	56,390	31.5%	4,450	10.8%	1,590	11.2%			
室料差	個別	4,970	2.1%	3,400	1.9%	1,570	3.8%	0	0.0%			
その他	個別	6,670	2.8%	5,190	2.9%	1,320	3.2%	160	1.1%			
費　用		225,177	96.1%	173,424	96.9%	37,998	92.2%	13,758	97.0%	15,057	7,312	4,652
給与	個別費	121,820	52.0%	76,270	426.%	19,390	47.0%	7,580	53.5%	11,140	3,900	3,540
医療品費	個別費	27,920	11.9%	25,310	14.1%	1,440	3.5%	1,170	8.3%			
給食材料費	個別費	2,030	0.9%		0.0%		0.0%		0.0%		2,030	
診療材料費	個別費	17,340	7.4%	16,480	9.2%	760	1.8%	100	0.7%			
経　費	経費比率	31,070	13.3%	18,642	10.4%	6,214	15.1%	1,243	8.8%	3,107	932	932
委託費	入院患者数+検査費	13,520	5.8%	9,990	5.6%	2,930	7.1%	600	4.2%			
減価償却費	面積	9,900	4.2%	6,300	3.5%	1,620	3.9%	540	3.8%	810	450	180
その他	個別費	1,577	0.7%	1,204	0.7%	304	0.7%	69	0.5%			
医療事務	収益	—	—	11,498	6.4%	2,648	6.4%	911	6.4%	15,057		
給食材料費	入院患者数	—	—	4,387	2.5%	2,011	4.9%	914	6.4%		7,312	
その他	個別	—	—	3,342	1.9%	681	1.7%	631	4.4%			4,652
利　益		9,233	3.9%	5,586	3.1%	3,222	7.8%	422	3.0%			

部門別業績管理

事業採算の管理

① 配賦すべき関係各部門に共通した基準であること

② 配賦すべき費目と配賦基準が相関関係にあること

③ 配賦基準の資料が簡単に入手できること

■部門別原価計算

図表2・1の費用は、次のように部門別に集計している。金額の大きい給料の121,820千円は、誰がどの部門に所属しているかがわかる代表的な個別費である。個人別の給与、賞与が記録されている給与台帳を見て、所属部門ごとに、各人の給与、賞与を集計する。

給与、賞与以外の費用はほとんど共通費である。共通費は何らかの配賦基準で各部門に配賦する。たとえば、減価償却費の配賦基準に面積を選択し、減価償却費合計の9,900千円を床面積合計の110㎡を各部門で使用している床面積比で配賦する。内科の減価償却費は「9,900千円×70㎡÷110㎡」で、6,300千円になる。

以上のように、各費目の原価を各部門に配賦した費用を合計すると、製造部門（内科、外科、精神科）、補助部門（医療事務、給食、その他）のそれぞれの部門費が計算できる。

■補助部門費の配賦計算

製品・サービスの生産は製造部門で行われ、補助部門は通過しない。そこで、補助部門費を、サービスを提供した関係製造部門にサービスの程度に応じて負担させる。これを補助部門費の配賦計算と呼ぶ。

ここでは、

・医療事務部門費：15,057千円は収益に比例して、

・給 食 部 門 費：7,312千円は入院患者数に比例して、

・その他部門費：4,652千円は個別費なので個別賦課で、

各製造部門に配賦している。

こうして、すべての補助部門費は製造部門に集計することができた。

(2) 事業採算と部門別業績管理

■事業別損益と事業計画への活用

以上のステップで計算した事業別の収益から費用を差し引くと、事業別の損益が計算できる。ちなみに、図表2・1の病院の例では、

・最大の利益を上げているのは内科事業5,586千円(179,010－173,424千円)である。

・ただし、収益性の高いのは外科事業7.8%（3,222÷41,220千円）である。

■部門別業績管理

事業別損益をそのまま部門別業績管理に用いることはできない。事業・製品別損益情報は「何」に関する情報を、部門別業績管理は「誰」の情報を提供するからだ。

それは、補助部門費を各製造部門に配賦するか否かの違いになる。事業別損益計算はトップが事業戦略を立てるため、補助部門費も事業別に配賦して事業採算を見る。しかし、それをそのまま部門別の業績管理に使うと、配賦された側は「そんなに医療事務部門・本社にお世話になっていない。」など、管理不能費ばかりに異論が出る。

事実、配賦された費用は管理不能費であり、発生元である医療事務、給食、その他の各部門で管理可能である。部門別の業績管理では各部門で管理できる管理可能費にフォーカスしてもらいたいものである。なお、「事業収益－管理可能費＝貢献利益」として部門別の業績管理をしてもよい。

(3) 事業・期間原価から製品別原価へ

病院の事業別原価計算例はサービス業であるから、「事業＝部門＝サービス(製品)」になる。しかし製造業の場合は、しばしば「事業＝製品」にならないため、事業別原価計算が難しい。

図表2・2の製パン業の例は、横軸に事業、縦軸に製品をマトリックスにしたものである。製品である食パンは一般家庭用にも、コンビニ、レストラン、学校給食などの業務用にもと用途は広いが、会社の売店には不向きである。アンパンは一般家庭用であるが､会社の売店にも向いている。また一般家庭用は、小売を主体とした広い販売ルートで、手づくりの家庭的なものが求められる。さらにレストランや学校給食用になると、均一なものを数多くつくることが求められる。そこで、企業規模により大量生産タイプのパン事業か、焼立てパンなどの特色を出した事業かを選択する。経営のトップは常にこうした視点で事業展開を考える。

そこで、事業という用途別（横系列）に原価を集計し、同じく用途別に集計

図表2・2　事業と製品の違い

事業・用途 製品	個人 一般家庭	会　社 売店用	コンビニ 小売用	レストラン 食事用	学校 給食用
売　上　高					
食　パ　ン	○		○	○	○
フランスパン	○		○	○	
サンドイッチ	○	○	○		
バターロール	○		○	○	○
クロワッサン	○		○	○	
ペストリー	○		○		
ピ　ザ	○		○		
アンパン	○	○	○		
コッペパン					○
黒　パ　ン					○
利　益					

した売上高と対比して事業の収益性を考える事業別原価が必要になる。製品別原価計算で集計した製品原価をそれを扱う事業に集計し直すことで事業別原価計算ができる。製品別原価がわからないと事業別にも原価が計算できないので、製品別原価計算に移ることにしよう。

2-2　製品との関連分類の直接費・間接費

(1) 直接費と間接費から材料費と加工費へ

製品の原価を正確に計算するには、特定の製品に使われたことが明らかなものは、できるだけその製品の原価として直接把握したい。ここに、製品との関連による分類である直接費と間接費の区分が生まれた。下記は直接費と間接費の定義である。

・直接費：製品をつくるための原価が個々の製品に使われたことが明らかな原価（原材料費など）
・間接費：どの製品をつくるために使われたかが不明確な原価（工場の事務員の給料など）

図表2・3は、財務会計上の材料費、労務費、製造経費の形態別分類を→直接費・間接費→材料費・加工費に分類し直したものである。材料費のほとんどは直接費、加工費では現場作業員の労務費、金型、治工具などが直接費であり、残りの費目は間接費になる。

形態別、機能別に把握された原価を、まずは直接費か間接費に分類する。パンの例では製品種類別にレシピがあるので、個々の製品に直接使われることがわかる小麦粉、強力粉などの材料消費量に単価を乗ずれば材料費が計算できる。製品固有の型・治工具は取得価格が、現場作業員の労務費は製品個々に使われる直接工数が把握できる。

金額の大小にかかわらず、個々の製品にかかる原価はその製品に直接賦課する方が正確な原価がつかめる。しかし、工場消耗品（溶接芯線・サンダーなど）のように、製品をつくるために直接使われているが金額が小さいものは、原価計算の正確性からは影響が少ないため間接費に扱われることがある。要約すると、材料費のほとんどは直接費、直接作業員の労務費以外の労務費と製造経費

図表2・3　製品との関連による分類とパンの生産要素

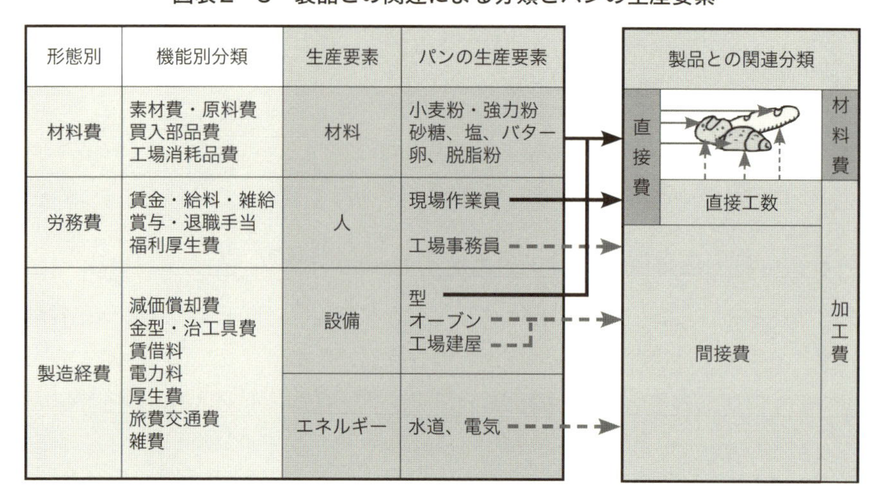

の大部分は間接費である（図表2・3の実線矢印は直接費、破線矢印は間接費）。

直接費・間接費に分類した後、引き続き図表2・3で、原単位との比例関係を考えて材料費・加工費に分類する。材料費は原価構成比率が高いため、直接製品ごとにかかる重量や個数に比例して、直接労務費と間接費は加工費として現場で製品をつくるために使われた直接工数に比例して計算する。

作業員の給料はもちろんのこと、現場で使う軍手は物を扱っている時間が長くなると破れてくるし、長い間機械を使っていると部品交換や修理をしなければならない。加工費は工数（人時間）に比例するものが多い。

そこで、製品別原価計算では、直接材料費を材料費、労務費と間接製造経費を加工費として分類すると計算しやすい。

(2) 原単位・コストドライバーとその選定基準

材料費は重量や個数に、加工費は工数に比例関係があるように、原価は何かに比例する。原価計算は「原価とその作用因との相関計算」である。それを原単位（コストドライバー）と呼び、原単位とは原価の作用因のことである。

買い物では、肉はグラム、リンゴは個数で売られている。肉の原価は重量に、リンゴの原価は個数に比例するという意味である。原単位を何にするかは原価計算上でも原価管理上でも重要であり、その一般的な基準は次のようなものである。

① 原価と比例関係にあること

原単位は原価ともっとも比例関係の強いものを選ぶ。図表2・4に示すように1本100円のパイプの材料費はパイプの長さや重量に、加工費は切断時間に比例する。1本のパイプを2本に切ると材料費は半分の50円になるが加工費10円が発生する。10本に切ると材料費と加工費は同じ10円になる。細かく切れば切る程材料費と加工費は反比例することがわかる。

図表2・4　材料費と加工費は反比例する

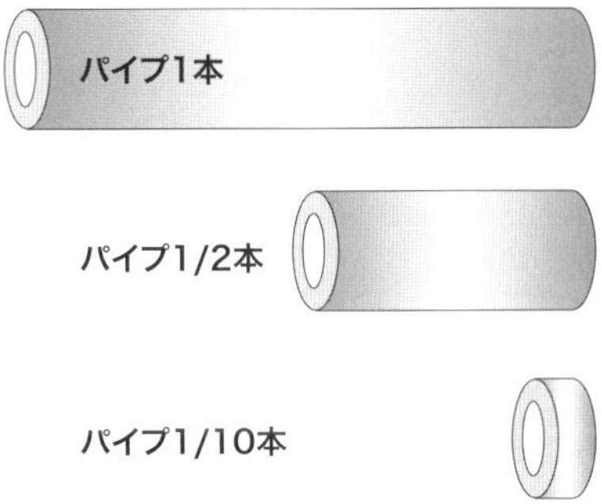

	材料費 長さ・重量	加工費 切断時間	合計
	円	円	円
パイプ1本	100	0	100
パイプ1/2本	50	10	60
パイプ1/10本	10	10	20

営業で価格見積をする際、製缶・板金業ではkg.tが、建設業では㎡や㎥を原単位にする慣行がある。しかし、材料費より加工費のウエイトが高くなると、両者を分けた見積もりをしないと実情にそぐわなくなった。また、人から設備に作業が置き換わると、工数より設備時間との比例関係が強くなり、原単位も設備時間へと置き換えていかなければならない。

② 可能なかぎり統一した尺度とすること

原価の発生には諸々の要因がある。生産数量そのものに比例するもの、工数、設備時間、段取り時間、あるいは生産トン数に比例して発生する原価もある。しかし、余り多くの基準を設けると計算が煩雑になるので、可能な限り統一した基準を設ける方がよい。

③ 理解が容易であること

原単位は誰にでも理解でき、原価計算が簡単にできなければならない。

2-3　原価計算は単価と消費量の掛け算

(1) 原価計算は「単価×消費量」であることの意味

- 実際原価とは、財貨の実際消費量をもって計算した原価を言う。
- 実際原価は厳密には実際の取得価格をもって計算した原価の実際発生額であるが、原価を予定価格等をもって計算しても、消費量を実際によって計算する限りそれは実際原価の計算である。
- 実際原価の計算においては、製造原価を原則としてその実際発生額を、まず費目別に計算し、次いで原価部門別に計算し、最後に製品別に計算する。
- 販売費および一般管理費は、原則として、一定期間における実際発生額を費目別に計算する。

実際原価計算は事後原価計算なので、すでに発生した費用がわかっている。それを、図表2・5のStepに示すように、Step1：費目別、Step2：部門別、Step3：製品別に集計し、最後にそれを製品別の実績生産数量で割ってStep4：実際原価を計算する。なお個別原価計算と総合原価計算は、製品別実際原価計算だけに用いる方法である。

図表2・5　実際原価計算の手順

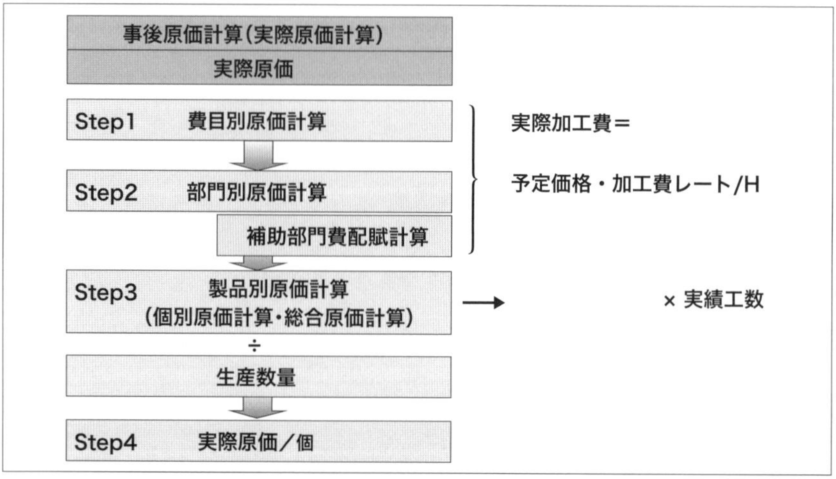

事後原価計算（実際原価計算）
実際原価

Step1　費目別原価計算
↓
Step2　部門別原価計算
補助部門費配賦計算
（Step1〜Step2）実際加工費＝予定価格・加工費レート/H
↓
Step3　製品別原価計算（個別原価計算・総合原価計算）　→　×実績工数
÷
生産数量
↓
Step4　実際原価／個

製品別実際原価計算を実施する前に、Step2までの計算で、加工費の予定価格を設定しておこう。ちなみに、実際加工費は下記の算式で計算する。

実際加工費＝予定価格・加工費レート×実績工数

(2) 予定価格・加工費レートの設定

■1秒1円の加工費レート

理容室の値段は、3,500～4,000円が相場である。この値段を構成する中でもっとも高いのは人件費である。また、シャンプー、整髪料、水道代、ドライヤーの電気代などは直接お客の数に比例して費用がかかる。はさみ、くし、ほうきなどの消耗品も何人かのお客の数に比例する。さらに、建屋、リクライニングシート、タオル蒸し器などの設備の償却費も含まれる。これらの原価に理容室の儲けを含めて、3,600円という値段で散髪・髭剃・整髪までを約1時間でやってもらえれば、1秒1円（3,600円÷3,600秒）につく計算になる。

会社の加工費レートも、儲けを除けば理容室と同じように計算できる。それには加工費を工数か時間の原単位で割って求める。もっとも一般的に用いられる工数（人時間）を原単位として加工費レートを設定してみよう。

図表2・6の製造原価報告書では、材料費を除いた労務費1,200万円と製造経費600万円で年間1,800万円の加工費がかかっている。一方、直接製造部門の就業工数はタイムカードの工数を1年分集計してみると、5人で10,000時間であった。加工費レートは加工費1,800万円を就業工数10,000時間で割って、時間当たり1,800円を求める。1秒1円のレートに比べると半分の加工費レートである。

図表2・6　製造原価報告書から加工費レート計算

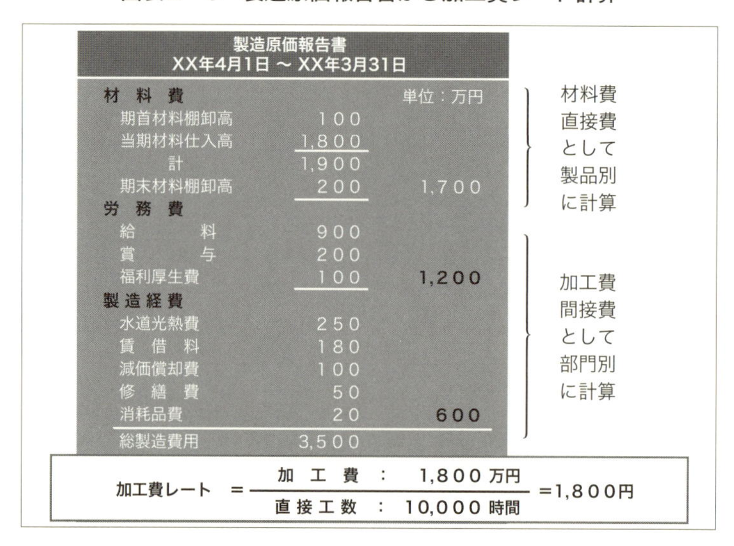

製造原価報告書
XX年4月1日 ～ XX年3月31日

		単位：万円	
材料費			材料費直接費として製品別に計算
期首材料棚卸高	100		
当期材料仕入高	1,800		
計	1,900		
期末材料棚卸高	200	1,700	
労務費			加工費間接費として部門別に計算
給料	900		
賞与	200		
福利厚生費	100	1,200	
製造経費			
水道光熱費	250		
賃借料	180		
減価償却費	100		
修繕費	50		
消耗品費	20	600	
総製造費用	3,500		

加工費レート ＝ 加工費：1,800万円 ／ 直接工数：10,000時間 ＝1,800円

■部門別の予定価格・加工費レートの設定ステップ

先の製造原価報告書から求めた工場全体の平均加工費レートは1,800円／時であったが、部門別に違いが出る場合には、部門別の予定価格・加工費レートを求める。その設定手順は、Step1：費目別計算、Step2：部門別計算、補助部門費配賦計算、部門別加工費レート設定で行う。

Step1　費目別原価計算

事業別原価計算のStep1と同様に、加工費レート設定のStep1は費目別原価計算である。先の製造原価報告書から加工費レートの範囲に入れる原価費目とその金額を抽出すると、ほぼ労務費と製造経費が抽出される。ちなみに、加工費合計は1,800万円である。

Step2　部門別原価計算から部門別の加工費レート設定

■製造部門と補助部門に分ける

事業別原価計算（病院の例）と同様に製造部門と補助部門に分け、原価部門別に集計する手続きである。**図表2・7**では製造部門は1係、2係、3係となっているが、プレス、溶接、仕上げのように第一線監督者の単位で、その下の班長やリーダーの単位では細かすぎる。補助部門は生産管理係、品質管理係、保全係などの間接部門であるが、ここでは1つにまとめている。

図表2・7　正常価格・加工費レート計算

（単位：万円）

費目		配賦基準	合計	製造部門			補助部門
				1係	2係	3係	
労務費	給料	個別賦課	900	414	308	74	104
	賞与	個別賦課	200	67	67	33	33
	福利厚生費	人員	100	33	33	17	17
製造経費	水道光熱費	設備台数	250	75	100	75	0
	賃借料	面積	180	75	60	30	15
	減価償却費	面積	100	42	33	17	8
	修繕費	設備台数	50	15	20	15	0
	消耗品費	人員	20	7	7	3	3
計			1,800	728	628	264	180
補助部門		人員	180	72	72	36	
合計			1,800	800	700	300	
加工費レート　円/時間			1,800	2,000	1,750	1,500	
実績工数（配賦基準より）			10,000	4,000	4,000	2,000	

加工費レート＝製造部門費合計／実績工数

■部門個別費と部門共通費を分ける

病院の例と同様に、原価の発生額を部門に特定できる個別費と、どの部門で発生したかが明らかでない共通費がある。個別費はその発生額をその部門に直接賦課し、共通費はその発生額を適切な配賦基準によって関連部門に配賦する。図表2・7の共通費の配賦で使用している配賦基準は図表2・8のとおりである。

図表2・8　配賦基準

配賦基準	合計	製造部門			補助部門
		1係	2係	3係	
人員	6人	2	2	1	1
実績工数	11,000hr	4,000	4,000	2,000	1,000
設備台数	10台	3	4	3	0
面積	12坪	5	4	2	1

■部門別原価計算

図表2・7の費用は、次のように部門別に集計している。金額の大きい給料の900万円は、代表的な個別費であり、個人別の給与、賞与が記録されている給与台帳を見て、所属部門ごとに、各人の給与、賞与を集計する。共通費の配賦基準は福利厚生費は人員、賃借料・減価償却費は面積を用いて配賦している。

以上のように、各費目の原価を各部門に配賦した費用を合計すると、製造部門、補助部門のそれぞれの部門費が計算できる。

■補助部門費の配賦計算

病院の例と同様であるが、図表2・7の補助部門費は人員比例で各製造部門に配賦している。こうして、すべての補助部門費は製造部門に集計することができた。1係800万円、2係700万円、3係300万円になる。

■部門別加工費レート設定

製造部門費合計÷実績工数で加工費レートを計算すると、工場全体では1,800円／hrであったが、1係2,000円／hr、2係1,750円／hr、3係1,500円／hrとバラツキがある。

Step3　製品別原価計算

・原価の製品別計算とは原価要素を一定の製品単位に集計し、単位製品の製造原価を算定する手続をいい、原価計算における第三次の計算段階である。

原価計算といえば「製品別の実際原価計算」を頭に描く人が多い。製品別の実際原価計算は費目別、部門別、製品別計算の手順で行われるが、実務上はすべての費目を実際原価で計算するのではなく、多くは価格や賃率を予定で計算する。ここでも、Step2で設定した予定価格・加工費レートを用いて図表2・5のStep3の製品別実際原価計算を実施してみよう。

製品別実際原価計算には個別原価計算と総合原価計算がある。個別原価計算でも総合原価計算でも、製品個々の単位当たり実際原価が計算できる点では変わりはない。

2-4　製品別実際原価計算（個別原価計算）

(1) 製品別個別原価計算に必要な日報記録

・個別原価計算は、種類の異なる製品を個別的に生産する生産形態に適用する。個別原価計算にあたっては、特定製造指図書について個別的に直接費および間接費を集計し、製品原価は、これを当該指図書に含まれる製品の生産完了時に算定する。

多くの会社の現場では、個人別またはグループ別に作業日報を書いている。

「どの製品・部品をいくつつくった」という数量記録であるが、これは生産進捗には不可欠な情報である。

個別原価計算では､さらに個々の製品に要した材料や時間の記録を付加する。材料の払出記録にはどの材料がどの製品にどれだけ使われたかを、作業日報には製品・部品別に生産に要した時間を記録する。作業日報には製品別にかかった時間を記録できる個人用（図表2・9）と、できないグループ用（図表2・10）のタイプがある。

作業日報は、そもそも生産進捗、作業能率・稼働率の工数管理のために記録することが目的であり、これに原価計算目的を追加した様式になっている。除外記録は非稼働時間の記録、作業指示票No.は生産進捗記録に用いている。それ以外は、原価計算目的の工数記録である。個人用は機種、部品名ごとに開始と終了時間を記録しているが、グループ用は機種、部品ごとの工数記録はできないためグループ工数として記録している。

■作業日報記入例・個人用（図表2・9）

個人用の作業日報は製品別に時間記録（太枠）ができるようになっている。ラインの場合は、配置人員を入れる欄を追加する。

図表2・9　作業日報（個人用）

除外						作業							作業工数			出来高工数		
符号	開始時間 終了時間	工数	チェック ダ	ミ	カ	作業指示票No.	機種	部品名	タイプ又は41～52番	不良数	良品完成数	始業 定時　早出 時間 遅刻 時間	段取	未設定作業41～52番	加工	段取	加工 100ヶ当標準	加工 ロット当り
理由説明		昼定時休										定時　早退 時間 残業 時間	昼定時休					
												終業						

除外符号		未設定作業符号	
11. 機械関係手待 (例．機械故障，修理手待) 12. 材料関係手待 (例．部品切れ，金型手待) 13. その他理由手待 (例．作業指示，トライ待) 14. 作業指導 (原則として指導する側)	21. 整理･整頓･棚卸 (部課長の指示によるもの) 22. 会議・打合せ・社内教育 31. 会社行事 (例．身体検査，総合朝礼) 32. 不可避理由 (例．停電，災害，外出)	41. 時間未設定作業 (例．初期流動品，試作品，標準時間タイプのない作業) 42.技術責任標準外作業 (例．機械，材料，治具不良による標準外作業 43.管理責任標準外作業 (例．部品進度遅れ等による標準外作業) 51. 外注応援作業	52. 周辺作業 (例．パレット移し換えガスボンベ取替え，カーリングコマ修正，サイクロンバフ掃除，ダンボール詰め，防錆油塗布，バフペーパー塗り，レイアウト　等

作業日報(個人用)　　月　　日　昼　夜

係	氏名	

■作業日報記入例・グループ用（図表2・10）

グループ作業の作業日報は、グループ全体でしか時間記録（太枠）ができないので、製品別には按分計算が必要になる。

図表2・10　作業日報（グループ用）

除外				在社工数						標準設定作業						出来高工数	
符号	開始時間／終了時間	人数／時間	工数	在社工数			中途からの応援			指示票No.	機種	部品名	タイプ	不良数	良品完成数	100ヶ当標準	ロット当り
				項目	人数	工数	応援時間	延人数	工数								
				定時(8.0)H			応援を受けた場合 0.5H										
				残業・早出 0.5H			1.0										
				1.0			1.5										
				1.5			2.0										
				2.0			2.5										
				小計			小計										
				遅刻・早退・外出 0.5H			応援を受けた場合 0.5H										
				1.0			1.0										
				1.5			1.5										
				2.0			2.0										
				小計			小計										
理由説明		昼定時休		合計		①	①+②		②								

除外符号		未設定作業符号	
11. 機械関係手待（例．機械故障，修理手待） 12. 材料関係手待（例．部品切れ，金型手待） 13. その他理由手待（例．作業指示，トライ待） 14. 作業指導（原則として指導する側）	21. 整理・整頓・棚卸（部課長の指示によるもの） 22. 会議・打合せ・社内教育 31. 会社行事（例．身体検査，総合朝礼） 32. 不可避理由（例．停電，災害，外出）	41. 時間未設定作業（例．初期流動品，試作品，標準時間タイプのない作業） 42. 技術責任標準外作業（例．機械，材料，治具不良による標準外作業 43. 管理責任標準外作業（例．部品進度遅れ等による標準外作業） 51. 外注応援作業	52. 周辺作業（例．パレット移し換えガスボンベ取替え，カーリングコマ修正，サイクロンバフ掃除，ダンボール詰め，防錆油塗布，バフペーパー塗り，レイアウト　等

応援を受けた人		応援に出した人		合計	
				+	△
				+	△
				+	△

作業日報（グループ用）　月　日　昼　夜

係	ユニット名	記入責任者	

■日報記録の集計結果

図表2・11は、材料払出または作業日報で材料の消費量と作業に使った工数を記録したものを、1ヵ月分集計したものである。製品別の材料消費量、作業工数がわかれば製品別実際原価計算の基礎資料はできたことになる。

図表2・11　月間実際材料消費量と実績工数

製品	実際材料消費量 kg			実績工数 hr		
	強力粉	バター	その他	1係	2係	3係
クロワッサン	6,480	2,880	5,883	975	275	89
カレーパン	7,200	0	20,160	121	121	62
アンパン	8,950	0	26,800	55	103	0
バターロール	45,500	9,100	35,945	583	583	291
サンドイッチ	11,750	0	23,500	717	317	308
クリームパン	1,560	0	3,120	95	195	47
食パン	170,379	0	138,234	779	1,779	889
ピザ	6,950	0	5,560	297	349	176
フランスパン	49,151	0	3,036	147	147	73
ペストリー	13,100	1,310	18,340	231	131	65
合計	321,020	13,290	280,578	4,000	4,000	2,000

(2) 製品別個別原価計算のやり方

先の一覧表に基づいて実際原価計算をすると図表2・12のようになる。下記はクロワッサンの計算式を示している。加工費レート円／hr（1係2,000円／hr、2係1,750円／hr、3係1,500円／hr）は、図表2・7で設定した値を用いている。

図表2・12　製品別・個別原価計算

		材料単価　円/kg			加工費レート　円/hr		
単価マスター		30	120	12	2,000	1,750	1,500
製品	生産量	材料費			加工費		
		強力粉	バター	その他	1係	2係	3係
クロワッサン	36,000	194,400	345,600	70,596	1,950,000	481,250	133,500
カレーパン	14,400	216,000	0	241,920	242,000	211,750	93,000
アンパン	17,900	268,500	0	321,600	110,000	180,250	0
バターロール	91,000	1,365,000	1,092,000	431,340	1,166,000	1,020,250	436,500
サンドイッチ	23,500	352,500	0	282,000	1,434,000	554,750	462,000
クリームパン	5,200	46,800	0	37,440	190,000	341,250	70,500
食パン	102,700	5,111,370	0	1,658,808	1,558,000	3,113,250	1,333,500
ピザ	13,900	208,500	0	66,720	594,000	610,750	264,000
フランスパン	23,000	1,474,530	0	36,432	294,000	257,250	109,500
ペストリー	26,200	393,000	157,200	220,080	462,000	229,250	97,500
合　計	353,800	9,630,600	1,594,800	3,366,936	8,000,000	7,000,000	3,000,000

■クロワッサンの材料費・加工費および単位原価の計算

材　料	クロワッサン材料費	=	材料単価	×	クロワッサン重量
強力粉	194,400円	=	30円	×	6,480 kg
バター	345,600円	=	120円	×	2,880 kg
その他	70,596円	=	12円	×	5,883 kg
計	610,596円				

加工費レートを用いた場合

係	クロワッサン加工費	=	加工費レート	×	クロワッサン実績工数
1係	1,950,000円	=	2,000円	×	975 hr
2係	481,250円	=	1,750円	×	275 hr
3係	133,500円	=	1,500円	×	89 hr
計	2,564,750円				

	クロワッサン単位原価	=	製造原価	÷	生産量 個
材料費	17.0円	=	610,596円	÷	36,000 個
加工費	71.2円	=	2,564,750円	÷	36,000 個
計	88.2円		3,175,346円	÷	36,000 個

※上記の計算には図表2・11、図表2・12の○印の数字を用いている。

以上、個別原価計算を用いて計算したクロワッサンの実際原価は88.2円である。

2-5　製品別実際原価計算（総合原価計算）

（1）個別原価計算と総合原価計算の違い

個別原価計算は、種類の異なる製品を個別的に生産する生産形態であり、総合原価計算は、同種製品または異種製品を連続生産する生産形態に適用する原価計算方法である。そこで、個別原価計算は原則として製品の生産完了時に原価計算を行うが、総合原価計算は連続生産のため通常は1ヵ月という期間を区切って原価計算を行う。

> 総合原価計算は、原価集計の単位が期間生産量であることを特質とする。すなわち、いずれも継続製造指図書に基づき、一期間における生産量について総製造費用を算定し、これを期間生産量に分割負担させることによって完成品総合原価を計算する。

総合原価計算では、通常1ヵ月の期間を区切って集計した総製造費用を、完成品と仕掛品に按分し、完成品按分費用を完成品数量で割って単位当たり原価を計算する。完成品と仕掛品に按分する方法について、原価計算基準は材料費、加工費に分けて詳述している。

（2）総合原価計算には3種類ある

「総製造費用±仕掛品原価」で算定した完成品の製造原価を製品タイプ別に計算するとき、次の3種類の製品別総合原価計算方法がある。

> ・単純総合原価計算は、同種製品を反復連続的に生産する生産形態に適用する。
> ・等級別総合原価計算は、同一工程において同種製品を連続生産するが、その製品を形状、大きさ、品位等によって等級に区分する場合に適用する。
> ・組別総合原価計算は異種製品を組別に連続生産する生産形態に適用する。組別総合原価計算にあっては、一定期間の製造費用を組直接費と組間接費又は原材料費と加工費に分け、個別原価計算に準じ、組直接費または原材料費は、各組の製品に賦課し、組間接費又は加工費は、適当な配賦基準により各組に配賦する。

単純総合原価計算は単一の製品であるから、完成品の製造原価を算定したら、それを完成品数量で割って、単位当たりの製造原価を算定する。

等級別総合原価計算は、サイズの異なる衣料品や重量の異なる牛乳などのように、材料と製造方法が同じで原価のかかり方がサイズや重量に応じて一定の比率で表すことができるならば、その比率（等価係数）を利用して製品別に換算し、単位当たり製造原価を算定する。言い換えれば、次のような手順で原価を計算する。

① 代表的な製品の材料費または加工費を基準100とする。
② グレード・容量（重量or ㎡ or ml）の異なる製品ごとにその係数を決める。
③ 部門の材料費または加工費合計を「等価係数×生産量」で製品ごとに配賦する。

組別総合原価計算は原価を２種類以上の製品を生産するので、総製造費用を図表２・13の牛乳とコーヒー乳のように組別に分けて集計した後、単純総合または等級別原価計算を適用すると考えればよい。

以上をまとめると図表2・13のようになる。

図表２・13　総合原価計算の種類

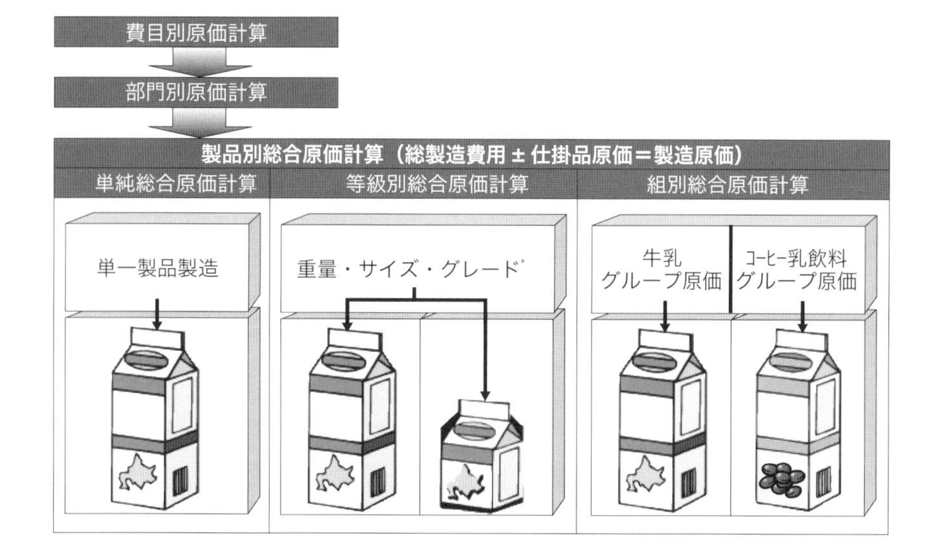

総合原価計算は費目別計算 ⇒ 部門別計算 ⇒ 総製造費用按分計算（完成品と仕掛品）⇒ 製品別計算（単純・等級・組別）の手順で按分を繰り返して製品原価に行き着く。しかし、予定価格・加工費レートを用いて最終の製品別の原価計算に入ることをよしとする手順は個別原価計算と同じである。

(3) 多種少量生産・短納期の進行と原価計算

これまで、生産形態によって個別か総合かの製品別実際原価計算方式が研究されたが、「自社の生産形態に合う原価計算はどれか」と考えると疑問が生じる。多様化する顧客のニーズに合わせて、バラエティに富む製品を短期間で供給する多種少量・短納期の時代である。自動車の組立ラインは混流生産で、1台1台違う車を1つのラインで生産している。どのように原価を計算するのだろうか。

直接費である材料は計算できても、加工費計算の基礎になる実績工数を作業日報で個々の製品別に把握することは難しい。そうかと言って、先の総合原価計算の例にある牛乳のように種類の少ない製品ではないので、組別や等級別に計算するには複雑すぎる。

解決策は、按分計算の客観的基準を標準時間に求めることである。つまり発生費用を製品別の標準時間の比率で按分する等級別原価計算を発展させた原価計算である。たとえば、下表に示すようにA車種8分、B車種10分、C車種12分の標準時間の車をそれぞれ10台ずつつくって合計450分の実際時間がかかったとすると、そのときの製品別の実際時間は下記算式で示すように120、150、180分になる。

	標準時間		生産数				車種別按分計算
A車種	8分	×	10台	=	80分	→	120分（ 80×450/300）
B車種	10分	×	10台	=	100分	→	150分（100×450/300）
C車種	12分	×	10台	=	120分	→	180分（120×450/300）
合　計					300分		**450分（実際時間合計）**

製品別の実際原価計算は実際に発生した費用の製品への割振り計算であり、「製品別に割り振る際の客観的基準があればよい」程度の割切りが必要である。

(4) 製品別総合原価計算のやり方

■月間材料消費量・月間標準時間の集計

総合原価計算では、個別原価計算のように個々の製品に要した材料や時間を作業日報で記録する必要はない。しかし、単品別の実際原価を按分計算するならば、製品別に標準消費量や標準時間データを整備しておかなければならない。図表2・14は製品別の単位当たり標準材料の消費量と標準時間の一覧表である。

図表2・14　単位当たり標準と月間標準消費量

製　品	標準材料消費量（kg/個）			標準時間（hr/個）		
	強力粉	バター	その他	1係	2係	3係
クロワッサン	0.180	0.080	0.160	0.027	0.007	0.002
カレーパン	0.500	0.000	1.400	0.008	0.008	0.004
アンパン	0.500	0.000	1.500	0.003	0.005	0.000
バターロール	0.500	0.100	0.395	0.006	0.006	0.003
サンドイッチ	0.500	0.000	1.000	0.030	0.013	0.012
クリームパン	0.300	0.000	0.600	0.018	0.037	0.009
食パン	1.659	0.000	1.346	0.007	0.017	0.008
ピザ	0.500	0.000	0.400	0.021	0.025	0.012
フランスパン	2.137	0.000	0.132	0.006	0.006	0.003
ペストリー	0.500	0.050	0.700	0.008	0.005	0.002

製　品	生産量	月間標準材料消費量			月間標準時間		
		強力粉	バター	その他	1係	2係	3係
クロワッサン	36,000	6,480	2,880	5,760	972	252	72
カレーパン	14,400	7,200	0	20,160	115	115	58
アンパン	17,900	8,950	0	26,850	54	90	0
バターロール	91,000	45,500	9,100	35,945	546	546	273
サンドイッチ	23,500	11,750	0	23,500	705	306	282
クリームパン	5,200	1,560	0	3,120	94	192	47
食パン	102,700	170,379	0	138,234	719	1,746	822
ピザ	13,900	6,950	0	5,560	292	348	167
フランスパン	23,000	49,151	0	3,036	138	138	69
ペストリー	26,200	13,100	1,310	18,340	210	131	52
合　計	353,800	321,020	13,290	280,505	3,844	3,863	1,841

※上表の単位当りの消費量・時間×下表の生産量を乗じて月間消費量・時間を計算

■製品別総合原価計算

この資料に基づいて製品別総合原価計算を行うと図表2・15のようになる。

図表2・15 製品別・総合原価計算

	月間実際材料費			月間実際加工費		
月間実際原価合計	9,631,000	1,595,000	5,774,000	8,000,000	7,000,000	3,000,000

製品	生産量	材料費			加工費		
		強力粉	バター	その他	1係	2係	3係
クロワッサン	36,000	194,408	345,643	118,566	2,022,893	456,640	117,328
カレーパン	14,400	216,009	0	414,979	239,756	208,750	93,852
アンパン	17,900	268,511	0	552,688	111,761	162,180	0
バターロール	91,000	1,365,055	1,092,137	739,902	1,136,346	989,386	444,819
サンドイッチ	23,500	352,514	0	483,731	1,467,260	553,585	459,483
クリームパン	5,200	46,802	0	64,223	194,802	348,641	76,255
食パン	102,700	5,111,587	0	2,845,453	1,496,189	3,163,681	1,338,692
ピザ	13,900	208,508	0	114,449	607,508	629,692	271,779
フランスパン	23,000	1,474,590	0	62,494	287,208	250,065	112,427
ペストリー	26,200	393,016	157,220	377,516	436,224	237,380	85,379
合計	353,800	9,631,000	1,595,000	5,774,000	8,000,000	7,000,000	3,000,000

■実際材料費の計算

下記はクロワッサンの材料費の計算例を示している。

材料	クロワッサン材料費		実際材料費	×	クロワッサン重量 / 総重量	
強力粉・薄力粉	194,408円	=	9,631,000円	×	6,480 / 321,020	kg / kg
無塩バター	345,643円	=	1,595,000円	×	2,880 / 13,290	kg / kg
その他	118,566円	=	5,774,000円	×	5,760 / 280,505	kg / kg
計	658,617円					

※上記の強力粉・薄力粉の計算には図表2・14、図表2・15の○印の数字を用いている。
※上記の1係の計算には図表2・14、図表2・15の○印の数字を用いている。

■実際加工費の計算

下記はクロワッサンの加工費の計算例を示している。

係	クロワッサン加工費	=	部門別実際加工費	×	クロワッサン実績工数 / 総実績工数	
1係	2,022,893円	=	8,000,000円	×	972 / 3,844	hr / hr
2係	456,640円	=	7,000,000円	×	252 / 3,863	hr / hr
3係	117,328円	=	3,000,000円	×	72 / 1,841	hr / hr
計	2,596,861円					

※上記の強力粉・薄力粉の計算には図表2・14、図表2・15の○印の数字を用いている。
※上記の1係の計算には図表2・14、図表2・15の○印の数字を用いている。

■単位原価の計算

下記はクロワッサンの単位原価の計算例を示している。

クロワッサン単位原価		=	製造原価	÷	生産量	
材料費	18.3円	=	658,617円	÷	36,000	個
加工費	72.1円	=	2,596,861円	÷	36,000	個
計	90.4円		3,255,478円	÷	36,000	個

※上記の計算は前頁の実際材料費の計算と実際加工費の計算をまとめたものである。

以上、総合原価計算を用いて計算したクロワッサンの実際原価は90.4円である。実際消費量を用いた個別原価計算では88.2円、標準消費量を用いた総合原価計算では90.4円で計算され、同じ答にはならない。製品別実際原価計算とはそういうものである。

(5) 製品別実際原価計算は役立つか

■事後原価より事前原価へ

市場の多様化は多種少量生産を生み、製品別実際原価も多量なデータを集めなければ計算ができなくなった。1つのラインで多品種を混流する生産方式などはその極限にも思える。

それでも、製品別実際原価計算はトータルの実際原価を何らかの基準を求めて個々の製品に割り振る計算である点では変わりない。割振り基準を何に求めるかが勝負であるとすれば、できるだけ客観性の高い基準が望ましい。それでも、毎回計算される原価がバラつくことは実際原価計算の宿命であることを知ると、次第に真実の原価とは何かを求めて迷走した歴史が蘇る。

そもそも「計算した原価を何に使うのか？」との原点に立ち返ると、製品別実際原価計算は手間をかけた割には活用できないという現実を目の当たりにする。原価計算は管理会計としての使い道が多いので、事後原価計算よりも計画段階で知る事前原価計算にこそ重きを置かなければならない。

■計画と実績を対比する必要があるのではないか

実績は計画と対比してこそ意味があり、実績だけを集計しても次のアクションには繋がらない。管理はPLAN−DO−SEEの管理サイクルを回すことなので「予定原価・標準原価に対して実際原価をチェックすることが必要ではないか」

との主張は正しい。

しかし、管理は人（誰）別に集計するのであって、製品（何）別の集計ではない点に注意が必要である。製品別の標準原価と実際原価に違いが出たとしてもその差異を分析することは難しく、部門別の標準原価と実際原価の差異分析であれば可能である。これは、間違いやすい点であり、詳細は第8章の標準原価管理で述べることにしよう。

■標準作業が決めにくい業務

それでは、製品別実際原価計算はどのような使い方があるのか。工場では現場から生産技術 ⇒ 設計技術 ⇒ 企画開発への上流段階へ管理の重要が移る。

・製品設計業務：個別原価計算方式でオーダーごとに設計、CAD入力

・生産技術業務：工程設計、作業設計

・保　全　業　務：定期点検、故障修理

・システム開発：情報システム設計、プログラミング

・間　接　業　務：生産管理、品質管理

これらの業務はITを使った知的労働が多く、目に見えない業務でもあるため、人により業務手順にバラツキがあって生産性も低い。これらの業務の生産性向上には業務の見える化のための作業日報による実績記録が効を奏す。製品別・工程別の個人別の工数記録を使って業務内容と業務量を把握し、業務の標準化や事前の工数見積のための標準時間資料作成データとして活用することである。

第２章のまとめ

■ポイント

・原価は、財務諸表上収益と費用との対応関係に基づいて、製品原価（一定単位の製品）と期間原価（一定期間の発生額）とに区分される

・原価計算には事後で見る実際原価計算と事前に知る標準・見積原価計算がある

・事業別原価計算は事業別・部門別の実際原価計算が必要である

・製品別実際原価計算には個別原価計算と総合原価計算がある

・個別原価計算は、種類の異なる製品を個別受注生産するような業種に使われる原価計算方法である

・総合原価計算は、標準化された製品を連続反復して生産するような業種に使われる原価計算方法である

・総合原価計算の種類には、単純総合原価計算、組別総合原価計算、等級別総合原価計算の３種類がある

・製品別実際原価計算は手間がかかる割には使い道が少ない。よく目的を考えて導入を考えることである

第3章 部分原価・直接原価計算のやり方
―粗利と限界利益は何が違うか―

目的別の原価・原価計算分類

目的＼手段		会計領域	財務会計	⇐過去	（現在）⇐	管理会計	⇒（未来）	原価レベル		
		原価計算種類	事後原価計算	事前原価計算				実力値	達成可能値	理想値
			実際原価計算	予定原価計算	見積原価計算		標準原価計算			
		原価種類	期間原価		製品原価（製品・部品・工程別）					
			実際原価A	**予定原価B**	**見積原価A**	**目標原価B**	**標準原価C**	A	B	C
誰：評価	社長・経理	損益計算書	棚卸資産原価	（予想決算書）				○		
	事業部長	事業別原価計算	総原価	**事業戦略 業績管理**					○	
	部門長	部門別原価計算							○	
何：アクション	営業	顧客別原価計算	販売費・管理費	（販売予算）	**価格見積**			○		
	設計技術	製品別原価計算	売上原価	**製造予算管理**	原価見積（コストテーブル）	**原価企画 コストリダクション**	（標準消費量）			○
	生産技術	工程別 〃					（標準時間）			○
	購買	実際原価計算	仕入原価				**標準原価管理 コストコントロール**			○
	製造	・個別原価計算	製造原価							○
		・総合原価計算	材料・労務・経費							○
管理可能性による分類 ⇒			埋没原価・機会原価	管理可能・不能費	増分原価	ライフサイクルコスト	管理可能・不能費			
原単位による分類 ⇒			単価×消費量	材料単価×消費量		加工費レート×時間		標準原価に一元化		
製品との関連分類 ⇒			直接費・間接費	材料費		加工費				
操業度との関連分類 ⇒				限界原価＝変動費			固定費			
原価の集計範囲分類 ⇒			全部原価	部分原価・直接原価計算			損益分岐点			

CONTENTS

本章からは、未来の利益増大を目的とした管理会計に入る。財務会計で用いた全部原価に対して、管理会計では部分原価が効果を発揮する。予算管理で未来の利益を計算するときや個別に意思決定するときには部分原価（変動費のみ）で計算することがある。

管理会計上もっとも重要な操業度との関連分類に、変動費と固定費がある。製品ごとに変動費と固定費を分けるには、個別費用法で変動費レートと固定費レートを設定するが、管理目的を考えて分類すると直接労務費は変動費であることがわかる。

売上高から変動費を引くと限界利益になる。損益分岐点は、固定費を限界利益で回収する点であり、損益分岐点分析は管理会計に出てくる代表的な分析手法である。

3-1　全部原価と部分原価（変動費・固定費）

・全部原価とは一定の給付に対して生ずる全部の製造原価またはこれに販売費・一般管理費を加えて集計したもの。
・部分原価は、その一部分のみを集計したものを言う。もっとも重要な部分原価は変動直接費および変動間接費のみを集計した変動原価である。

(1) 変動費・固定費とは何か

・変　動　費：生産量・販売量が増えたり減ったりすると、それに比例して増減する原価である。材料費や外注費などはそれにあたる。
・固　定　費：生産量・販売量の増減にかかわらず変化しない原価である。設備の償却費や地代などがそれにあたる。
・準変動費、準固定費：その中間にある原価を、準変動費または準固定費と呼ぶ。製造経費のほとんどがそれであり、次の2つのタイプがある。ある範囲の生産量の変化では固定的であり、これを越えると急増し再び固定化する原価（監督者給料）と、生産量がゼロの場合でも一定額が発生し、生産量が増えるにしたがって比例的に増加する原価（電力料）である。

操業度との関連による原価分類に変動費と固定費があり、上記のように定義する。この定義からすると、すべての費用が変動費ということになりはしないだろうか。たとえば、設備でさえ生産量が多くなれば増設し、操業が極端に低下すれば工場閉鎖もありうる。設備の減価償却費でさえ生産量に比例して増減するではないだろうか。そこで、長期的に見ればあらゆる原価は変動費と考えられる。

しかし、変動費と固定費を分けるには1年基準（ワンイヤールール）があり、1年以内に生産量・販売量に比例して費用が増減できるか否かである。そうなると、設備の償却費などは1年以内に生産量・販売量に合わせて増減することは難しいため代表的な固定費である。しかし、設備も必要なときにレンタルするやり方をすれば変動費になることもあるので、稼働の低い設備には応用したい。

(2) 変動費・固定費の分解の必要性

■全体の固定費は生産量によって変わらない

図表３・１は１製品を生産する工場で、１個、10個、100個の生産をしたときの１個当たりの原価を計算したものである。製品１個の変動費が10円で、工場全体の固定費が100円であるとき、生産量が変わると１個当たり製造原価はどのように変わるだろうか。

１個しかつくらなかったときの製造原価は110円で、１個当たり製造原価も110円になる。10個つくったときの製造原価は200円で、１個当たりの製造原価は20円になる。そして、100個つくったときの製造原価は1,100円で、１個あたり製造原価は11円になる。生産量の増減に比例しない固定的な原価を１個当たりの原価に割り振ると、そのときの操業度によって差が出る。間接人件費、設備の償却費や固定資産税、保険料などの固定費は、製品を１個つくろうと、10個つくろうと、100個つくろうと会社全体では変わらないからだ。

図表３・１　変動費と固定費の違い

(1) 生産量	(2) 単位当たり 変動費	(3) (1)×(2) 変動費	(4) 固定費	(5) (3)＋(4) 製造原価	(6) (5)÷(1) 単位原価
個 1	円 10	円 10	円 100	円 110	円 110
10	10	100	100	200	20
100	10	1000	100	1100	11

■変動費・固定費の区分のない会社は管理不在

以上のように、原価には変動費と固定費があるために管理を難しくしている。来期の予算を編成するとき、売上高・数量は今期に比べて10％増える販売予算を組んでも、製造予算は10％も増えることはない。変動費は10％増えるが、固定費が変わらないからだ。

もし、原価を変動費と固定費に分けておかないと、来期にどれほどの利益が出るかの予想もできず、計画が立てられないのでは管理も難しい。変動費と固定費を分けていない会社は、管理不在ということになる。その意味で変動費と固定費の分類は、管理会計上もっとも重要な原価分類である。

3-2　変動費と固定費を分ける

(1) 期間原価を変動費と固定費に分ける

■総費用法で変動費・固定費を分ける ⇒ 期間原価として活用

変動費と固定費を分解する方法には、総費用法と個別費用法がある。総費用法は複数期間の総費用を比較して変動費率を出し、変動費と固定費を分解する方法である。前期と今期の2期間のデータで分解するのがもっとも簡単である。

図表3・2　総費用法で変動費と固定費を分ける

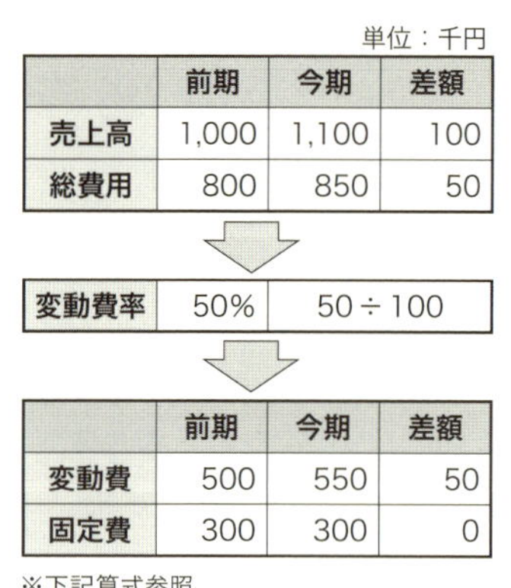

単位：千円

	前期	今期	差額
売上高	1,000	1,100	100
総費用	800	850	50

変動費率	50%	50÷100

	前期	今期	差額
変動費	500	550	50
固定費	300	300	0

※下記算式参照

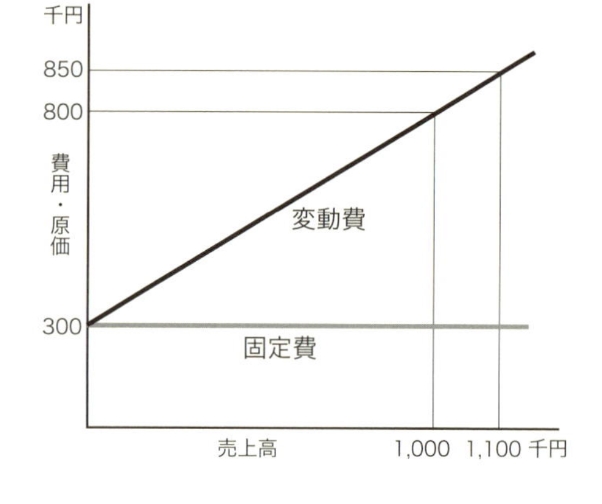

図表3・2に示すように、前期と今期の決算書から、売上高は前期1,000千円、今期1,100千円、総費用は前期800千円で今期850千円である。売上高が100千円増えても総費用は50千円しか増えないので、変動費率は「費用の増加÷売上の増加」50%（50千円÷100千円）になり、次の算式で変動費と固定費に分けることができる。

	売上高						総費用	−	変動費		
前期変動費：	1,000千円	× 50%	=	500千円	⇒	前期固定費：	800千円	−	500千円	=	300千円
当期変動費：	1,100千円	× 50%	=	550千円	⇒	当期固定費：	850千円	−	550千円	=	300千円

利益が出る売上高（損益分岐点売上高）を算定したいのであれば、求める利益が何利益かによって持ってくる総費用の範囲が異なる。営業利益が出る売上高を算定したいのであれば、総費用は総原価「売上原価＋販売費・一般管理費」、経常利益であれば、総費用は「総原価±営業外損益」である。ここでは「総費用＝総原価」としている。

■スキャッターグラフ法で変動費と固定費を分ける ⇒ 期間原価として活用

総費用法では2期間の比較であったが、同じ総費用法でも複数期間のデータを使って変動費と固定費に分ける方法が、スキャッターグラフ法と最小二乗法である。

スキャッターグラフ法は、図表3・3に示すように縦Y軸に総費用、横X軸に生産量または販売量をとったグラフから変動費と固定費を分解する。1ミリ方眼紙に毎月の総費用と生産量または販売量をプロットしてみる。プロットした点の中心になるところをねらってエイヤーと定規で線を引くと、中心線（変動費線）がX軸とぶつかるところが固定費になる。

スキャッターとはバラツキの意味であり、バラツキのあるデータの中心線を見つけるやり方である。

■最小二乗法で変動費と固定費を分ける ⇒ 期間原価として活用

スキャッターグラフ法は恣意的になるので、これを数式（回帰分析）で解く方法が最小二乗法である。回帰分析（regression analysis）とは、あるデータがそれに影響を与える変数との関係を定量的に分析することで、2つ以上のデータの集まりの中で、原因となる値が変化したとき、結果の値がどのように変化するかを予測する。

少し難しく感じるが、2つのデータのときの変動費率は「費用の増加÷売上の増加」で求めたが、複数のデータでは「費用の平均値からのバラツキ÷売上の平均値からのバラツキ」で求めると考えればよい。

ただし、平均値からのバラツキはプラスとマイナス側にばらつくので、それを足し算するとゼロになってしまう。そこで、それぞれのバラツキデータをプラスの値にしてから変動費率を求めることから最小二乗法ができている。

図表3・3は月別の生産量Xとその月の総費用Yのデータから出発する。このデータはスキャッターグラフ法で集めたのと同じものである。必要数のデー

タが集まったら、下記①～⑨の手順で回帰分析をしてみる。

① サンプル月の生産量Xの合計775と平均値155を計算する。
② 同月の総費用Yを調べ、その合計152,000と平均値30,400を計算する。
③ 各月の生産量から生産量の平均値を差し引く。
④ 各月の総費用から総費用の平均値を差し引く。
⑤ ③×④を計算する。　　合計190,000
⑥ ③^{2}を計算する。　　合計　2,000
⑦ 変動比率95を計算する。⑤の合計÷⑥の合計（XY ／ XX）
⑧ ①の平均値×変動比率で変動費14,725（95 × 155）を計算する。
⑨ 固定費15,675を計算する。②の平均値30,400 －変動費14,725

図表３・３　最小二乗法で変動費と固定費を分ける

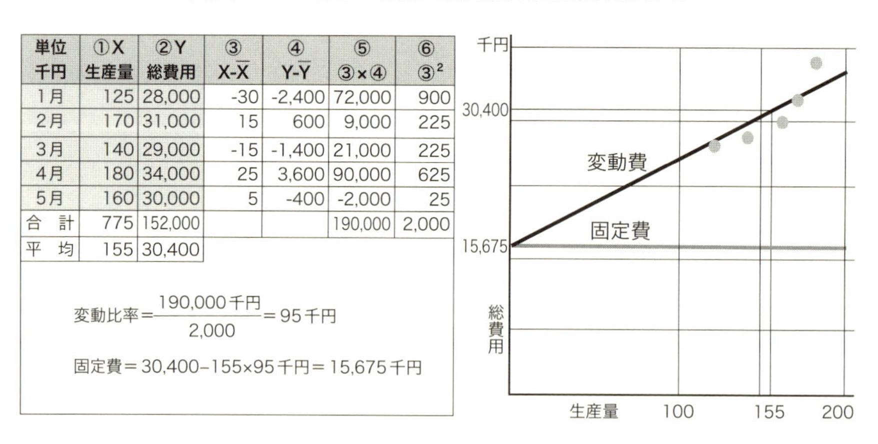

単位 千円	①X 生産量	②Y 総費用	③ $X-\bar{X}$	④ $Y-\bar{Y}$	⑤ ③×④	⑥ ③^2
1月	125	28,000	-30	-2,400	72,000	900
2月	170	31,000	15	600	9,000	225
3月	140	29,000	-15	-1,400	21,000	225
4月	180	34,000	25	3,600	90,000	625
5月	160	30,000	5	-400	-2,000	25
合　計	775	152,000			190,000	2,000
平　均	155	30,400				

$$変動比率 = \frac{190{,}000千円}{2{,}000} = 95千円$$

固定費＝30,400−155×95千円＝15,675千円

(2) 製品原価を個別費用法で変動費と固定費に分ける

実際に分析してみると、総費用法、最小二乗法のいずれも固定費の比率は高く出る傾向にある。それは本来、変動費的性格をもつ費用であっても、アクションを打つように管理していないと変動費にはならないからである。そこで、製品別にも変動費・固定費を分解して、しっかり管理したいときは、個別費用法による変動費・固定費の分解計算を採用されたい。

個別費用法は、1つの原価費目ごとに変動費か固定費かのいずれかに分ける方法である。多くの費用は変動的な要素と固定的な要素の両方の性質を持つが、変動的な色彩が強ければ変動費、固定的な色彩が強ければ固定費に分類する。

図表3・4は直接費・間接費の分類と同様に、変動費・固定費を分類している。損益計算書と製造原価報告書の費目を取り出し、1費目ずつ変動費と固定費に分ける。製造原価報告書は総製造費用を材料費、労務費、製造経費に分類しているが、材料費はほぼ問題なく変動費である。労務費と製造経費は、変動費と固定費要素があるので、それぞれの内訳費目を見ながら変動費と固定費に分ける。損益計算書に記載のある販売費・一般管理費も同様である。

図表3・4　個別費用法で変動費と固定費を分ける

形態別	機能別分類	生産要素	パンの生産要素	製品との関連分類
材料費	素材費・原料費 買入部品費 工場消耗品費	材料	小麦粉・強力粉 砂糖、塩、バター 卵、脱脂粉	→ 材料費
労務費	賃金・給料・雑給 賞与・退職手当 福利厚生費	人	現場作業員 工場事務員	→ 加工費：変動費 → 加工費：固定費
製造経費	減価償却費 金型・治工具費 賃借料 電力料 厚生費 旅費交通費 雑費	設備	型 オーブン 工場建屋	→ 加工費：固定費 → 加工費：固定費 → 加工費：固定費
		エネルギー	水道、電気	→ 加工費：変動費

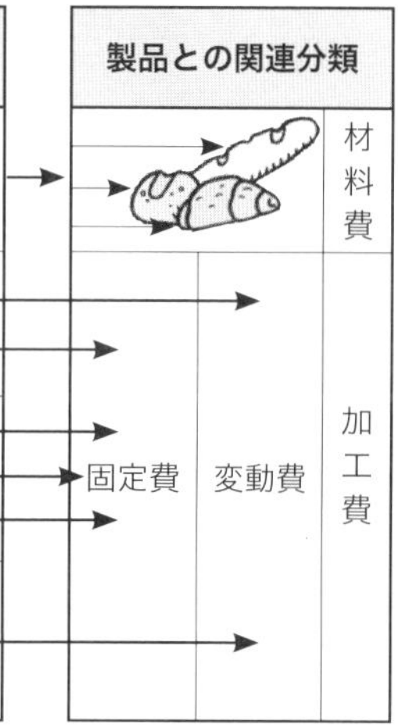

(3) 個別費用法で部門別変動加工費レートと固定加工費レートを設定

Step1　費目別計算：原価を会計費目別に計算する。

Step2　部門別計算：製造部門・補助部門に分ける。
個別費を部門別・共通費を配賦基準で部門別に配賦する。

・補助部門費の配賦計算：補助部門費を製造部門にサービス度合で配賦する。

以上のステップまでは、すでに第2章で詳述している（図表2・7を参照）。

Step3　変動費・固定費の分解計算

変動費と固定費の分解計算では、費目ごとに変動費・固定費のいずれかに分類する。両方の性格を持つ準変動費、準固定費は、変動的な色彩が強ければ変動費に、固定的な色彩が強ければ固定費に分類する。これが個別費用法による変動費・固定費の分解計算方法である。

以上のルールにしたがって、図表3・5で○印は変動費、×印は固定費に区分したが、補助部門から配賦された費用はすべて固定費としている。1係では、○印の付いた変動費を合計すると596万円、×印のついた固定費を合計すると204万円になる。

図表3・5　変動費・固定費レート計算

単位：万円

費目		変動○ 固定×	配賦基準	合計	製造部門			補助部門
					1係	2係	3係	
労務費	給料	○	個別賦課	900	414	308	74	104
労務費	賞与	○	個別賦課	200	67	67	33	33
労務費	福利厚生費	○	人員	100	33	33	17	17
製造経費	水道光熱費	○	設備台数	250	75	100	75	0
製造経費	賃借料	×	面積	180	75	60	30	15
製造経費	減価償却費	×	面積	100	42	33	17	8
製造経費	修繕費	×	設備台数	50	15	20	15	0
製造経費	消耗品費	○	人員	20	7	7	3	3
計				1,800	728	628	264	180
補助部門		×	人員	180	72	72	36	
直接部門費計		変動費計		1,313	596	515	202	
直接部門費計		固定費計		487	204	185	98	
加工費レート		変動費レート円/HR		1,313	1,490	1,288	1,010	
加工費レート		固定費レート円/HR		487	510	463	490	
実績工数（図表2・8配賦基準より） HR				10,000	4,000	4,000	2,000	

部門費
実績工数

・変動費レートと固定費レートの計算

部門別の変動費レートまたは固定費レートは、部門別変動費または部門別固定費をその部門の工数か時間の原単位で割って求める。1係の変動費レートは596万円を4,000時間で割って、時間当たり1,490円、1係の固定費レートは204万円を4,000時間で割って、時間当たり510円を求める。

なお、いくら個別費用法だからといって、費用実績が発生したつど変動費と固定費に分けるのは至難の業であり、止めた方がよい。変動費と固定費は管理会計上の区分であり、財務会計に組み込む必要はないのである。

3-3　直接労務費は変動費として扱う

(1) 人は変動費、設備は固定費

変動費か固定費かは、定義にあるように、負荷＝能力になるかどうかで決まる。負荷である生産量が100個のときは、能力である材料100t、人100人、設備100台、120個の生産量では120t、120人、120台、80個では80t、80人、80台の能力になればよい。

材料費はこれができるので変動費に、設備はもっとも固定的なので固定費として扱われる。それでは、人（直接労務費：直接作業員の労務費）はどうだろう。人は直接労務費としての変動費である。いや、直接労務費を変動費とするためには、アクションを打って下記の条件を作り出す。

(2) 負荷工数＝能力工数とする（生産性を測定していること）
(3) 負荷の変動幅の範囲で能力を調整する
(4) 基本給・月給社員と残業・時給社員を区分しない
(5) コスト的に安いアクションで調整する

(2) 負荷工数＝能力工数にする

直接労務費はお金（直接労務費＝賃率×能力工数）であり、「負荷＝直接労務費」であるためには、賃率一定としても「負荷工数＝能力工数」にならなければならない。直接労務費を変動費にするための条件として「負荷工数＝能力工数」の状態を図表3・6でつくってみよう。

1個1時間でできるA製品の受注が100個あると100時間、1個2時間でできるB製品の受注が200個をあると400時間の負荷になる。こうして今月の負荷工数を合計すると17,000時間になった。1ヵ月の能力は、「人員×日×就業時間／人×能率」で計算できるので、100人×20日×8時間×100％では16,000時間になる。ここでいう能率とは、A製品は100時間、B製品は400時間の負荷と予想したとおりに、ロスなくできるとすると100％の能率という意味である（実務では実力値の能率を用いる）。

計画時に「負荷＝能力」になることはまれであり、図表3・6のケースでは

1,000時間の能力不足である。そのため負荷を落とすか能力を上げるアクションを打つ。1人0.5時間の残業をすると能力工数は17,000時間になり、「負荷＝能力」が実現できる。

ところで、負荷と能力のアンバランスを「能率」で調整していないであろうか。もし、負荷が8,000時間しかなかったときに、能率を50％に落とすと能力工数は「100人×20日×8時間×50％」で「負荷＝能力」が成り立つ。忙しいときには能率を上げ、暇なときには能率を落とすやり方をしている企業では、直接労務費が固定費になるということだ。生産性（能率）を測定管理することの大切さがわかるだろう。

図表3・6　負荷工数＝能力工数とする

負　荷　＝　能　力

A：1h × 100個 ＝ 100h　　人員 × 日数 × 就業時間 × 能率
B：2h × 200個 ＝ 400h　　100人 × 20日 × 8h × 100%
：　　＝
月間負荷工数　17,000h＞16,000h
外注
在庫
派遣・パート採用　暦日休出　残業
17,000h＝ 100人 × 20日 × 8.5h × 100%
8,000h＝ 100人 × 20日 × 8 h × 50%

(3) 負荷の変動幅の範囲で調整する

年間で見た最低月と最高月の負荷変動幅が2倍以上ある会社は珍しくない。図表3・7の例では年間の負荷のバラツキが4倍ある会社を想定しているが、平均値からのバラツキを取ると±1.6倍になる。最低月以下と最高月以上の負荷はないので、考慮するのは負荷の変動幅の中だけでよい。多くの場合、最低月と最高月は毎年固定していて予測ができるので、その月には長期の負荷能力の調整アクションを打てばよい。

すると、ピークを除いた月々の負荷変動幅は意外と小さくなり±1.3倍のバラツキの範囲に入れば、この範囲内で打てる調整アクションを選択する。それ

図表3・7　負荷の変動幅の範囲で調整する

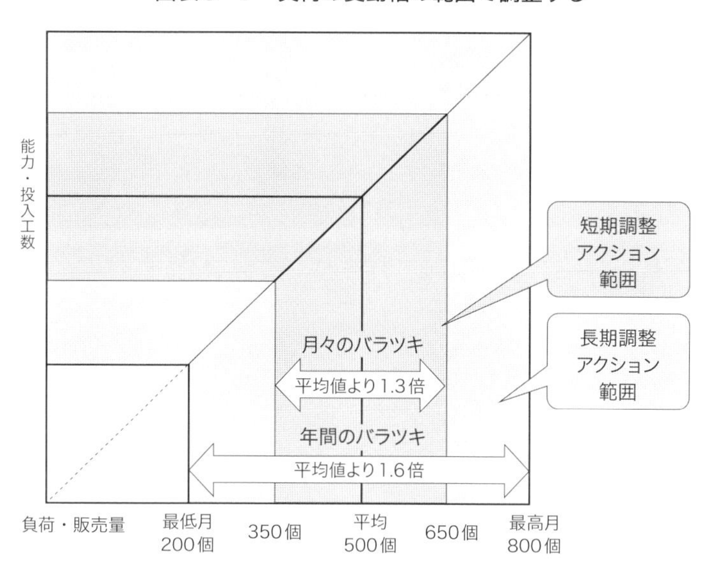

でも、月々の負荷変動幅が大きくて先の調整要素で調整しきれない会社は、ボリュームの大きい事業や安定した事業と組み合わせるなどの調整要素にまで範囲を広げて考えることである。

鉄鋼や化学プラントのような設備集約型の工場は、原則として365日24時間のフル操業である。すると1日の負荷・生産量は一定になるので、直接労務費も一定で比例関係があるから変動費である。こうした工場では設備を休止すると立上げまでの段取り費用が莫大になるために安定生産を選択するが、販売量は変動する。その差は在庫で調整するが、それでも段取りコストと比較して在庫のコストが安いと考えるからである。多くの工場が自動化とともに設備集約型にシフトする中で、安定操業に果たす在庫の役割も考慮する必要がある。

(4) 基本給と残業は分けない

正社員の給与は固定費、パートや派遣の給与は変動費、あるいは基本給相当分は固定費、残業相当分は変動費とする会社があるが、この考え方には誤りがある。**図表3・8**では、現在1,000個の生産量で1,000時間の就業時間中300時間を残業でこなしている。これが700個の生産量に減ったとき、本来は700

時間の就業工数で済み、残業はゼロになる。ところが、残業のみを変動費と考えると、210時間（300×0.7）の残業時間と計算されてしまう。残業には25％の割増し分（図表3・8のゴシック）がつくと時間とお金は完全に比例しないが、基本給と残業をまとめた給料自体を変動費として扱った方がより現実に近い値となる。

さらに、生産量が半減したときには、残業はおろか基本給の部分も減る計算になる。現実には人員削減ができないと基本給部分は減らないので、それに相当する分をパートや派遣を使って変動費化できるようすればよい。

図表3・8　基本給と残業は分けない

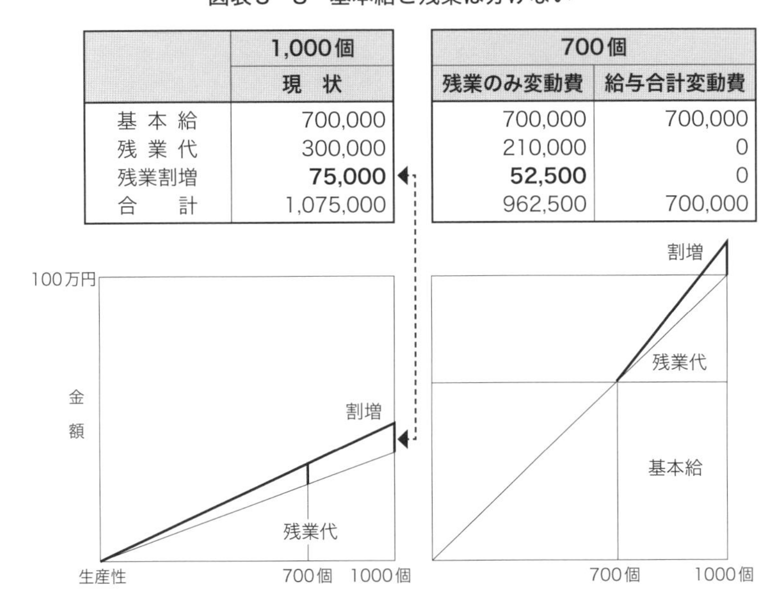

	1,000個	700個	
	現　状	残業のみ変動費	給与合計変動費
基 本 給	700,000	700,000	700,000
残 業 代	300,000	210,000	0
残業割増	**75,000**	**52,500**	0
合　　計	1,075,000	962,500	700,000

(5) コストの安いアクションを選択する

図表3・9は負荷と能力の調整算式と「負荷＜能力」もしくは「負荷＞能力」になったときの調整アクションを示したものである。受注や顧客が増えれば仕事量は増え、減れば仕事量も減る。「負荷＞能力」のときに打てるアクションで10、「負荷＜能力」のときに打てるアクションで8もある（図表3・9のゴシックで示したアクションはよほどのことがないと使えないので除外）のだから、その中からコストの安いアクションを打つよう管理できないものであろうか。

図表3・9　操業度調整の基本算式

負　荷　＝	能　力			
標準工数　＝	正味人員　×	稼働日数　×	就業時間　×	工数効率
±	＝	＝	＝	＝
外注工数	在籍人員	暦日日数	定時時間	作業効率
±	×	＋	＋	×
在庫工数	出勤率	休出	残業時間	稼働率
・受注カット **・受注繰延** ・外作化 ・在庫縮小	・正社員採用 ・臨時、パート、派遣 ・応援受入 ・時給者出勤率	・暦日日数調整 ・休日振替 ・休出	 ・残業増大	負荷＞能力
・受注増大 **・受注繰上** ・内作化 ・在庫増大	**・解雇・レイオフ** ・派遣人員調整 ・応援派出 ・時給者出勤率	・暦日日数調整 ・休日振替	 ・残業減少	負荷＜能力

ちなみに、直接労務費を固定費扱いする会社が多いのは日本だけである。また、工数低減改善効果を計算するとき、直接労務費は低減すると計算しておきながら、直接労務費を固定費とすることに矛盾を感じないのも同様である。

(6) ここまでできる変動費化の事例

■スーパーの直接労務費は時間帯変動費

これまでの直接労務費の変動費化の解説に加えて、さらに実践的な事例を紹介しよう。スーパーに行くと、顧客がレジに並ぶが、買い物客が多い時間帯にはレジは全開、そうでないときはレジが閉まっていることに気がつく。スーパーは時間帯によって来客数が違うので、買い物客が多い時間帯にもっともパートの数が多くなるように勤務させる。顧客の数に合わせてパート数をコントロールするという直接労務費の時間帯変動費化である。

U社のレジはもっとすごい。一般のスーパーは顧客自身が早く済みそうなレジを選択して並ぶが、U社では顧客を一列に並ばせ、列の先頭の案内係が顧客を誘導する。案内係は顧客の列が長くなると見るやレジを開け、短くなるとレジを閉めるよう指示しているのだ。時間帯変動費化からリアルタイム変動費化である。このシステムは顧客に待ち時間を減らすというサービス向上にもつながり、顧客の評判もよい。

■年間契約した運賃は変動費か固定費か

図表3・10　運賃を年間契約すると固定費か

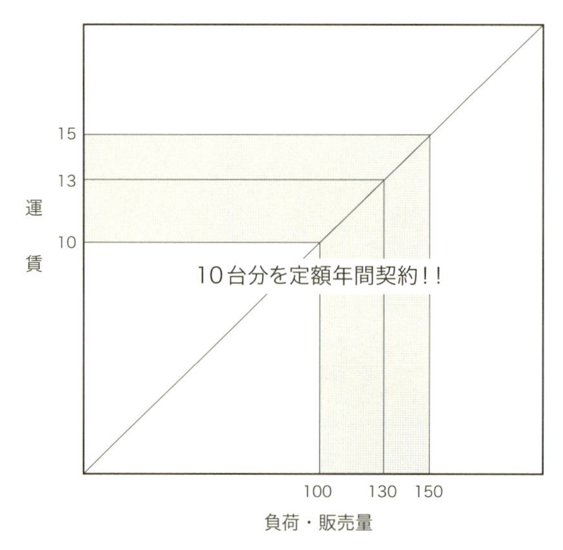

販売運賃は変動費か固定費か？　**図表3・10**に示すように100の販売量のときに10台分のトラックが必要であれば、130の販売量では13台、150では15台のトラックが必要になる。某企業では、毎月の必要運搬量に応じてトラックを運送業者に手配していたので、運賃の支払いは「回数契約＋距離契約」であった。当然のことながら、毎月の運賃は出荷量に比例して増減する変動費となっていた。

ところが、運賃の節約を考えて運送業者と年間の固定契約を結んだ。最低の出荷量でも10台分のトラックが必要なので、10台分を一定額で支払うお抱え契約をした。すると、10台分の「回数＋距離契約」で支払っていたときに比べて、年額では5％ほど安くなった。このような運賃の契約は固定費であろうか。

変動費、固定費を区分するのは管理目的である。出荷量の増減に応じて手配するトラックの台数も増減するよう管理したいのだ。すると最低限必要なトラック台数を確保し、それ以上に出荷量が増えたときは、必要台数分のトラックを変動費として管理するという発想に至らないだろうか。契約が固定的だから固定費ではないのだ。

固定費の変動費化を考えるにあたって大切なことは、負荷の変動幅だけを変動費化することである。年間契約するトラックは最低の操業時に必要な台数にしておき、操業度が増えたときには距離契約または回数契約の追加傭車契約をすると、あたかも運賃全体が変動費になったように見える。つまり、販売量がどれだけ少ないときでも最低10台分のトラックが必要であれば、コストの安いお抱え契約をし、それ以上11～15台のトラックが必要になったときには差の1～5台分を、距離契約か回数契約で支払うようにする。

両者の契約方式の長所をミックスすることによって運賃のムダをとるやり方をすれば、契約のやり方に関係なく運賃は変動費になる。

3-4　損益分岐点を計算してみる

(1) 見えるようにすること

図表3・11は自販機の種類別に、煙草自販機と飲料自販機の損益計算をしたものである。煙草と飲料の自販機1台当たりの月間損益では、両方とも同じ40,000円の売上高であるが、営業利益の方は、煙草が1,600円（4%）の黒字、飲料が1,000円（△3%）の赤字である。

「売上－原価＝利益」はやさしい算式で、赤字とは「売上＜原価」になることであるが、誰が考えても「売上＜原価」の商品など扱うはずがない。それなのになぜ赤字が生まれるかは、煙草と飲料を比較して見える化してみるとその原因がわかる。

煙草、飲料共に売上高は40,000円と同じであるが、仕入高を差し引いた粗

図表3・11　煙草と飲料自販機の損益

	煙草自販機／台		飲料自販機／台	
	月間金額（円）	%	月間金額（円）	%
売上高	40,000	100%	40,000	100%
仕入高	36,000	90%	32,000	80%
粗利益	4,000	10%	8,000	20%
電気料	500	1%	8,000	20%
減価償却費	900	2%		
一般管理費	1,000	3%	1,000	3%
営業利益	1,600	4%	△1,000	△3%

注：仕入高は売上原価に、電気料、減価償却費、一般管理費は販売費・一般管理費に相当

利益は煙草の4,000円（10％）に対して飲料は8,000円（20％）で、飲料の方が4,000円（10ポイント）も多く出ている。しかし、煙草は電気代が蛍光灯だけなので500円程度で済むが、飲料は温めたり冷やしたりする電気代で8,000円もかかる。そのため粗利益の分は電気代にとられて最後の営業利益が出ない。「売上－原価＝利益」の売上と原価が上手にバランスしていないと利益が出ないのである。

（2）飲料自販機は何本売れば黒字になるか？

■飲料自販機の赤字は固定費負担が大きい

売上と比例して原価が増減するのであれば利益の計算はやさしいが、売上に比例しない原価があると難しくなる。図表を見ながら、販売本数が増えると仕入高、電気代、一般管理費がどのように変わるかを調べて、飲料自販機が赤字になるメカニズムを見てみよう。

売値100円の缶コーヒーを1本売ると、電気代と一般管理費の総原価9,000円を1本で負担するので、缶コーヒーの原価は仕入値80円と合わせて9,080円／本になる。1本当たり100円の売値なので、△8,980円の赤字である。現在の400本の売上のときの総原価は、「仕入高32,000円＋電気代等9,000円」の41,000円であるため1,000円の赤字になっている。どうやら、売上と比例関係にある変動費と、比例関係にない固定費があるために利益の計算が複雑になっていることが赤字を生む原因のようだ。

自動販売機は、現在の400本の売上では1,000円の赤字であるが、売上本数が増えればやがて黒字になる。一体何本売れば黒字になるだろう。図表3・12の**？**に入る数字を計算してみよう。

図表3・12　販売本数別の合計損益

（単位：円）

本数	売上高①	仕入高②	電気代等③	総原価 ④＝②＋③	営業利益 ⑤＝①－④
1	100	80	9,000	9,080	△8.980
2	200	160	9.000	9,160	△8,960
400	40,000	32,000	9,000	41,000	△1,000
?	?				0

■利益図表を描くと損益分岐点がわかる

図表3・13は飲料自販機の損益分岐点を描いたものである。売上高線と変動費線は生産量・販売量に比例して上昇するが、現在の400本の売上数量では両者の線は交わっていない。400本の数量では売上高40,000円に対して総費用は「変動費32,000円＋固定費9,000円」の41,000円かかるからである。営業利益は△1,000円の赤字である。しかし、450本の数量になると売上高45,000円に対して総費用は「変動費36,000円＋固定費9,000円」の45,000円なので、売上高線と総費用線がちょうど交わる損益分岐点になる。

図表3・13　飲料自販機の損益分岐点

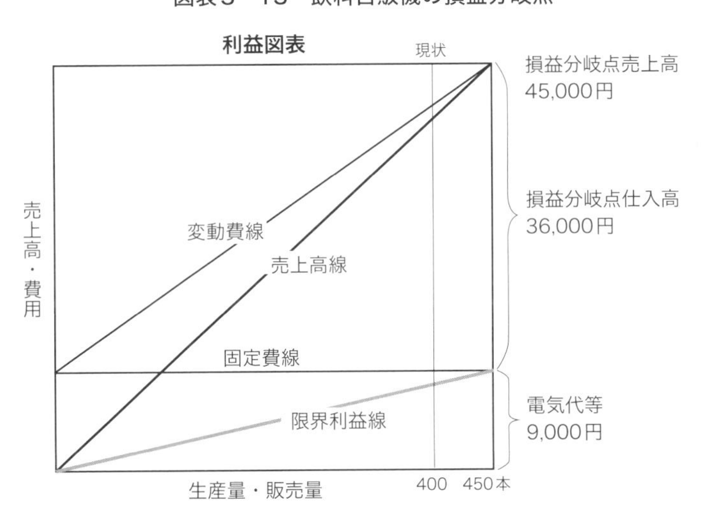

図3・13に限界利益線を加えてみよう。1個100円で売ると80円の変動費がかかるので、差額の20円（100円－80円）を売上高－変動費で計算して限界利益を求める。利益図表の原点より、1個当たり20円の限界利益線を引くと、限界利益線が固定費と交わるところが損益分岐点である。限界利益線と固定費線との交点は、固定費を限界利益で回収し終わった点（固定費＝限界利益）であり、限界利益が固定費を上回れば営業利益が出る。

(3) 損益分岐点を求める算式

損益分岐点とは、収益と費用が等しくなる収支トントンの売上高、採算点である。損益分岐点よりも売上高が大きくなると利益が生じ、少ないと損失が生じる。損益分岐点は損益の分かれ目である。

利益がちょうどゼロとなる売上高が「損益分岐点売上高」で、損益分岐点売上高を求める算式は、一般には1式のように固定費を限界利益率で割って求める。しかし、この算式より2式のように考えるとわかりやすい。2式では「固定費÷限界利益／個」で損益分岐点数量を求め、その損益分岐点数量に1個当たりの売上単価を乗じると損益分岐点売上高になる。

算式を覚えるのではなく、損益分岐点とは固定費を限界利益で回収する点だと覚えておくと忘れない。

1式

$$\text{損益分岐点売上高} = \frac{\text{固定費}}{1-\dfrac{\text{変動費}}{\text{売上高}}} = \frac{\text{固定費}}{1-\text{変動比率}} = \frac{\text{固定費}}{\text{限界利益率}}$$

ちなみに、9,000円÷（1－（80円÷100円））
9,000円÷　20%　＝45,000円　である。

2式

$$\text{損益分岐点売上高} = \frac{\text{固定費}}{\text{限界利益/個}} \times \text{売上単価/個}$$

ちなみに、9,000円 ÷ 20円／個 × 100円 ＝45,000円　である。

限界利益は、売上高と変動費との差額、売上高に対する限界利益の比率を限界利益率という。上記資料では、売上高100円／個、変動費80円／個であるから限界利益は20円／個、限界利益率は20%（20円÷100円×100）である。限界利益率は高いほど収益力は高い。

変動費は材料費などが含まれることからわかるように、比較的短期に支払わなければならない原価から成り立っている。これに対して、固定費は電気料・減価償却費などが含まれ、長期に回収すればよい原価である。そこで、経営者は売上高から先に回収すべき変動費を差し引いて、その差額（限界利益20円）で固定費の9,000円を回収して利益を上げようとする。この考え方で原価計算をする方法を直接原価計算と呼ぶ。

Q 損益分岐点を「固定費を限界利益で回収する点」で計算する

問　図に示すように、損益計算書から製品１個当たりの損益を計算すると、１個34.3円の限界利益になった。１個34.3円の限界利益で130,000円の固定費を回収する損益分岐点数量と損益分岐点売上高はいくらになるだろう。利益図表を参照して表の①、②、③の順に計算してみよう。
（２式を使用）

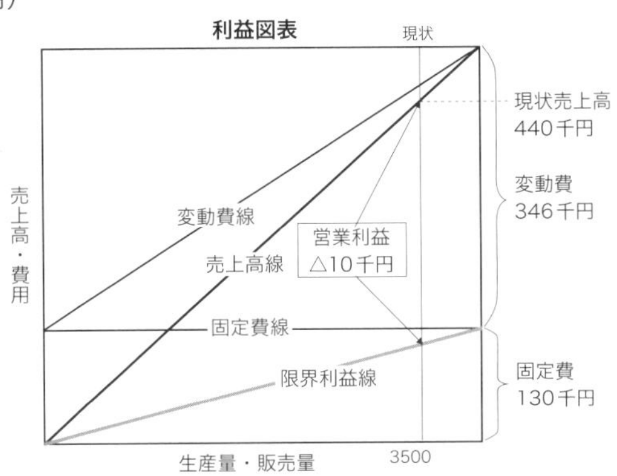

	単価（円）	損益分岐点		
		数量	金額千円	%
売 上 高	125.7	①	②	100
変 動 費	91.4		③	73
限界利益	34.3		130	27
固 定 費			130	27
営業利益			0	0

A

① 損益分岐点数量は34.3円の限界利益／個で130,000円の固定費を回収するには何個売ればよいかを計算している。

130,000円 ÷ 34.3円／個 ＝ 3,790個

② 損益分岐点売上高は3,790個の損益分岐点数量に125.7円の売価を掛けて計算している。

3,790個 ×125.7円 ＝ 476,000円

③ 変動費は476,000円の損益分岐点売上高から130,000円の限界利益を差し引くか、3790個の損益分岐点数量に91.4円の１個あたりの変動費を掛けて計算する。

476,000円－130,000円、3,790個×91.4円 ＝ 346,000円

以上の結果、製パン会社の現在の売上数量は3,500個、売上高は440,000円なので、あと290個で36,000円の受注が増えれば、損益分岐点になる。

3-5　5つの利益増大策

（1）売上増か費用低減かどちらかしかない

利益の増大は、図表3・14に示すように、売上高の増大か費用の低減の2つしかない。損益分岐点図表を用いて解説すると次のようになる。

①販売量増大：販売数量が増えれば、売上高が増え（図表の右上に移動)、利益が増大する。この場合は損益分岐点の位置は変わらない。

②売価アップ：販売価格を上げると利幅が増え、同じ数量を販売すれば利益は増大する。損益分岐点の位置が、価格上昇前と比べて低くなる。

③変動費低減：単位当たりの変動費を低減すると、利幅が増え（図表の変動費線の傾きが緩やかになる)、利益が増大する。損益分岐点の位置が、変動費低減前と比べて低くなる。

④固定費低減：固定費を低減すると、その分だけ費用が減り（図表の総費用線が下方に平行移動する)、利益が増大する。損益分岐点の位置が、固定費低減前と比べて低くなる。ただし、固定費は製品別ではなく、部門別のアプローチで低減するので、部門別に多くの固定費の占める項目を攻める。

図表3・14　利益増大策

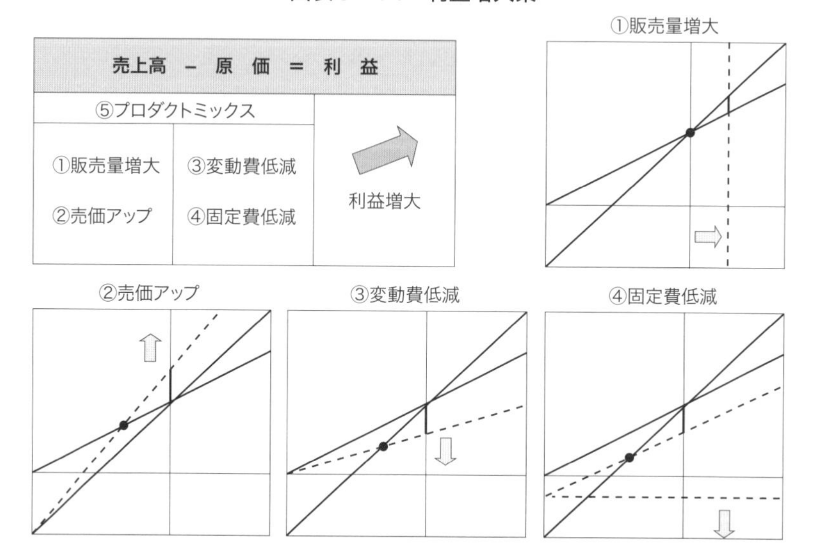

以上の中で、売価アップの効果は大きいことを認識しておくことである。売価を10％アップするのと、同じ利益を上げるためには数量、変動費、固定費は10％以上変化させなければならない。逆に、売価を10％値引くとその逆の現象になる。販売数の増大に繋がらない安易な値引きは避けたい。

次の例題を解きながら、そのメカニズムを体感されたい。

Q 損益分岐点の位置向上策

問　損益分岐点の位置向上の施策には4つの方法がある。下記の資料で次のシミュレーションを行いなさい。

売上個数	10 個	
売 上 高	1,000 円	100 ％
変 動 費	500	50
限界利益	500	50
固 定 費	350	35
営業利益	15	15

損益分岐点売上高＝固定費 ÷（1－変動費　÷　売上高　）
700円　350円　500円　1,000円（10円×100個）

1）20％の利益を確保するには売価をいくらにしたらよいか
2）20％の利益を確保するにはどれくらいの数量を売ればよいか
3）20％の利益を確保するには変動費／個をいくらまで下げなければならないか
4）20％の利益を確保するには固定費をいくらまで下げなければならないか
5）変動費を10％低減すると売上または売価10％向上する効果は同じか

A

1）(10X－500－350）÷10X＝0.2　　X＝106.25円
2）(100X－50X－350）÷100X＝0.2　　X＝12個
3）(1,000－10X－350）÷1,000＝0.2　　X＝45円／個
4）(1,000－500－X）÷1,000＝0.2　　X＝300円
5）変動費10％　500　×10％＝ 50 ｝限界利益率により
　売　上10％（1000－500）×10％＝ 50 ｝異なる
　売　価10％　1000　×10％＝100　売価アップ効果大

(2) プロダクトミックスで売る

■プロダクトミックスとは何か

大衆商品価格、キャンペーン価格、特売価格、限定期間価格、バーゲーンセールなど商品・流通・販売促進政策と組み合わせて価格を半値にするのもよい。しかし、半値にすれば損益分岐点が悪化するので、変動費を半分にすると同時に、倍の数を売らなければ従来の利益は確保できないのだが、どう考えても倍は無理である。

これらはすべて客寄せの手段である。価格にひかれて来店した顧客は、目玉商品だけではなく、来店ついでに他の商品も買っていく。その商品で会社は儲ける。そのとき、限界利益率の高い商品とのミックスで売上が伸びれば、全社の損益分岐点は向上する。

M社の価格政策は巧みである。顧客は安値のハンバーガーを目当てに買いにくるが、店頭でハンバーガーだけ大量に買って帰る顧客は少なく、とくに店で食べる顧客はハンバーガーと一緒に飲み物を飲む。そこで、ハンバーガー、飲み物、そしてポテトを3点セットにしたミックス政策を立てる。

図表3・15にセットと単品価格の比較表を作成した。図左のハンバーガー、飲み物、ポテトはそれぞれ単品の価格である。ポテトと飲み物はMサイズに

図表3・15　プロダクトミックスで売る

単品価格		
	コーラなど飲み物Mサイズ	170
バーガー	ハンバーガー	80
	チーズバーガー	100
	ダブルバーガー	220
	てりやきバーガー	200
	フィッシュバーガー	200
	チキンバーガー	220
	ビッグバーガー	250
	トマトチキンバーガー	250
	ベーコンレタスバーガー	250
	ベーコンバーガー	220
	ポテト　Mサイズ	200

単品価格とセット価格との差		
単品価格合計	セット価格	単位：円
450	380	70
470	400	70
590	530	60
570	500	70
570	500	70
590	530	60
620	560	60
620	560	60
620	560	60
590	530	60

※単品価格合計の算式
ハンバーガー ＋ 飲み物 ＋ ポテト
？ ＋ 170 ＋ 200

固定し、それぞれのハンバーガーを合計すると単品価格合計になる。これとセット価格を比較すると、単品価格とセット価格の差がわかる。それぞれのハンバーガーはどれをとっても60円から70円ほどセット価格の方が安い。中身を見ると、飲み物はハンバーガーの倍、ポテトは2.5倍の価格である。M社はハンバーガーよりも、利益率の高い飲料やポテトで儲けていることがわかる。

■付加価値の高いものにコストをかける

顧客に単一製品だけを提供している企業はほとんどない。また、どれだけ利益が出ていても、全製品が黒字である企業もない。だとすれば、複数の製品やサービスの組み合わせで利益を出していることになる。プロダクトミックスである。

図表3・16　プロダクトとライフサイクルミックス

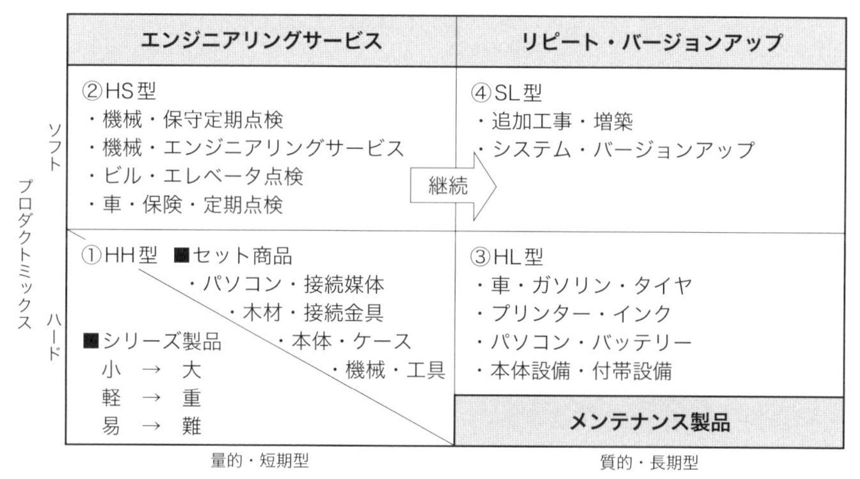

プロダクトミックスとは「売り手側の供給するラインやアイテムを消費者ニーズに合わせて組み合わせること」である。そして、最初のプロダクトより、後でミックスされる製品やサービスに多くの付加価値があることを知ると、その重要性に気づく。

図表3・16は縦軸にプロダクトミックスを、横軸にライフサイクルミックスをとったものである。プロダクトミックスではハードからソフトへ、ライフサイクルミックスでは短期から長期へと組み合わせの範囲が広がる。ここに4つのポートフォリオのミックスができる。

製品や構造物などの企画、設計に始まり、竣工、運用を経て、修繕、耐用年数の経過により解体処分するまでの期間をライフサイクルと定義すると、そのいずれかのステージの製品またはサービスと組み合わせることをライフサイクルミックスと呼ぶ。

■プロダクトミックスの4つのタイプ

①②③④のH（Hard）S（Soft）L（Life cycle）の略である。

① HH型：有形製品のミックスでシリーズ化とセット化がある。
シリーズ製品：タイプ・グレード・キャパシティ
セット製品：パソコン＋接続媒体、木材＋接続金具、本体＋ケース、機械＋工具

② HS型：有形製品に無形のサービスをミックスする
機械＋保守、機械＋エンジニアリングサービス、ビル＋点検、車＋保険＋定期点検

③ HL型：有形製品にライフサイクル製品をミックスする
車＋ガソリン＋タイヤ、プリンタ＋インク、パソコン＋バッテリ、本体設備＋付帯設備

④ SL型：無形のサービスにライフサイクルサービスをミックスする
工事＋追加工事＋増築、システム＋バージョンアップ

図表3・16の①に入るHH型のミックスはプロダクトミックスの原型で、P.コトラーによって体系化された「正式な製品」のことである。さらに、②に入るHS型までミックスされると「拡大された製品」になる。

HL型のライフサイクルミックスで、もっともポピュラーなのは、車とタイヤ、パソコンとバッテリー、プリンターとインクなどのハードを売った後にメンテナンス製品を売るライフサイクルミックスである。

SL型のライフサイクルミックスでは、建設工事などの受注は当初は競合になることが多いが、追加はほとんど無競争で受注できる。とくに、工事途中での仕様変更は、業者にとってはありがたい仕事なのだ。インターネットのメンテナンスやコンピュータソフトのバージョンアップも開発と同じ業者に依頼することが多いので、競合がないため高価格を打ち出しやすい。このため、ソフト受注の

入札時には低価格で受注し、その後のバージョンアップで儲けるやり方がある。

多くは最初の商品（ハード）よりも後からミックスされるサービス（ソフト）に付加価値がある。このように「単品よりシステムで売る」時代に合わせたやり方を工夫してみてはどうだろう。

(3) ライフサイクルコストで考える

■ライフサイクルコストとは何か

パソコンのカラープリンタは2万円程度で買えるが、プリンタに付随するインクカートリッジやカラー用シートなどの消耗品類が高い。いったんプリンタを購入してしまえば消耗品は購入せざるを得なくなり、トータルでみたときには、とても高い買い物をしていることがある。これを生涯にかかるコストという意味でライフサイクルコスト（LCC：Life cycle cost）と呼ぶ。

図表3・17に示すように、ライフサイクルコストには4段階ある。第1段階の開発・製造・販売のコスト以外に、第2段階の使用・保守にかかるコストもある。さらに、第3段階の今まで公共で負担していた廃棄処分のコストはメーカーやユーザーが直接負担する傾向になってきた。そして、第4段階で税金などの社会的コストであり、これらを含めて製品が生まれてから消えていくまでのライフサイクルにかかる総コストになる。

図表3・17　ライフサイクルコスト

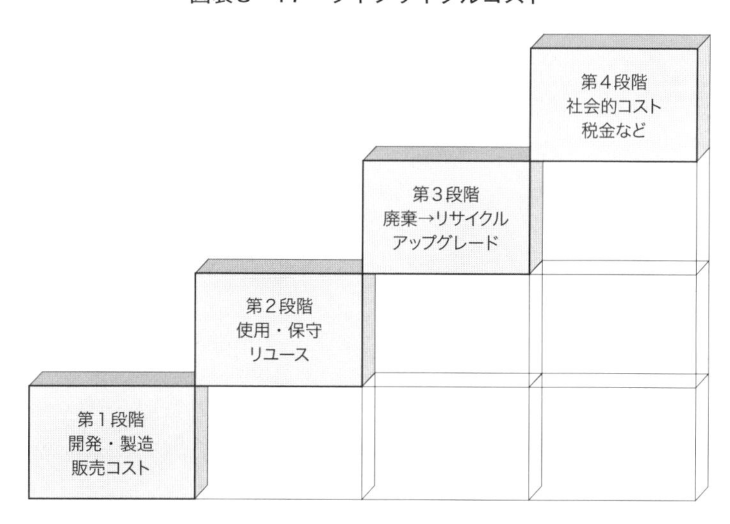

消費者が第1段階で買うのを躊躇すると、次には進めない。そこでメーカーは第1段階のハードルを低くして、第2段階で利益を回収しようとする。大衆イメージ商品価格にはこうして設定されるものが多い。

また、製品や構造物などを低価格で調達、製造することができたとしても、それを使用する期間中におけるメンテナンス（保守・管理）、保険料、長期的な利払い、廃棄時の費用までも考慮しないと、総合的に見て高い費用となることから、ライフサイクルコストの発想が生まれた。

■生涯生産量によって関わる原価構成要素

図表3・18は縦軸にライフサイクルコスト、横軸に生涯生産量をとると、生産量によって変動費と固定費の構成割合に違いが出る。生涯生産量が少ないときは固定費負担が、多いときは変動費負担が多くなる。変動費は材料費、直接労務費など生産量に比例して増減する費用で、固定費は設計開発費、設備費、固定資産税・保険料など生産量の増減に比例しない費用である。

生涯生産量が見込めないときは、できるだけ自動化は避けて人手で生産することを、さらに治具や金型も簡易型、3Dプリンタのような付加価値製造装置を用いて固定費を低減する。逆に生涯生産量が見込めるときは、できるだけ自動化や専用ライン化して固定費でまかない、生産時に変動費がかからない生産

図表3・18　生産量によって変動費と固定費の比率が違う

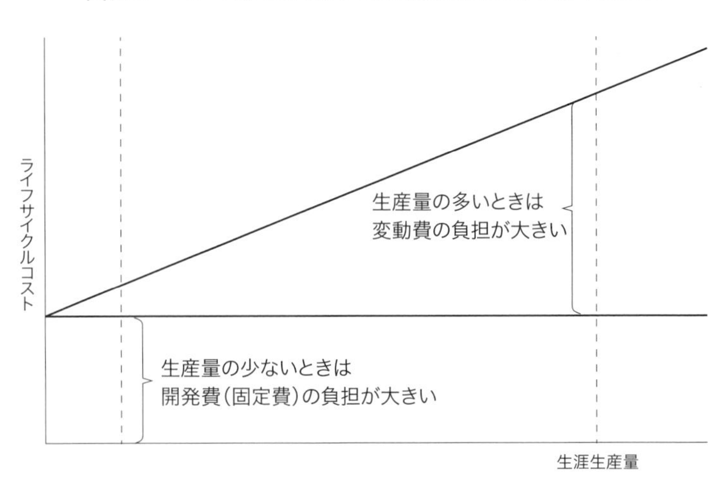

方式を選択する。こうして、企画・計画段階からライフサイクルの全費用を総合的に検討して、利益に結び付く投資を決定する。

なお、イニシャルコストとランニングコストという用語がある。イニシャルコストとは機材の購入やシステムの導入などに際して必要となる費用で、ランニングコストとは、それを保守、管理するために必要となる運用のための維持費のことである。イニシャルコストのみならず、ランニングコストを含めた総合的な費用の把握は、投資の意思決定をする際はとくに重要になる。変動費と固定費の区分とは異なる点に注意されたい。

Q どちらの設備を選択するか

問1　どちらの設備が有利か？

現在、手作業で行っている運搬作業を機械化してコスト削減したいと考えている。年100トンの生産を予定しているが、下記の2案の中から有利な案を選択せよ。

	耐用年数	初期投資	固定経費	変動費
Aフォークリフト	5年	500万円	120万円／年	3万円／トン
Bコンベヤ	10年	2,300万円	180万円／年	1.3万円／トン

問2　また、年間生産量がいくら以上のときコンベヤの方が得になるか。

A

答1

時間的価値の計算なしで、年価で比較するとフォークリフトの方が有利になる。

A：	500	÷	5	＋	120	＋	3.0	×	100	＝	520万円
B：	2,300	÷	10	＋	180	＋	1.3	×	100	＝	540万円

答2　生産量をXとして、両者の年価がイコールになる算式は下記のようになり、112トンの時の生産量が損益分岐点である。

500÷5＋120＋3.0 X	＝	2,3000÷10＋180＋1.3X
220＋3.0 X	＝	410＋1.3X
1.7 X	＝	190
X	＝	112トン

現在、100トンの生産量であればフォークが有利であるが、フォークを入れると5年は使うので、112トンになる時期が5年以内であれば、現在時点でコンベヤを選択することもある。

第3章のまとめ

■ポイント

・直接原価計算は、変動費だけで原価計算するやり方である
・変動費と固定費の分解計算には総費用法、スキャタグラフ法・最小二乗法があるが個別費用法が望ましい
・直接労務費は変動費である
・限界利益は、売上高と変動費との差額を言う
・限界利益率は、売上高に対する限界利益の比率を言う
・損益分岐点とは固定費を限界利益で回収する点である
・利益を増やすには、売上増大、売価アップ、変動費低減、固定費低減、プロダクトミックスがある
・プロダクトミックスにはプロダクトとライフサイクルで4つのミックスタイプがある。付加価値の高いものを選択し、コストをかける
・ライフサイクルコストは製品が生まれてから廃棄時までの生涯にかかる総コストである

見積・標準原価計算のやり方

—事前に知る原価が圧倒的に大事—

目的別の原価・原価計算分類

手段／目的		会計領域	財務会計	⇐過去	(現在)⇐ 管理会計		⇒(未来)	原価レベル		
		原価計算種類	事後原価計算	事前原価計算						
			実際原価計算	予定原価計算	見積原価計算		標準原価計算	実力値A	達成可能値B	理想値C
		原価種類	期間原価		製品原価(製品・部品・工程別)					
			実際原価A	**予定原価B**	**見積原価A**	**目標原価B**	**標準原価C**			
誰：評価	社長・経理	損益計算書	棚卸資産原価	(予想決算書)				○		
	事業部長	事業別原価計算	総原価	**事業戦略業績管理**					○	
	部門長	部門別原価計算							○	
何：アクション	営業	顧客別原価計算	販売費・管理費	(販売予算)	**価格見積**			○		
	設計技術	製品別原価計算	売上原価		原価見積	**原価企画**	(標準消費量)			○
	生産技術	工程別 〃			(コストテーブル)	**コストリダクション**	(標準時間)			○
	購買	実際原価計算	仕入原価	**製造予算管理**			**標準原価管理 コストコントロール**			○
	製造	・個別原価計算	製造原価							○
		・総合原価計算	材料・労務・経費							○
管理可能性による分類 ⇒			埋没原価・機会原価	管理可能・不能費	増分原価	ライフサイクルコスト	管理可能・不能費			
原単位による分類 ⇒			単価×消費量	材料単価×消費量		加工費レート×時間		標準原価に一元化		
製品との関連分類 ⇒			直接費・間接費	材料費		加工費				
操業度との関連分類 ⇒				限界原価＝変動費			固定費			
原価の集計範囲分類 ⇒			全部原価	部分原価・直接原価計算			損益分岐点			

CONTENTS

本章は事前原価である見積原価と標準原価の計算である。標準原価は製造段階のコストダウンに、見積原価は営業での価格決定に用いる。見積原価は現状の実力値レベル、標準原価はあるべき姿の理想値レベルと違いはあるが、原価計算方法は同じである。

本章では標準原価レベルでの原価計算をしているので、標準原価の設定を解説する章でもある。材料費は「単価×消費量」、加工費は「加工費レート×時間」で計算し、技術部門で決まる消費量と時間の計算が重要である。なお、時間の計算は人時間と機械時間および長サイクル作業の時間の考え方についても解説する。

4-1　事後（実際）原価と事前（見積／標準）原価

(1) 多目的の分類を整理する

■どのような原価分類があったか

原価は、使用目的が違うためにさまざまな分類があった。これまで出てきた原価分類を整理してみよう。

・形態別分類：原価計算を実施するとき、発生した原価を形態別に分類することがもっとも良く知られた集計方法である。これによると、原価費目は材料費、労務費および製造経費の3つに分ける。

・機能別分類：原価が経営上いかなる機能のために発生したかによる分類である。原価要素は、この分類基準によって機能別に分類する。

財務会計では形態別分類を基礎とし、必要に応じて機能別分類を加味する。実際原価計算を行う際には、財務会計より原価に関する形態別分類による基礎資料を受け取り、これに基づいて原価計算を行う。

一方、管理会計では個々の製品や部門別の原価を把握し、売価決定、コストダウンや諸々の意思決定に使いたい。管理目的には下記分類がある。

・製品関連分類：製品をつくるための原価が個々の製品に使われたことが明らかなものと不明確なものによって直接費と間接費に分ける。さらに、材料費と加工費の分類に展開する。

・操業度関連分類：生産量・販売量が増えたり減ったりすると、それに比例して増減する変動費と生産量・販売量の増減にかかわらず変化しない固定費に分ける。

・管理可能性分類：原価の管理可能性に基づき、管理可能費、不能費に分類する。

さらには経済計算上使用される原価分類として、機会原価、埋没原価などがある。

■財務会計から管理会計の分類へ

財務会計は過去の一定期間（1年間）の利益を計算し、それを適正に配分することを目的とした会計で、資金が何に使われたかを材料費、労務費、製造経費の形態別に分類した。しかし、管理会計は管理目的（事業計画、売値決定、原価低減…）なので、材料費（直接費）・加工費（間接費）に分類すると製品

図表4・1　財務から管理会計の原価分類へ

財務会計上の分類		管理会計上の分類		
形態別分類	機能別分類	材料費（直接費）	加工費（間接費）	
			変動費	固定費
材料費	原料費	単価/Kg		
	購入部品費	単価/個		
	外注費	単価/個		
労務費	給　料		変動費レート/工数	固定費レート/工数
	賞　与			
	法定福利費			
製造経費	一般経費			
	設備償却費			設備費レート/時間
	金型償却費			金型治工具費/個
		×	×	×
	消費量	Kg・個	工数・時間	工数・時間・個
		‖	‖	‖
	原　価	材料費	変動加工費	固定加工費

別原価が見積もりやすく、変動費・固定費に分類すると意思決定しやすい。

財務会計上の分類を管理会計上の分類に置き直すには、図表4・1に示すように単価と消費量に分ける。先に原単位（コストドライバー）当たりの単価をつくり、材料費は個、kg重量など、加工費は工数、時間（Hr）などが原単位になる。そして、個々の製品に重量や時間の消費量を求めると、「単価×消費量」で材料費、変動加工費、固定加工費が計算できる。

図表4・1の最終行では、材料費、変動加工費、固定加工費の区分で製品1個の原価が計算されている。全製品にこのデータが準備できると管理しやすい。

■標準・見積原価計算は技術部門の必須のスキル

原価計算は単価と消費量の掛け算である。そして製品別の原価計算では、材料の消費量、時間の消費量をいかにして計算するかがポイントである。

製品別実際原価計算では作業日報を用いて消費実績を収集するが、標準・見積原価計算では事前に消費量を見積もらなければならない。製品別の消費量を事前に見積もるのは設計と生産技術部門であり、事前原価計算は極めて技術的要素が強いことがわかる。

材料の消費量の大部分は設計部門で図面・レシピ作成時に決めるが、型の設計などで「完成材料＜投入材料の歩留ロス」がある場合は、生産技術部門で投入材料の消費量を決める。また、加工費の消費時間は生産技術部門が工程設計（工程・設備）と作業設計（作業方法・手順）を行って決める。

技術部門へのコストダウンへの期待は高いため、原価計算は製品設計・工程設計を行う技術者にとっては必須のスキルである。また、既存製品の原価を知るには、作業日報で生産実績データを収集するのではなく、製品設計仕様が登録されている品目マスター・構成マスターを、工程設計仕様が登録されている工程マスターを参照する。なお、品目、構成、工程マスターの内容については第5章の事前原価計算に必要なデータを参照されたい。

(2) 事後原価計算と事前原価計算の違い

■実際原価計算と標準・見積原価計算の手順は正反対

図表4・2は実際原価計算と標準・見積原価計算の手順を対比したものである。事後に計算する実際原価計算は、発生した費用がすでにわかっているので、それをStep1：費目別、Step2：部門別、Step3：製品別に集計し、最後に製品別の実績生産数量で割ってStep4：単位原価を計算した。

一方、事前に計算する標準・見積原価計算は、発生する費用がわからないので、実際原価計算とまったく逆の手順で単位原価を求める。

あらかじめ、材料単価表（材料単価／kg・個）と加工費レート表（加工費レート／hr）を準備しておき、原価計算する製品の1個当たりの材料消費量と時間を求める。材料費は「材料単価／kg・個×材料消費量kg・個」、加工費は「加工費レート／hr×時間」で単位当たり原価を計算する。

図表4・2下は詳細原価見積算式である。材料費の構成比率は日本の製造業平均65％弱と大きいため、製品に使われるすべての材料を計算する。加工費は部門別に変動費と固定費レートに分け、さらに一般の固定費に含まれていた設備費の増大に伴い、設備別レートを分離計算する。直接費である型治工具費は生産高比例法で1個当たり原価を計算する。

■原価計算と原価管理の違い

事前に製品を開発設計するときに用いる原価計算は、標準原価計算である。図表4・2の原価管理目的下に記載するステップを見てみよう。

Step1の標準原価計算で計算されたStep2の単位当たり標準原価に、実際の

図表4・2　事後と事前の製品別原価計算

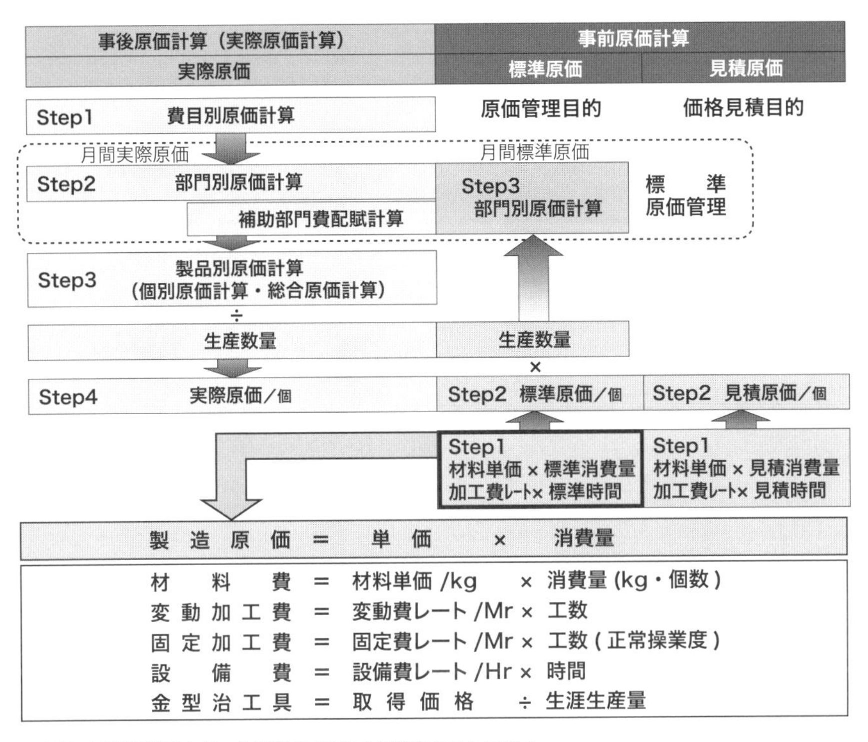

※上記の正常操業度とはフル操業の80%の操業度のことである。
※MrとはMan hour・工数の意味である。

生産数量を掛け算して算定したStep3の部門別の標準原価を求める。その標準原価と、実際原価計算で計算した部門別実際原価を比較すると標準原価管理になる。つまり、1個100円の単位当たり原価の製品を1,000個生産したとすれば100,000円の標準原価で済むはずである。ところが、実際原価が110,000円で集計されたとすれば、10,000円の原価差異が出る。この原価差異は標準原価から外れたロスを意味し、差異分析を行ってロス低減につなげる。

図表4・2の価格見積目的下の見積原価は、通常発生する不良や非稼働のロスを含んだ実際原価を事前に推定するもので、売価決定などに使われる。

標準原価計算と見積原価計算は、原価データをあるべきレベルか、実際に近いレベルで持つかの違いはあっても、まったく同じ原価計算手順である。

Q 見積原価計算をやってみる

問　下記材料単価マスターと加工費レートマスター、設備費レートマスターに基づき製品別原価計算表を完成しなさい。

■材料単価マスター

材料コード	金　額（円）
100	5,000／kg
200	4,000／kg
300	3,000／kg

■加工費レートマスター

工程	変動費（円）	固定費（円）
1係	2,000／hr	1,600／hr
2係	2,000／hr	1,500／hr
3係	1,500／hr	1,000／hr

■設備費レートマスター（原単位のhrは設備時間である）

設備	取得価格	耐用年数	シフト	操業度	年間稼働時間	設備レート
A	10,000,000円	5年	1	80%	2,000hr	1,250円／hr
B	12,000,000円	5年	2	80%	2,000hr	750円／hr

A設備：10,000,000÷（5年×2,000hr×1シフト×80%）＝1,250円／hr
B設備：12,000,000÷（5年×2,000hr×2シフト×80%）＝　750円／hr
※通常、シフトは会社の勤務形態に合わせて設備別には変えない。

■製品別原価計算表　　単位：円

工程	材料消費量	標準時間	設備	材料費	変動費	固定費	製造原価
1係	No.100 2kg	2.6hr×2人	A				
2係	No.200 1kg	3.0hr×1人	B				
3係	No.300 1kg	2.4hr×1人	—				
合　　計							

A

工程	材料消費量	標準時間	設備	材料費	変動費	固定費	製造原価
1係	No.100 2kg	2.6hr×2人	A	10,000	10,400	8,320 3,250	31,970
2係	No.200 1kg	3.0hr×1人	B	4,000	6,000	4,500 2,250	16,750
3係	No.300 1kg	2.4hr×1人	—	3,000	3,600	2,400	9,000
合　　計				17,000	20,000	20,720	57,720

１係材料費　：5,000円／kg×2.0kg　＝　10,000円
１係変動費　：2,000円／hr×5.2hr　＝　10,400円
１係固定費　：1,600円／hr×5.2hr　＝　8,320円
１係Ａ設備費：1,250円／hr×2.6hr　＝　3,250円　時間は設備時間である
２係Ｂ設備費：　750円／hr×3.0hr　＝　2,250円

4-2　標準材料費の計算

（1）材料の単価表の作成

■材料単価マスター

材料費を計算するには、あらかじめ材料の種類別に単価表（単価マスター）を作成しておく。単価表には以下の項目を準備する。

・材料費目区分：経理が処理している会計上の費目区分である。これは経理のデータと見積のデータの整合性を持たせるために必要である。
・材　料　区　分：材料単価は頻繁に参照するので、検索しやすい材料区分コードをつくる。JIS規格、ISO規格で使われている区分に合せるとよい。
・材料コード：単一材料ごとにコードを付けるが、できるだけコードを見ただけで内容がわかる表意コードがよい。
・材　　料　　名：材料内容や材質を表す材料名称をつける。
・寸法と単位：材料の大きさや重量とそれを表す単位（mm、gなど）を持つ。
・単価と単位：単価は標準単価・底値と実際単価を持つと便利である。同じく単価を表す単位（㎡、g、個）を持つ。
・屑単価と単位：材料に屑、スクラップが出る場合はその単価を持つ。単位、切粉、線屑、端材などの屑の種類によって単価が違う場合は屑単価表を別にした方がよい。
・仕　　入　　先：複数の仕入先によって単価が違う場合には仕入先毎の単価を持つ。

■単価表に記入する単価は何から求めるか

標準材料費は「単価×消費量」の両者に標準を設定する。しかし、消費量

はほぼ100％企業内部努力で管理できるが、単価は外部環境による影響も受け100％内部努力という評価はできない。そこで、歩留や不良の消費量を金額評価するのに単価の影響を排除し、固定単価で評価しようとする消費量管理重視の考え方がある。以上の立場に立てば、標準単価は予定単価または過去の1年の平均単価がよい。しかし、材料によっては購入単価を管理する意図がある場合は以下の方法で標準単価を求められたい。

図表4・3は材料種類別の標準単価の決め方である。材料費は主要材料費・素材費、購入部品費、外注部品費などに細分する。その中で①の相場で単価が変動するような材料は、経済新聞の指標、地方紙の経済指標、業界紙などから相場情報を得る。さらに相場を決めているルーツにさかのぼって情報を取ることも重要である。天然またはそれに近い材料は相場で決まるケースが多く、天候などの影響も受けやすい。また、いったん価格が決まると、売手側は素材の値上がりがあれば値上げ要求、下がっても値下げを言ってこないことが多い。購買担当者が購入価格の低減に結び付けたいのであれば、常に最新の単価の情報を入手しておくことである。

②の標準品である購入品・部品費は、メーカーで量産され在庫しているものが多い。価格は比較的安定しているが、複数業者から見積を取ると低価格で購入しやすい。

図表4・3　単価表に記入する単価は？

材料種類	単価の決め方
①　相場材料	・経済新聞・地方紙・業界紙の相場情報 ・相場の決まるルーツの情報 ・最新の相場情報を継続的に入手
②　購入品（標準品）	・競争入札･協定価格 ・複数業者発注＋見積のケースが多い ・底値を登録
③　外注部品	・競争入札・協定価格・指値方式 ・協定価格＋見積のケースが多い ・コストテーブルで適正単価査定

③の外注部品費は自社の仕様で発注するときに単価を決めるので、事前に単価表をつくることは難しいが、コストテーブルを整備して単価を推定する。

■材料単価に含まれるもの

材料単価は取得価格であるが、下記の材料副費を含む。

・買入手数料、荷役費、保険料、関税など材料購入に要した費用

・購入事務、検収、整理、選別、手入れ、保管などに要した費用

ただし、実際価格を相場価格と比較しようとしたとき、材料副費は相場価格には含まれないので、材料副費という別勘定にしておく方が管理しやすい。また、為替レートの変動や関税率の改定も材料価格の変動と合わせて考える必要があるが、為替損益は営業外損益であり、材料単価には反映させない。

(2) 歩留ロスがない場合の材料消費量の計算

材料の単価表を準備しておけば、個々の製品にどの材料をどれだけ使うのかを求めると材料費は計算できる。製品設計が終わると材料の標準消費量は設計図面より正確に計算できるものが多いため、消費量計算は比較的容易である。

図表4・4はカレーライス1杯の材料費を見積ったものである。カレーをつくるには、ルー、肉、野菜、ご飯といった約20種類の材料が必要であり、レシピより4人前の消費量を記載する。購入単価は材料単価マスターより検索、「単価×消費量」で4人前の材料費を計算した後、それを1人前の金額に換算している。たとえば、最初の玉ねぎの消費量は0.6個／4人であり、単価の50円／個を乗じると30円、それを1人前に換算すると7.50円（30円÷4人）になる。以上をすべての材料について行うと図表4・4の最終行が計算できる。

・ルーからつくると、玉ねぎ、人参などの材料ごとに計算してみると348.5円かかる。

・もっとも一般的なルーを買ってきてつくると、ルー、野菜、肉、ご飯で、299.1円でできる。

・レトルトを買ってきてつくると、レトルトとご飯で264.0円である。

図表4・4　カレーライスの材料費

単位：円

<table>
<tr><th colspan="2" rowspan="2">材　料</th><th colspan="3">4人前</th><th rowspan="2">一人前
金　額</th><th rowspan="2">ルー</th><th rowspan="2">レトルト</th></tr>
<tr><th>単価</th><th>消費量</th><th>金額</th></tr>
<tr><td rowspan="17">カレールー</td><td>1. 玉ねぎ</td><td>50.000</td><td>0.6 個</td><td>30.00</td><td>7.50</td><td rowspan="17">26.5</td><td rowspan="25">221.0</td></tr>
<tr><td>2. ニンニク</td><td>1.830</td><td>6g</td><td>10.98</td><td>2.75</td></tr>
<tr><td>3. 生姜</td><td>1.450</td><td>10g</td><td>14.50</td><td>3.63</td></tr>
<tr><td>4. 炒め油</td><td>0.610</td><td>5g</td><td>3.05</td><td>0.76</td></tr>
<tr><td>5. 小麦粉</td><td>0.230</td><td>50g</td><td>11.50</td><td>2.88</td></tr>
<tr><td>6. カレー粉</td><td>9.170</td><td>6g</td><td>55.02</td><td>13.76</td></tr>
<tr><td>7. スープ</td><td>13.190</td><td>3 個</td><td>39.57</td><td>9.89</td></tr>
<tr><td>8. 月桂樹葉</td><td>5.190</td><td>1 枚</td><td>5.19</td><td>1.30</td></tr>
<tr><td>9. 赤唐辛子</td><td>2.160</td><td>1 本</td><td>2.16</td><td>0.54</td></tr>
<tr><td>10. コショウ</td><td>11.000</td><td>2g</td><td>22.00</td><td>5.50</td></tr>
<tr><td>スープ</td><td>上に含</td><td></td><td>0.00</td><td>0.00</td></tr>
<tr><td>11. りんご</td><td>100.000</td><td>1 個</td><td>100.00</td><td>25.00</td></tr>
<tr><td>カレー粉</td><td>上に含</td><td></td><td>0.00</td><td>0.00</td></tr>
<tr><td>12. ウスターソース</td><td>0.396</td><td>5g</td><td>1.98</td><td>0.50</td></tr>
<tr><td>13. 砂糖</td><td>0.397</td><td>5g</td><td>1.99</td><td>0.50</td></tr>
<tr><td>14. 塩</td><td>0.107</td><td>1g</td><td>0.11</td><td>0.03</td></tr>
<tr><td>15. トマトケチャップ</td><td>0.570</td><td>10g</td><td>5.70</td><td>1.43</td></tr>
<tr><td rowspan="4">牛肉</td><td>16. 牛すね肉</td><td>2.000</td><td>400g</td><td>800.00</td><td>200.00</td><td>200.00</td></tr>
<tr><td>17. 塩</td><td>0.107</td><td>1g</td><td>0.11</td><td>0.03</td><td>0.03</td></tr>
<tr><td>コショウ</td><td>11.000</td><td>1g</td><td>11.00</td><td>2.75</td><td>2.75</td></tr>
<tr><td>炒め油</td><td>0.610</td><td>5g</td><td>3.05</td><td>0.76</td><td>0.76</td></tr>
<tr><td rowspan="4">野菜</td><td>18. じゃが芋</td><td>25.000</td><td>1 個</td><td>25.00</td><td>6.25</td><td>6.25</td></tr>
<tr><td>19. にんじん</td><td>52.000</td><td>0.5 個</td><td>26.00</td><td>6.50</td><td>6.50</td></tr>
<tr><td>玉ねぎ</td><td>50.000</td><td>1 個</td><td>50.00</td><td>12.50</td><td>12.50</td></tr>
<tr><td>炒め油</td><td>0.610</td><td>5g</td><td>3.05</td><td>0.76</td><td>0.76</td></tr>
<tr><td colspan="2">20. ご　飯</td><td>0.478</td><td>360g</td><td>172.08</td><td>43.02</td><td>43.02</td><td>43.02</td></tr>
<tr><td colspan="4">合　　　計</td><td>1394.0</td><td>348.5</td><td>299.1</td><td>264.0</td></tr>
</table>

以上の結果、一から材料を買ってきてつくると、出来合いのルー、レトルトからつくるより材料費でさえ高くなるのは驚きである。ルー、レトルトを生産する食品メーカーは、この価格で販売しても利益を上げているとすれば、たいへんなコストダウン努力である。

(3) 歩留ロスがある場合の材料消費量の計算

カレーライスのように、投入材料＝完成材料の材料費計算は買い物と一緒である。しかし、投入材料と完成材料に歩留ロスがある場合は、図表4・5のステップで計算する。

図表4・5　材料消費量計算のやり方

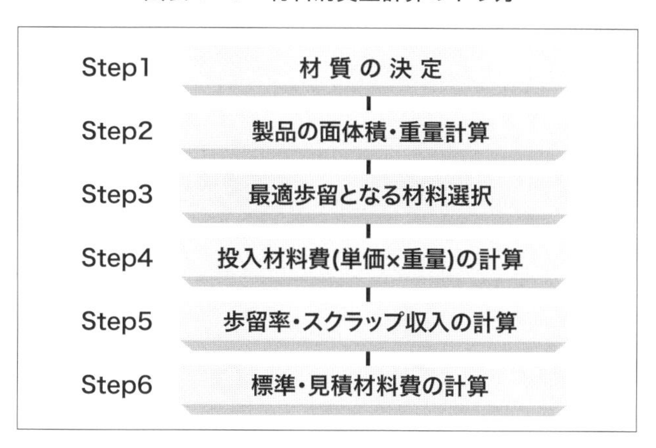

Step1　材質を決定する

材料消費量を決める最初のステップは、製品にどの材料を用いるかである。製品の特性・機能・グレードと材料特性を比較しながら、もっとも近い材質を選択するが、選択には設計のみならず加工技術との兼ね合いもある。しばしばこの段階で品質余裕の取りすぎによる過剰品質が発生する。

材質が決まると比重がわかる。比重とは、ある物質の密度（単位体積当たり質量）と、基準となる標準物質の密度との比である。固体及び液体については水を基準とするので、下記の材質SPCCの比重は水に対して7.85倍の重量である。

Step2　製品の面体積・重量を計算する

製品の形状寸法および員数は設計で決める。寸法、員数は重量に反映するので、少ないことが材料費低減のポイントである。なお、材料の材質、寸法、員数の検討にはVE（Value Engineering）というコストダウン手法が使われる。

通常、材料の原単位は重量であることが多いため、製品寸法を重量換算しなければならない。しかし、製品の面・体積・重量計算は製品形状が複雑になると手間がかかるため、試作段階で製品重量を実測していた時代もあった。しかし、今日では内部構造を定義するソリッド型の三次元CAD（Computer Aided Design：コンピュータによる自動設計）を用いると面体積、重量までを自動計算してくれる。

体積に材料の比重を乗じると重量計算ができる。**図表4・6**では、直径100mmの円盤を鋼板「1mm×105mm×105mm（厚さ×幅×長さ）」から取る場合の製品重量は、製品体積0.00785mm^{3}に鋼板の比重7.85を乗じて0.0616kgと計算する。

図表4・6　製品重量の計算と比重

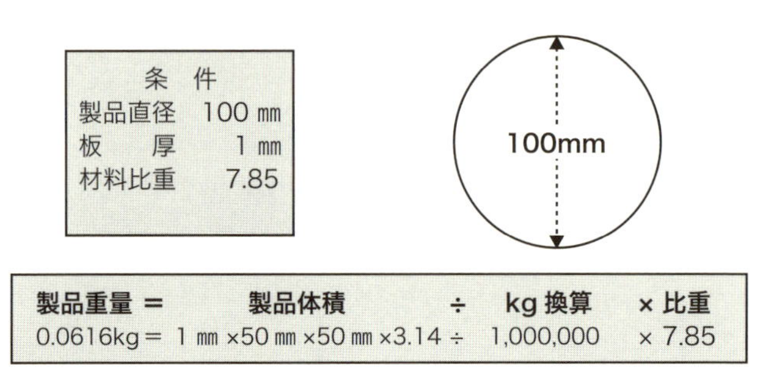

Step3　最適歩留となる材料を選択する

■技術歩留ロス

材料の投入量＝完成量となるものはよいが、「投入量＞完成量」で歩留ロスが発生する材料は投入量を決めなければならない。歩留ロスとは投入と完成の差で重量または金額で示し、歩留率とは「完成重量 or 金額÷投入重量 or 金額」である。歩留ロスには次の3種類ある。

・技術歩留ロスは技術段階で出る材料ロスである。現状の設計で出る設計責任歩留ロスと工程・設備で出る生産技術責任の歩留ロスがある。金型の設計で出る抜き代、たんざく代、送りピッチ代、設備により出る掴み代、歯切り代、後端、材料の蒸発、気化、残液などによる歩留ロスは生産技術責任である。

・製造歩留ロスは製造段階で出る歩留ロスである。製造段階のバラツキにより規格どおりに製造できないため規格を上回る材料消費ロスであり、材料に流体（液体、気体、プラズマ）、粉体材料を用いる場合には必ず発生する。

・不良は標準スペックからは外れるものである。

以上の中で、技術歩留ロスだけは標準材料費に含める。すると実際の製造段階で標準材料費を上回る材料を消費した場合は、製造・管理責任のロスとして抽出できる。

■四角から丸を取れば1/4落ちる

プレス品の打抜き加工や印刷業での面付けを行う場合、ブランクレイアウトを行って、製品を取るために必要な材料の形状・寸法・取り数を決める。

図表4・7の計算式では、投入材料の形状・寸法（105mm × 105mm × 1mm）・取り数を決め、面・体積に比重を乗じて投入重量0.865kgを計算している。材料の縦横寸法（105mm × 105mm）は製品寸法（100mm）に対して2.5mmの余白を空けている。どれだけの余白を空けるかは、板厚と材料、型寸法のバラツキによるが、極下値をねらいたいものである。

以上の余白をとると、製品重量は0.616kgであったので、歩留率は71.2%になる。歩留率は高いほど材料費は安くなる。

図表4・7　投入重量の計算と歩留率

条件	
製品直径	100 mm
板厚	1 mm
材料比重	7.85
投入材料	105 mm

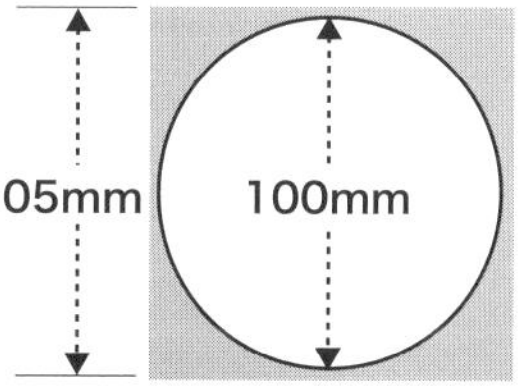

105mm

100mm

製品重量	**＝**	**製品体積**	**÷**	**kg 換算**	**× 比重**
0.0616kg	＝	1 mm ×50 mm ×50 mm ×3.14	÷	1,000,000	× 7.85
投入重量	**＝**	**投入材料体積**	**÷**	**kg 換算**	**× 比重**
0.0865kg	＝	1 mm ×105 mm ×105 mm	÷	1,000,000	× 7.85
歩留率	**＝**	**製品重量**	**÷**	**投入重量**	**× 100**
71.2%	＝	0.0616	÷	0.0865	× 100

■入れ子で取れば歩留は7%向上する

図表4・8は新規に順送プレス導入時の検討例である。1列から2列ブランクにすると歩留率は78.5%から84.1%に7.1%（(84.1% − 78.5%) ÷78.5%）向上し、それに生産量を乗じた分の材料費が節約できる代わりに、大型プレス設備が必要である。設備の耐用年数が5年なので、「(大型設備投資金額－小型設備投資金額）＜5年分の歩留節約金額」であれば、大型プレス設備投資の効果があると判断できる。

図表4・8　材料費の7.1％コストダウン

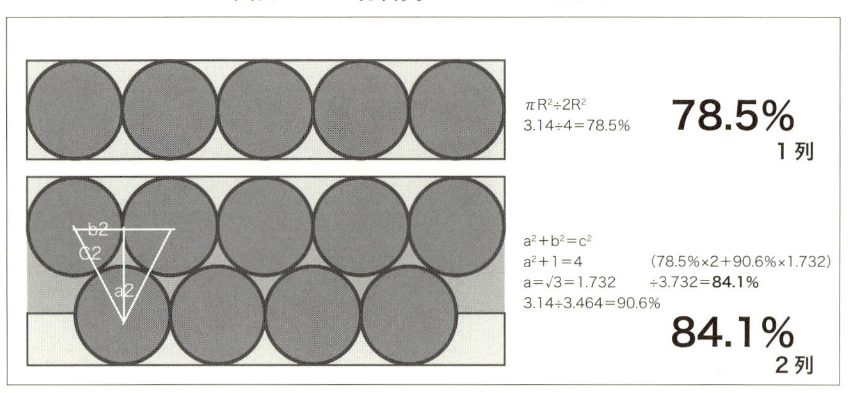

Step4　投入材料費を計算する（使用材料の形状・寸法・取り数決定）

製品形状は図面に描いてあるが、投入材料はない。最終的に材料費は投入材料費で決まるので、これまでの材質、寸法を満足する安い材料を選択したい。

図表4・9では単価マスターに登録されている定尺、準定尺のコイルと板材の中から、歩留率のよい順に並べ、最適材料を選択した事例である。それによると、採取可能な材料は切板で24種類、コイル材で12種類、合計36種類の

図表4・9　最適歩留となる材料の選択

NO　2　材 料 費 見 積	LELEL	●ローレベル品番
品 番 FPA110	月 産	208
品 名 フランジ-A	生産ロット	1500

材 料 重 量	製 品 重 量	材 料 費 計

NO	区	購	CODE	材料名・寸法	単位	歩留	仕込・肩	単　価	金　額
1	1	1							
			1　取数	1ヶ　2.60　×　510　×　710	mm				

	材　料	取数	枚/月	kg	歩留
1	準CO　1524×　510	2ヶ	104	1652	93%
2	準CO　1524×　510	2ヶ	104	1652	93%
3	準CO　1524×　510	2ヶ	104	1652	93%
4	準 板　3200×1524	12ヶ	17	1728	89%
5	準 板　2800×1524	10ヶ	21	1814	85%
6	準CO　1219×　710	2ヶ	104	1840	84%
7	準CO　1219×　710	2ヶ	104	1840	84%
8	準 板　3048×　524	10ヶ	21	1957	78%
9	準CO　914×　510	1ヶ	208	1982	78%

コイル(スリット巾　710)

1524

採取可能な材料は切板　24　種類

COIL　12　種類

位置づけ=[↓ ↑ +<」]　特寸=[-]　材料選択　NO

組み合わせがある。もっとも歩留率のよい93%が最適材料であるが、第5位の材料から取ると85%の歩留率になる。その差8%の違いであるが、最適材料を基準にすると8.6%（8%÷0.93）も材料代が高くなる。

また、投入材料は標準規格の材料を使うことでも安くなり、最適歩留の選択にかける手間は量産時に発生する材料歩留ロスの大きさを考えると決して惜しくはない。

Step5　スクラップ収入を計算する

工程で発生した歩留ロスは廃棄段階では次の4つのケースがある。

① 屑・スクラップがリターン材として再び使える場合

製造工程で端材による歩留ロスが発生しても、前工程にリターン材として再び使える場合は材料の歩留ロスはゼロである。

② 屑・スクラップとしてそのまま廃棄される場合

カレーのじゃが芋、人参、玉ねぎのように皮や茎に歩留ロスが出るがそのまま捨てられる場合で、投入材料費＝完成材料費になる。

③ 屑・スクラップとして売却できて屑・スクラップ収入になる場合

食パンの耳を取りサンドウィッチをつくると、食パン1斤の1面の耳を落とすと10%、4面あるので40%、さらに両端面を落とすと10%、合計50%が端材となる。重量で測定すると50%もあり、パン粉にして揚げ物の食材として、スティック菓子などの用途に使えば回収できる。端材も、回収できればムダがない。

④ 産業廃棄物として処理費がかかり、屑・スクラップ支出になる場合

代金を支払わないと回収してもらえない産廃であり、もっとも避けたい歩留ロスである。

以上のように、技術歩留ロスは投入材料と完成材料の差の中で、設計と生産技術に起因して発生するが、どの工程で発生する端材かが重要である。

Step6　製品1個に必要な材料費を計算する

■標準材料費の計算

以上で下記算式に基づいて材料費が計算できる。製品1単位当たりの材料費は投入材料費からスクラップ収入を差し引いて求める。

完成材料費＝投入材料費－スクラップ収入（スクラップ単価×スクラップ重量）

なお、上記算式はスクラップ代金として回収される場合の算式で、回収がない場合は投入材料費が完成材料費となる。逆に、スクラップが産業廃棄物となって回収に支払いを伴う場合は、下記算式となる。

完成材料費＝投入材料費＋スクラップ支払

いずれにしても、投入材料費がすべて完成材料費になることがベストである。下記の板金製品の場合はスクラップ収入として回収される場合の計算である。

材料名	単価		消費量			材料費		
	材料 円	スクラップ 円	投入重量 kg	完成重量 kg	歩留率 %	投入材料費 円	スクラップ収入 円	完成材料費 円
SPCC	100	10	0.0865	0.0616	71.2%	8.65	0.25	8.40

小数点第2位まで

■見積材料費の計算

設計担当者が、自身で設計した製品の材料費を見積るときは標準材料費の計算がよい。しかし、営業担当者が売価決定、値引き交渉を検討するときは、実際の材料費を推定したい。標準と実際の差異は不良と製造歩留ロスである。

レトルトは210g入りと表示されていても、実際はバラツキがあり、重量ピッタリの製品はできない。そこで、製造歩留率を「(標準重量×良品完成数)÷実際投入重量」で計算すると、「(210g×1,000個)÷214,000g＝98%」となったとすれば、製造歩留ロス率は2%である。また、不良は標準スペックからは外れるもので、不良率＝不良重量÷実際投入重量で計算する。レトルト1,000個中1個が不良であれば、「210g÷214,000g＝0.1%」の不良率になる。なお、単位を重量で計算したが本数、金額で計算する場合もある。こうして、次式に示すように、不良と製造歩留ロスを加味すると、実際材料費に近い見積材料費が計算できる。

見積材料費＝標準材料費÷（1－不良率・製造歩留ロス率）

4-3　設備費・金型治工具費の計算

(1) 部門別の変動費レートと固定費レート

部門別の変動費レートまたは固定費レートは第3章の図表3・5のように設定する。設定手順については第3章で解説済みである。

再掲載：図表3・5　変動費・固定費レート計算

単位：万円

費目		変動○ 固定×	配賦基準	合計	製造部門 1係	製造部門 2係	製造部門 3係	補助部門
労務費	給料	○	個別賦課	900	414	308	74	104
	賞与	○	個別賦課	200	67	67	33	33
	福利厚生費	○	人員	100	33	33	17	17
製造経費	水道光熱費	○	設備台数	250	75	100	75	0
	賃借料	×	面積	180	75	60	30	15
	減価償却費	×	面積	100	42	33	17	8
	修繕費	×	設備台数	50	15	20	15	0
	消耗品費	○	人員	20	7	7	3	3
計				1,800	728	628	264	180
補助部門		×	人員	180	72	72	36	
直接部門費計		変動費計		1,313	596	515	202	
		固定費計		487	204	185	98	
加工費レート		変動費レート円/HR		1,313	1,490	1,288	1,010	
		固定費レート円/HR		487	510	463	490	

(2) 設備費レートを計算する

加工費に占める設備費の比率は増大する。人手から機械に変わった場合、設備能力は人能力以上に能力差があり、それが明確である。原価計算の正確性から部門別原価計算が登場したように、部門をさらには設備別原価計算へと細分化する。見積原価計算をする場合、設備費を一般の固定加工費レートに含めず、別途に設備費レートを設定して見積原価に加味する。

設備費レートの算式は下記に示すとおりである。同じ能力の設備がある場合は最新の取得価格を用いる。耐用年数は法人税通達に出ている法定耐用年数ではなく、実態に合った経済耐用年数を用いる。操業度は実際の操業度ではなく、正常操業度である80%を用いる（20%は生産量変動による余裕）。

$$\text{設備費レート} = \frac{\text{取得価格} + (\text{固定資産税})}{\text{耐用年数} \times \text{年間稼働時間} \times \underset{\text{直・交替}}{\text{シフト}} \times \text{操業度}}$$

以上の設備レートを設定するのは、対象設備が汎用機（ロボット、NC・MC など）の場合であって、専用機の場合は次の型治工具費と同じ計算である。

(3) 設計開発費・型治工具費を計算する

■生産高比例で計算する

金型・治工具は経理上は2年償却であるが、見積原価計算では下記に示すように取得価額を生涯生産量で割って単位当たりの償却費とする。これは生産高比例法による減価償却費の計算方法であり、直接経費として、製品に直接賦課する原価計算方法をとる。なお、生産量が多く金型の寿命がきて新型をつくる（生涯生産数＞金型寿命数）場合には生涯生産数のかわりに金型寿命数が分母に来る。

$$\text{単位当たり金型・型治工具費} = \frac{\text{取得価格}}{\text{生涯生産量}}$$

設計開発費も金型・治工具費と同様に計算する。とくに、個別受注生産で設計開発を伴う場合は、製品固有の固定費として把握することができる。そのとき、設計開発費は一般の固定費レートに含めないで、下記算式に基づいて製品別に計算し直接賦課する。

$$\text{単位当たり設計開発費} = \frac{\text{設計開発費}}{\text{生涯生産量}}$$

$$\text{設計開発費} = \text{開発費レート} \times \text{設計開発工数}$$

分子の設計開発費は、製造部門で製品をつくるのと一緒で、開発費レートに×設計・開発工数で求める。開発費レートのつくり方は、設計開発部門を一製造部門とみなし、部門別加工費レートの設定で述べた手順をそのまま適用すればよい。

■開発費は一括回収と分割回収がある

設計開発費・型治工具費を回収するには、一括回収と分割回収がある。一括回収は最初の開発にかかった費用（イニシャルコスト）を一括して発注側負担とする方法である。この場合は金型・治工具を得意先へ売却したことになり、所有権が客先に移る。一方、分割回収は製品1個の価格に織り込んで回収する方法である。

消費財の場合は分割回収せざるを得ないが、生産財の場合はいずれの方法をとるかは顧客より指定されることが多い。予定販売量に至らなかったリスクを考えると、受注側は一括回収、発注側は分割回収を選びたい。

こうした受発注のお互いのリスクを避けるには、設計開発費・型治工具費を2年分の予定生産数で割って製品1個当たりの設計開発費・型治工具費を計算するやり方がある。2年とするのは金型・治工具の経理上の耐用年数に合わせた考え方である。この方法を採用すると2年間は設計開発費・型治工具費を1個当たりの価格に含めて回収するが、それ以降は価格に含めないやり方である。

4-4　標準加工費の計算

(1) 構成部品表：製品の構成を作成する

加工費計算の最後に行う工数・時間の見積はもっとも時間がかかる。設計者は製品設計を終えると構成部品表にまとめる。構成部品表にはサマリー方式とストラクチャー方式がある。サマリー方式は製品に使用する全部品を親子関係を2階層で一覧表にしたもので、組立順序は記載しない。一方、ストラクチャー方式は部品の親子孫関係の複数階層、組立順序まで記載したものである。前者を設計部品表、後者を生産部品表と呼称するときがある。

工数・時間見積は構成部品表を入手することから始める。カレーライスの場合は、レシピを参照して、使われる材料を図表4・10のように並べてみる。つくる順番をストラクチャー方式にするので、つくり方の手順がわからないと描けない。

図表4・10　カレーライスの構成

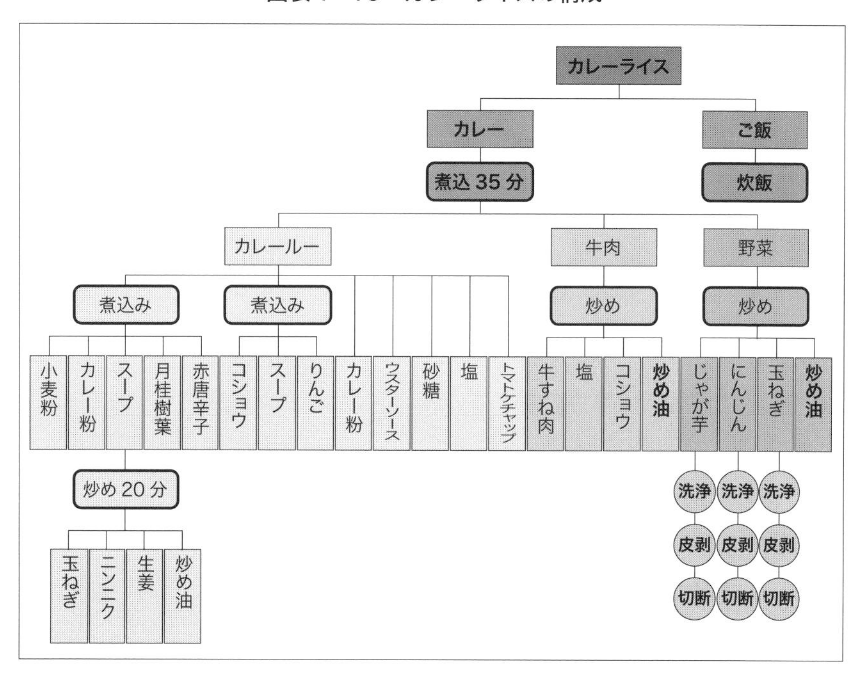

(2) 工程設計：単品ごとに工程を作成する

構成部品表で部品が集まるところに組立または加工工程がある。さらに最末端の部品に工程があり、部品図面に描いた条件をつくり出すのに必要な加工工程を設計する。これを工程設計と呼び、設計情報から製品をつくるために必要な最適な生産要素（材料、人、設備）を選択し、完成までの一連の加工プロセスを設計する。少ない工程・工数で製品ができ加工費が安くなるので、工程設計は生産技術者にとってコストダウンの腕の見せどころである。

カレーライスの場合は、カレールー、牛肉、野菜を混ぜるところに「煮込み工程」があり、肉は塩とコショウで味付けし、炒め油で先に炒めておく。野菜もじゃが芋、にんじん、玉ねぎを先に炒め油で炒めておく。じゃが芋、人参、玉ねぎ､炒め油を混ぜるところには「炒め加工」がある。さらに､最末端のじゃが芋、人参、玉ねぎ部品には「洗浄、皮剥、切断」という工程がある。炒め油はボルト、ナットに類する購入品なので、工程はない。

(3) 作業設計：標準作業手順を作成する

工程設計が終わると作業設計に移る。カレーライスをつくるときに使われる生産要素は、1人の人、2台のガス台、炊飯器という設備である。作業設計は、上記の工程をもっとも加工費が安くなる作業手順を作成することである。通常、最小の加工費はもっとも短い工数・時間でできる作業手順であり、これを標準作業手順とする。

下記は「おいしいご飯の炊き方」の標準作業手順である。「米を洗う作業は米を炊く30分以上前に行うこと」炊き上がったらすぐ食べるのではなく「蒸らしてほぐす」といった作業ポイントがある。

標準作業手順	ポイント
①米を洗う	：ボールに水を汲んでおき、米の入った容器に一気に入れる。ぬか臭さがしみ込まぬよう、さっとひと混ぜしてすぐに水を捨てる。もう一度繰り返す。米を炊く30分以上前に行う。
②米をとぐ	：手で軽く米をかき混ぜ、再び水を入れて捨てる。
③分量の水を注ぐ	：洗いあがった米に分量の水を注ぐ。
④米を炊く	：炊飯器の指示通りに炊く。炊く量にもよるが約30分。
⑤蒸らしてほぐす	：炊き上がったら13～14分蒸らし、しゃもじで底からふんわりと混ぜてほぐす。
⑥布巾をかける	：そのまま蓋をしておくと、湯気でご飯が水っぽくなるので、乾いた布巾を掛けて蓋をする。

(4) 加工時間を見積もる

標準作業手順が決まったら、それぞれの作業にかかる時間を見積もる。手順によっては、人・設備に待ち時間が生じるので、図表4・11の連合作業分析表を用いて、その組合わせを考える。連合作業分析表の棒グラフの白色部分を干渉ロスと呼び、人にも設備にも生じる待ち時間である。干渉ロスは標準の作業手順では避けられないロス時間のため、加工時間の中に含めて標準時間とする。なお、ライン作業の場合には各工程のサイクルタイムが合わないことにより発生するバランスロスがあるが、これも干渉ロスと同様な扱いである。こうして、カレーライスをルーからつくる場合の標準時間110分を見積る。
110分は4人前の調理時間であり、1人前は27.5分になる。

図表4・11　カレーライスの調理時間

分	人	ガス台1	ガス台2	炊飯器
0	米をとぐ			
5	ルー下拵え			30 水に浸す
15	20 玉ねぎ、ニンニク 生姜、炒め油 で炒める	20 炒め		
35	小麦粉、カレー粉 コショウ・スープ・りんご	煮込み		スイッチオン
45	牛肉炒め		牛肉炒め	30 炊飯
50	じゃが芋、人参 玉ねぎの下拵え			
60	野菜炒め		野菜炒め	
65	かき混ぜる	35 煮込み		14 蒸らす
79	ご飯をほぐす			ほぐす
80				保温
95	配膳準備			
100	ウスターソース・砂糖・塩	味付け		
105	配膳			

Q どの作業が標準作業・標準時間か

問1　下記は断裁作業の作業内容と時間値を、1～3人作業のレイアウトと連合作業分析表に描いたものである。下記の機械と人の標準時間を設定せよ。

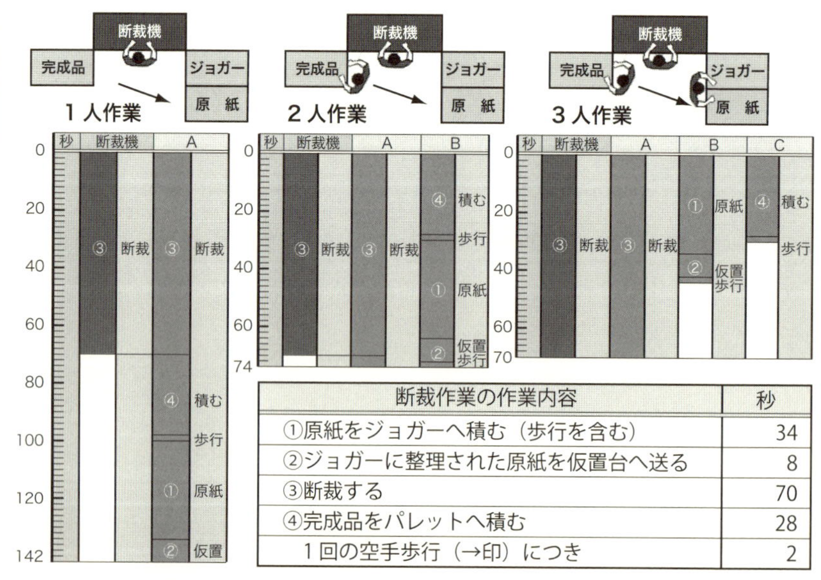

断裁作業の作業内容	秒
①原紙をジョガーへ積む（歩行を含む）	34
②ジョガーに整理された原紙を仮置台へ送る	8
③断裁する	70
④完成品をパレットへ積む	28
1回の空手歩行（→印）につき	2

・機械時間	（　　）秒	（　　）秒	（　　）秒
・配置人員	（　1　）人	（　2　）人	（　3　）人
・人　時間	（　　）秒	（　　）秒	（　　）秒

問2　上記の中で、下記の条件に合う作業はどれか。

①もっとも生産量が多い作業は（　　）人作業

②もっともコストが安い作業は（　　）人作業

③通常選択する標準作業は（　　）人作業…機械と人がもっとも効率よく使える作業

A

	1人作業	2人作業	3人作業
・機械時間	（ 142 ）秒	（ 74 ）秒	（ 70 ）秒
・配置人員	（ 1 ）人	（ 2 ）人	（ 3 ）人
・人　時間	（ 142 ）秒	（ 148 ）秒	（ 210 ）秒

①（3人）作業　機械時間が70秒でもっとも短いため生産量最大

②（1人）作業　作業員の手待ちがなく人時間が142秒でもっとも短いためコスト最小

③（2人）作業　機械時間と人時間に待ち時間がもっとも少ない

(5) 機械時間と人時間を求める

■標準時間の定義

米国のIE学者のM・E・マンデルは、標準時間を次のように定義している。

① 決められた方法と設備を用いて、

② 決められた作業条件のもとで、

③ その仕事に要求される特定の熟練度をもった作業者が、

④ その仕事について訓練され、肉体的に適するようになり、その職務を十分に遂行できると考えられる状態で、

⑤ 標準の速さで作業を行う時に、1単位の作業量を完成させるのに必要な時間

①、②は標準作業方法、③、④は作業員の適格性、⑤は標準の速さを述べている。標準時間は、歴史的に見れば賃金を決める公平な1日の仕事量（A Fair Days Work）の基準として発祥したため、人時間を意識した定義になっている。しかし、標準時間は賃金基準よりも管理基準としての役割が大きくなり、生産要素も人から機械に移ると、時間値も機械時間と人時間を管理基準として使い分けるようになった。

■機械の標準時間と人の標準時間

標準時間は、下記に示すように機械・ラインから完成して出る時間を機械時間として先に求め、機械時間×配置人員で人時間（工数）を求めるとよい。

機械時間（機械・ラインから完成して出る時間）		×	配置人員	＝	人時間（工数）
1台1人の配置人員	1分	×	1人	＝	1.0 分
1ライン5人配置	1分	×	5人	＝	5.0 分
1人2台持ち配置	1分	×	0.5人	＝	0.5 分

設備標準時間を単に標準時間、人標準時間を標準工数と呼んでもよいが、もともとの標準時間は人でも設備でも当てはまる用語なので、両者を区別するために、設備標準時間、人標準時間と呼称するとわかりやすい。設備標準時間は生産量がどれくらいできるかの基準となる時間で人標準時間は何人人がいるかまたは加工費を計算するための基準となる。

以上が工程設計・工数見積の概要であるが、この手順を全部品について行わなければならないとすると手間がかかる。そこで、代表的なものをこの手順で行い、似ているものは類似設計を使って簡素化する。

■標準時間は標準原価管理で活用

この手順の中で、人は「米を研ぐ」作業を最初に行っているが、ルーの下ごしらえから入ると110分の時間では終わらなくなる。それは炊飯時間が長くネック作業になるからである。すると、標準時間の達成率（標準時間×生産量／実績時間）を測定して、未達の場合は標準作業や標準作業ペースからの乖離をチェックする標準原価管理の世界に入る。

(6) 一単位の加工費を計算する

加工費は変動加工費と固定加工費に分けて、「レート×時間」で計算する。カレーライスを図表3・5の1係でつくったとすると、加工費は916.7円／個になる。

	レート／分		×	時間（分）	=	加工費／個
変動加工費	1,490円／時	（24.8円／分）	×	27.5（分）	=	682.9円／個
固定加工費	510円／時	（8.5円／分）	×	27.5（分）	=	233.8円／個
合　　計						916.7円／個

材料費と合計すると、ルーからつくる場合のカレーライス一人前、1,265.2円（材料費348.5＋加工費916.7）になる。

(7) 長サイクル作業の時間見積

■調達構造の展開と見積もり

これまで比較的短サイクルでできる製品の原価計算を取り上げてきた。しかし、個別受注生産になると設計から生産または工事が完了するまで何ヵ月もかかることがある。このような長サイクル作業はどのように原価計算するのか。

図表4・12　調達構造と工事構造

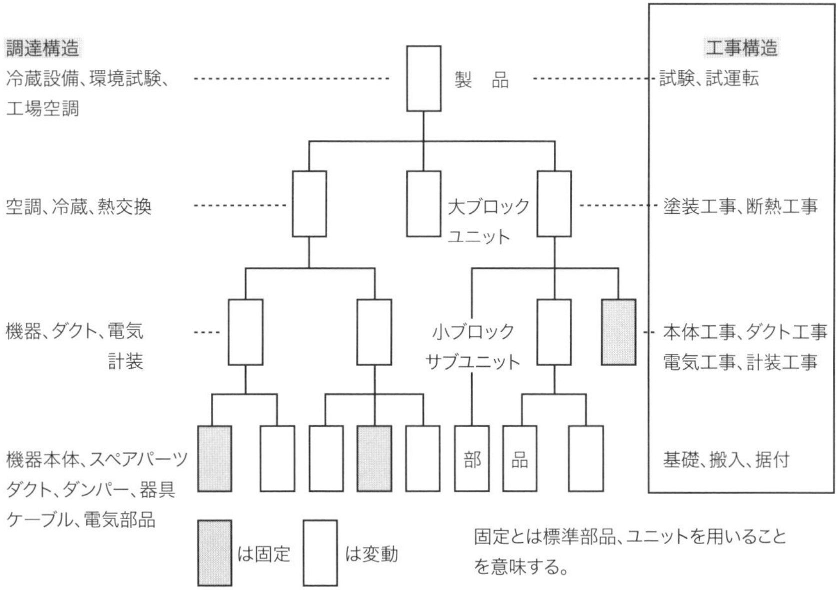

調達構造
冷蔵設備、環境試験、工場空調
製品
試験、試運転
工事構造
空調、冷蔵、熱交換
大ブロック
ユニット
塗装工事、断熱工事
機器、ダクト、電気計装
小ブロック
サブユニット
本体工事、ダクト工事
電気工事、計装工事
機器本体、スペアパーツ
ダクト、ダンパー、器具
ケーブル、電気部品
部品
基礎、搬入、据付
は固定
は変動
固定とは標準部品、ユニットを用いることを意味する。

図表4・12はプラントのストラクチャー方式の構成部品表であり、左辺には調達構造、右辺には工事構造を示した。調達構造は「単価×消費量」で材料費の見積と変わらないが、調達する単位が製品、ユニット構造であるものが多い。過去1年間の売上実績のABC分析、製品の成長性を考慮して対象となるモデル製品の図面から、上記の構成部品表を作成する。

そして、上位レベルの構成部品から、標準化（固定）部分とそうでない（変動）部分に分け、変動部分についてはさらに下位レベルで同様の検討を行う。調達構造のユニット・部品で単価／個を見積るには、固定部分はすでに実績があるので問題はないが、変動部分のユニットについては第6章のコストテーブルを作成する。

なお、設計段階のコストダウンにはより深いレベルまで展開を行うが、調達段階でのコストダウンでは、発注するレベルにとどめる。

■工事構造の展開と見積

工事構造は「加工費レート×時間」で計算する。加工費レートは工事（電工、鉄筋工、塗装工など）の種類別に日当たり単価の情報が出ているので参考にする。工事時間は、短サイクル作業に比べて、標準作業方法を決める作業設計と工数見積もりに労を要する。

その手順は① アクティビティの設定、② アクティビティ推定所要時間の計算、③ クリティカルパスの確定、④ 所要時間の計算、⑤ ガントチャートの作成、⑥ 負荷山積み、⑦ 負荷調整の7ステップで行う。なお、プロジェクトなどの市販ソフトを使うと便利である。

Step1 アクティビティの相互関係をネットワークに描く

アクティビティ（活動）とは、機能を異にする活動単位で、いくつかのプロセス（工程）から構成される。たとえば、基礎工事、据付工事、塗装工事…はそれぞれ目的機能を異にするアクティビティで、基礎工事はさらに掘削、砕石敷、型枠、鉄筋組、コンクリ打ち…のプロセス（工程）に分けられる。アクティビティ（活動）とそのイベント（工事）を下記符号を用いて、図表4・13のネットワークに描く。

・アクティビティ：活動 ――――→
作業の内容：対象プロジェクト内の時間を消費する作業である。
・イベント：工事　○　（Step4図は①→⑨のイベントからなる）
アクティビティの着手点および完了点での時間の区切りを表する
・ダミー　┈┈┈┈→
アクティビティ、イベント前後の関係の表示で時間値ゼロのアクティビティ

Step2　各アクティビティの推定所要時間の計算

各アクティビティの所要時間を見積り、図表4・13の工事に記入する。所要時間の見積りには第6章の工事時間テーブルを作成し、変動要因（面積、階数、部材数など）を入力すると時間値を推定するしくみをつくる。

Step3　クリティカルパスの確定

イベント終了までにもっとも時間がかかるネック工程を見つけ太線で示す。図表4・13ではイベント⑤の 37 時間は「25＋12時間」で求めている。

Step4　所要時間の計算：PERT：Program Evaluation and Review Technique

図表4・13　ネットワークに描く

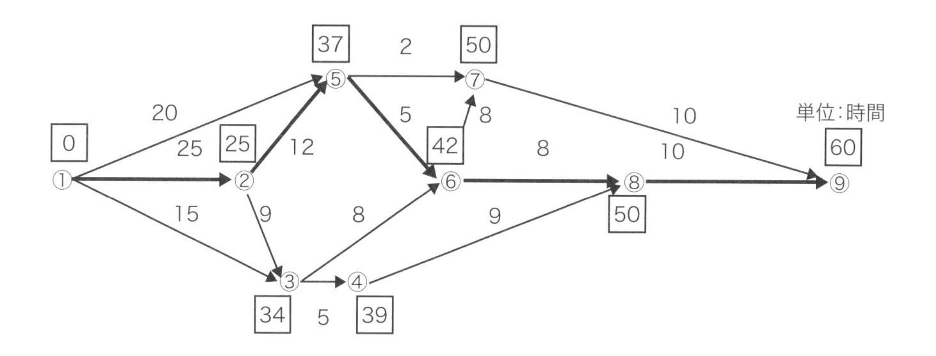

各アクティビティの中で、太線で描いたネックのアクティビティの所要時間を累計していくと60時間（25＋12＋5＋8＋10時間）になる。

Step5　ガントチャートを描く（図表4・11　連合作業分析の横型チャート）

図表4・14の縦軸はアクティビティ、横軸は時間を示す表に、ガントチャートに描く。中太線で工事時間を描くと、ネック工程（太線）、と干渉による待ち時間（白線）がわかる。

Step6　負荷山積みを計算する

図表4・14のガントチャートの下に工数を積み上げてみると、改善前は21～24時間帯が負荷が少なく、38時間帯の負荷が多い。これでは、工事工程管理がやりにくいので次の負荷調整を行う。

Step7　負荷・能力調整をする

図表4・14の改善後は負荷調整後のチャートである。各アクティビティの開始と終了日程をずらす日程調整、同時並行処理などの負荷調整、またはアクティビティへの投入人員を調整する能力調整を行って、工事工程管理が容易になるスケジュールに改善する。

図表4・14　工事ガントチャートによる負荷調整

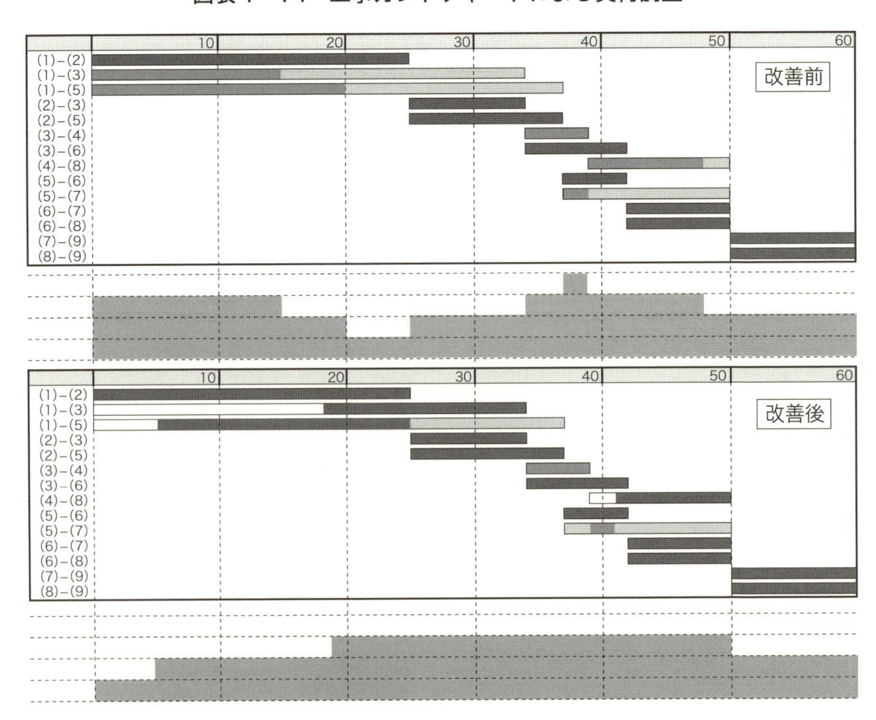

図表4・14の最下部は改善後の負荷が山形になる調整が行われている。

4-5　製品別の標準・見積原価計算

図表4・15は品番PA100：プーリーという自動車部品で、プーリー本体、ボス、ナットの3部品から構成される。それぞれの員数と工程は下記のとおりである。

図表4・15　プーリーの構成

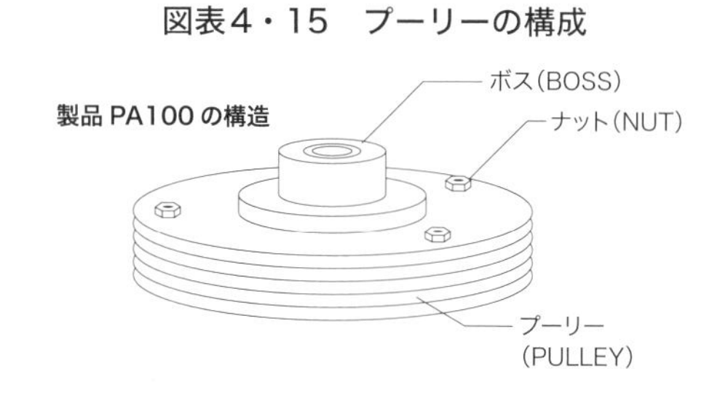

	員数	工　程
・プーリー本体	1	加工→成形→組立
・ボス	1	↑
・ナット	3	↑

(1) 製品別の材料費の計算

材料費の詳細見積の算式は「材料単価×消費量」である。

■見積データベースとして材料単価を事前に準備しておく（材料単価マスター）

PA100の材料費見積に必要な単価マスター情報だけ取り出すと図表4・16のようになる。

図表4・16　単価マスター情報

	費目区分	材質	購入単価 円	スクラップ単価 円	単位	比重
PA110 PULLEY	原材料費	SPCC	90.00	30.00	KG	7.85
PA120 BOSS	購入部品		25.23		個	
PA900 NUT	購入部品		1.00		個	

■個々の製品の材料費見積は、その都度材料消費量データを集める

PA100の材料費見積には図表4・17のようなデータが必要である。

図表4・17　材料費見積に必要な情報

	費目区分	材質	寸　法	単位	取数	員数
PA110 PULLEY	原材料費	SPCC	材料2.5×107×1100	mm	10	
			製品直径　105	mm		1
PA120 BOSS	購入部品					1
PA130 NUT	購入部品					3

■以上のデータに基づいて、1個当たり材料費を見積る

① 材質を決める（以下⑤までは部品PA110の見積である）

② 製品の単位当たり寸法、面体積、重量を計算する

完成品体積 ÷ kg換算 × 比重 ＝ 製品重量

板厚 × 半径^2 × 円周率

2.5 × 2,756 × 3.14 ÷ 1,000,000 × 7.85 ＝ 0.17

③ 投入材料の形状、寸法、取数を決める

④ 最適歩留となる材料を選択する

⑤ 投入重量を計算する

投入材料体積 ÷ kg換算 × 比重 ＝ 投入重量

板厚 × 幅 × 長さ

2.5 × 107 × 1100 ÷ 1,000,000 × 7.85 ＝ 2.31

⑥ スクラップ重量、歩留率計算：

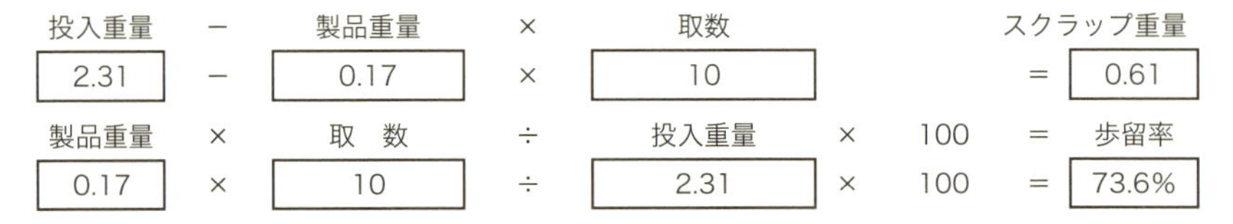

⑦ 投入材料費、スクラップ収入、見積材料費を計算する

図表4・18　投入材料費、スクラップ収入、見積材料費の計算

	投入材料費			スクラップ材料費			完成材料費	
	重量	単価	金額	重量	単価	金額	取数	一個当り
PA110 PULLEY	2.31	90.00	207.90	0.61	30	18.30	10	※ 18.96
PA120 BOSS	1.00	25.23	25.23					25.23
PA130 NUT	3.00	1.00	3.00					3.00
							合計	47.19

※（207.90円−18.30円）÷10個＝18.96円

(2) 製品別の加工費の計算

■変動費レートと固定費レートを見積る

図表4・19　変動費レートと固定費レート

単位：万円

			配賦基準	合計	製造部門			補助部門
					組立係	加工係	成形係	
			人　員	10	3	3	2	2
			実績工数	13,000	4,000	5,000	2,000	2.000
費　目		変動費○	設備台数	9	3	3	3	0
		固定費×	面　積	11	5	3	2	1
労務費	給　料	○	個別賦課	1,650	508	763	276	103
	賞　与	○	個別賦課	219	69	84	33	33
	福利厚生費	○	人　員	100	30	30	20	20
製造経費	水道光熱費	○	設備台数	249	83	83	83	0
	減価償却費	×	面　積	700	318	191	127	64
	修繕費	×	個別賦課	1,068	312	439	317	0
	消耗品費	○	人　員	100	30	30	20	20
計				4,086	1,350	1,620	876	240
補助部門			人　員	240	90	90	60	⇦
直接部門　変動費　計				2,142	720	990	432	
直接部門　固定費　計				1,944	720	720	504	
変動加工費レート　／秒				0.54	0.50	0.55	0.60	
固定加工費レート　／秒				0.49	0.50	0.40	0.70	

■設備費レートを見積る

図表4・20　設備費レート

設備費レートの算式	摘　要	加工係 200 T	成形係 PC1
取得価額 / (耐用年数×年間稼働時間×シフト×操業度)	取得価格（万円）	1,152	864
	耐用年数（年数）	5	5
	年間稼働時間	2,000	2,000
	シフト	2	2
	操業度	80%	80%
	設備費レート／秒	0.20	0.15

■金型・治具費を見積る

図表4・21　金型・治具費（1個当たり）

金型・治具の単位原価の算式	摘　　要	金型	治具
$\dfrac{\text{金型・治具の取得価額}}{\text{生涯生産量}}$	取得価格（万円）	100	30
	生涯生産数（万個）	100	100
	一個当り原価（円）	0.50	0.30
	備　　考	金型は共通型で、 ＰＡ 100 以外に 100 万個生産あり	

■加工費はレート／hrに製品別工程別の加工時間を乗じて計算する

■加工時間を見積る

個々の製品の加工費見積は、工程別の加工時間データを決める。PA100の加工費見積には**図表4・22**のようなデータが必要である。

① 製品の構成表を描き、工程をつくる。

図表4・22　加工費見積に必要なデータ

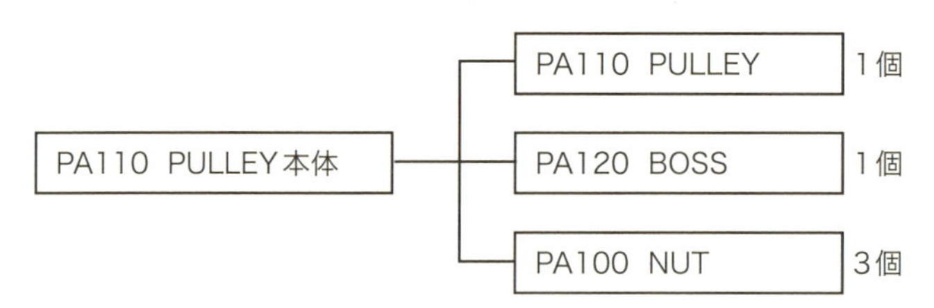

② 人が行うのか設備が行うのかを決める。

③ 作業方法と手順を決める。

④ 作業工数と時間を決める。

⑤ 生産ロットと段取り時間を決める。

図表4・23　データの内訳

	工　程	設　備	生産ロット	段取分	加工秒	配　員
PULLEY-COMP	組立係		100		25	1
PA110 PULLEY	加工係	200T	1,000	30	20	1
	成形係	PC1	1,000	10	18	2

■変動加工費と固定加工費を見積る

① 1個当たりの加工工数・時間を求める

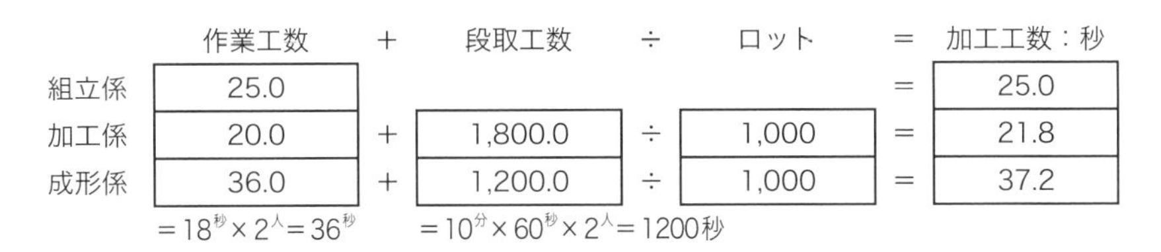

段取りは1ロットに1回発生する準備・後始末作業のことで下記算式で1個当たり時間に換算し、作業工数に加算する。

加工係	30分		×	60秒／分	÷　1,000ロット	＝1.8秒/個
成形係	10分	×2名	×	60秒／分	÷　1,000ロット	＝1.2秒/個

② 変動加工費は 加工工数×変動費レートで計算する

組立係	25.0秒	×	0.50／秒	＝	12.50円
加工係	21.8秒	×	0.55／秒	＝	11.99円
成形係	37.2秒	×	0.60／秒	＝	22.32円

③ 固定加工費は 加工工数×固定費レートで計算する
　設　備　費は 加工時間×設備費レートで計算する

加工係	21.8秒	×	0.20／秒	＝	4.36円
成形係	18.6秒	×	0.15／秒	＝	2.79円

図表4・24　変動加工費と固定加工費

	工　程	変動費			固定費			加工費
		時間	レート	金額	時間	レート	金額	1個当り
PULLEY-COMP	組立係	25.0	0.50	12.50	25.0	0.50	12.50	25.00
PA110 PULLEY	加工係	21.8	0.55	11.99	21.8	0.40	8.72	20.71
	200T				21.8	0.20	4.36	4.36
	成形係	37.2	0.60	22.32	37.2	0.70	26.04	48.36
	PC1				18.6	0.15	2.79	2.79
金　型　費		-	-	-	-	-	0.50	0.50
治　具　費		-	-	-	-	-	0.30	0.30
			合　計	46.81		合　計	55.21	102.02

Q 標準原価計算をやってみよう

問1　下記はプレス加工品の標準原価計算を行って一個当たりの原価を算定せよ。

問2　さらに改善を行って一個当たりの原価低減をせよ。

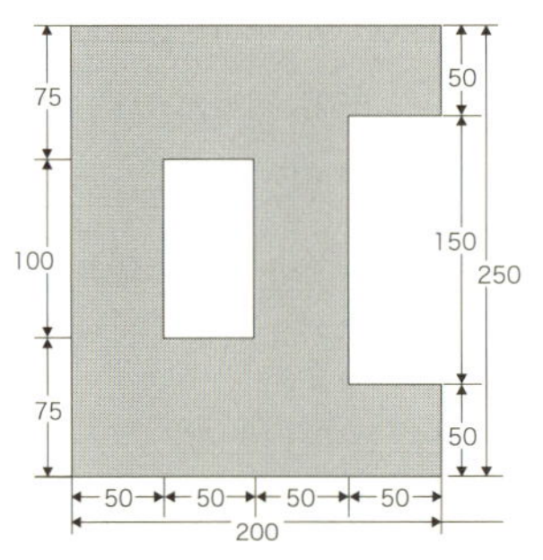

■材料単価マスター

	購入単価	スクラップ単価	単位	比重
SPC－1	100円	20円	KG	7.85

■加工費レートマスター

	工程	変動費レート	固定費レート
1係	プレス	23／分	25／分

■設備費レートマスター

設備	設備費レート
30Tプレス	／分

■下記のプレス品の見積原価を計算しなさい。

条件：材料	SPC－1
投入材料長	2,100mm
材料厚さ	1.00mm
たんざく代	2.5mm
打抜ピッチ代	2.5mm
金型：総抜型1個	800,000円
生涯生産量	1,000,000個

設備	30Tプレス
取得価格	5,760,000円
耐用年数	5年
年間稼働時間	2,000時間
シフト	2直
生産ロット	1,000個
段取時間	10.0分（2人）
加工時間	0.1分（2人）

■材料費計算

■加工費計算

■型・治工具費計算

A

見積用紙

作成年月日	品　　番	品　　名	材料費	加工費	型治具費	合　計
	AAA	プレス部品	39.52	11.22	0.80	51.54

■材料費計算

材料名	材料寸法	取数 コ	完成 kg	歩留 率%	投入材料			スクラップ材料			材料費
					重量	単価	金額	重量	単価	金額	
SPC-1	1×255×2100	10	0.2944	70.0	0.4204	100	42.04	0.126	20	2.52	39.52

完成材料重量＝（250mm×200mm－150mm×50mm－100mm×50mm）÷1,000,000
×7.85＝0.2944kg

投入材料重量＝1mm×255mm×2100mm÷1,000,000×7.85÷10＝0.4204kg

スクラップ重量＝0.4204kg -0.2944kg＝0.126kg

■加工費計算

No	係	工程	設備	ロット	1個当たり時間（分）				変動費		固定費		加工費
					段取	加工	人	計	レート	金額	レート	金額	
1	1	ブランク	30トン	1000	10	0.1	2	0.22	23	5.06	25	5.50	10.56
					10	0.1	1	0.11			6	0.66	0.66
										5.06		6.16	11.22

機械時間：加工時間0.1分＋段取時間10分÷1000ロット＝0.11

人　　時間：機械時間0.11分×配置人員2人＝0.22

設備レート：$\dfrac{\text{取得価格5,760,000円}}{\text{5年×2000時間×60分×2シフト×0.8操業度}}$

■型費・治工具費

No	係	工程	取得価額	生産数量	加工費
1	1	ブランク	800,000	1,000,000	0.80

問2　新レイアウトと新材料費計算

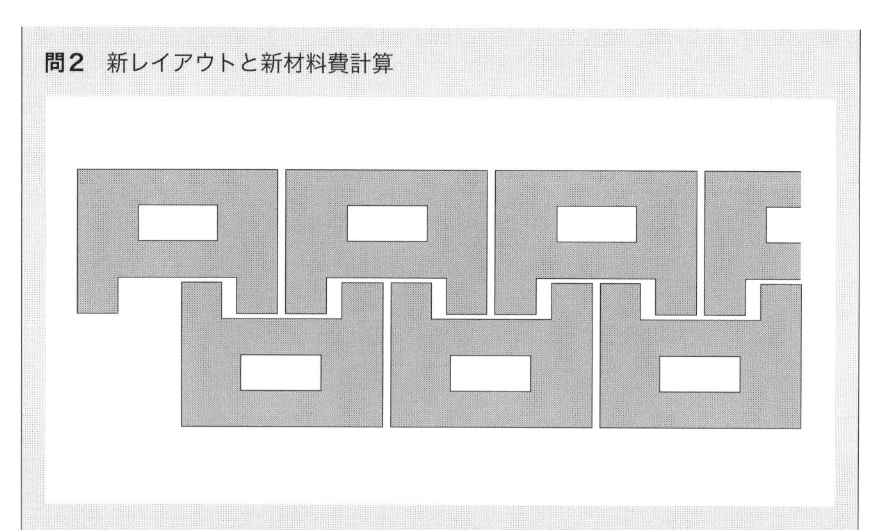

材料名	材料寸法	取数コ	完成kg	歩留率%	投入材料			スクラップ材料			材料費
					重量	単価	金額	重量	単価	金額	
SPC-1	1×353×1380	10	0.2944	75.8	0.3824	100	38.24	0.088	20	1.76	39.52

投入材料重量＝1mm × 353mm × 1380mm ÷ 1,000,000×7.85 ÷ 10＝0.3824kg

スクラップ重量＝0.3824kg − 0.2944kg＝0.088kg

第4章のまとめ

■ポイント

・事後原価計算は実績データがあり、①費目別、②部門別、③製品別の順に計算するが、事前原価計算は実績がなく、「単価×消費量」のデータを積み上げて計算する

・詳細見積・標準原価計算は、材料費、変動加工費、固定加工費、設備費、金型治工具費に分けて計算する

・材料費は重量・個数・面積などに比例し、「単価／kg個×kg個」で求める

・材料費計算では、投入材料と完成材料に差（歩留）のある場合の材料取り計算が重要である

・加工費は工数（人時間）または時間（機械時間）に比例し、「レート／Mh、Hr×工数・時間」で求める

・加工費レートは変動費・固定費別に、設備費レートは設備費の多い会社で設定する

・開発費、金型治工具費は生産高比例法により単位当たり償却費を計算する

・加工時間は工程設計、作業設計の結果で求める

・長サイクルの作業時間はパート手法を用いる

第5章 原価データとシステムのつくり方

—事前原価計算に必要なデータは何か—

目的別の原価・原価計算分類

目的＼手段		会計領域	**財務会計**	⇐過去	（現在）⇐ 管理会計		⇒（未来）	原価レベル		
		原価計算種類	事後原価計算	事前原価計算				実力値A	達成可能値B	理想値C
			実際原価計算	予定原価計算	見積原価計算		標準原価計算			
		原価種類	期間原価		製品原価（製品・部品・工程別）					
			実際原価A	**予定原価B**	**見積原価A**	**目標原価B**	**標準原価C**			
誰：評価	社長・経理	損益計算書	棚卸資産原価	（予想決算書）				○		
	事業部長	事業別原価計算	総原価	**事業戦略 業績管理**					○	
	部門長	部門別原価計算							○	
何：アクション	営業	顧客別原価計算	販売費・管理費	（販売予算）	**価格見積**			○		
	設計技術	製品別原価計算	売上原価		原価見積	**原価企画**	（標準消費量）			○
	生産技術	工程別 〃			（コストテーブル）	**コストリダクション**	（標準時間）			○
	購買	実際原価計算	仕入原価	**製造予算管理**			**標準原価管理**			○
	製造	・個別原価計算	製造原価				**コストコントロール**			○
		・総合原価計算	材料・労務・経費							○
管理可能性による分類 ⇒			埋没原価・機会原価	管理可能・不能費	増分原価	ライフサイクルコスト	管理可能・不能費			
原単位による分類 ⇒			単価×消費量	材料単価×消費量		加工費レート×時間		標準原価に一元化		
製品との関連分類 ⇒			直接費・間接費	材料費		加工費				
操業度との関連分類 ⇒				限界原価＝変動費			固定費			
原価の集計範囲分類 ⇒			全部原価	部分原価・直接原価計算			損益分岐点			

CONTENTS

今日、原価計算にコンピュータを用いない会社はない。コンピュータを用いた生産管理の基幹マスターには部品表：BOM（品目、構成、工程）がある。技術原価管理段階の原価企画完了後、材料消費量と標準時間が設定されると、それをBOMに登録する。さらに、標準消費量に材料単価を乗じると標準材料費が、標準時間に標準レートを乗じると標準加工費が計算される。こうして標準原価マスターが完成する。そして改善が行われれば、BOMと標準原価は同時にメンテナンスされる。

本章は、コンピュータで事前原価計算をする際に準備するデータの内容とその作成方法を解説する。また最後に、コストテーブル・時間テーブルの作成方法を記述する。

5-1　事前原価計算には粗さがある

(1) 原価見積にはどのような種類があるか

事前に原価を見積る際、早く見積ると見積誤差が大きくなり、正確に見積ると時間がかかる。そこで、早さと正確性のバランスを考えて、どの粗さで見積るかを決める。図表5・1は見積原価計算の粗さを示したものである。

見積の粗さには、構成部品レベルと原価集約レベルがある。構成部品レベルは、見積対象が製品、ユニット、部品のどのレベルかである。原価集約レベルとは見積対象となる製品、ユニット、部品をどこまでの原価費目に細分して見積るかである。見積はこの原価集約レベルによって概算見積、基本見積、詳細見積の3段階に分ける。迅速な見積には概算見積方向を、正確な見積には詳細見積方向の見積方法を選択する。

時刻表（データベース）と新幹線（運行システム）があると、数ヵ月前でも数秒〜数分の誤差で到着時刻を言い当てることができるように、原価見積も見積原価データと計算システムがあれば、速さと正確性の二兎を追うことができるようになった。

図表5・1　見積原価計算の粗さ

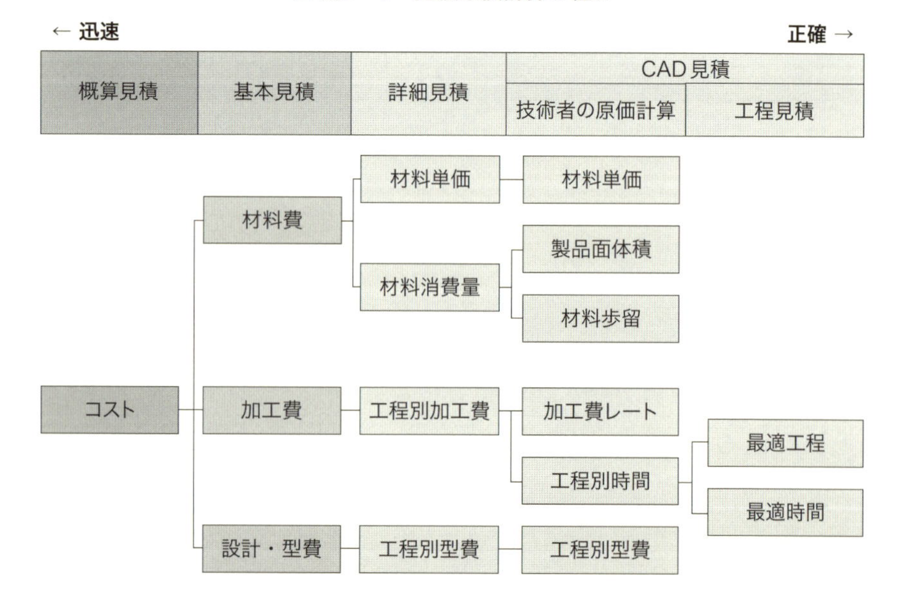

(2) 標準原価計算の算式

図表5・2　標準原価計算の算式

標準原価	=	単価	×	消費量
材料費	=	材料単価/kg	×	消費量（kg・個数）
変動加工費	=	変動費レート/Mr	×	工数
固定加工費	=	固定費レート/Mr	×	工数（正常操業度）
設備費	=	設備費レート/Hr	×	時間
金型治工具	=	取得価格	÷	生涯生産量

※上記算式のHrはHour：時間、MrはMan-Hour：工数の意味である。

図表5・2は標準原価計算の算式である。製品別の詳細原価を算定するには、材料単価マスター（材料単価／kg）と加工費レートマスター（加工費レート／Mr）および材料消費量資料や標準時間資料を事前に準備しておく。そして、原価計算したい製品の材料消費量と工数・時間をそのつど求めて、材料費であれば材料単価／kg×材料消費量／個、加工費であれば加工費レート／Mr×工数・時間／個で単位原価を計算する。技術者が必要とする原価計算レベルである。

以下は、算式に示す標準原価計算のデータベースとシステムの作成方法である。

(3) 原価計算システムとデータ

図表5・3　工順、標準原価、損益データの作成フロー

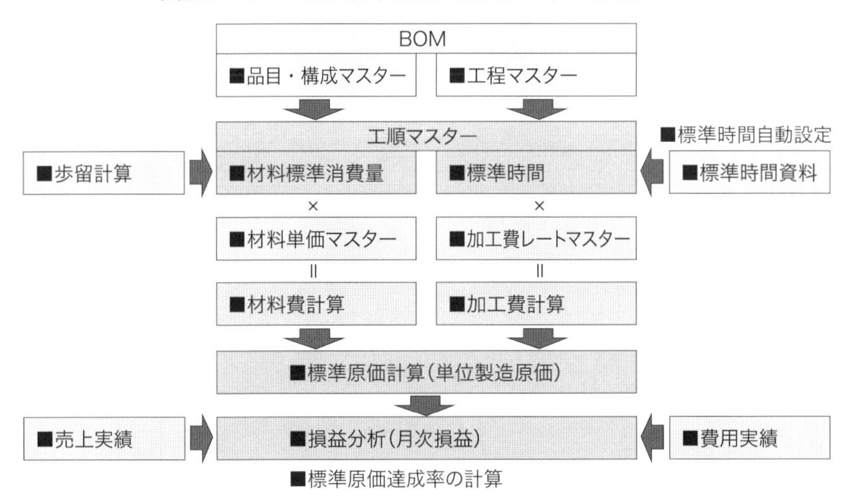

■工順マスター

図表5・3に原価計算システムで作成される工順、標準原価、損益データの作成フローを示した。生産管理の基幹マスターである部品表（BOM：Bill of materials）が、原価計算の出発点である。工順マスターは、部品表（品目、構成、工程）の中に原価計算の基礎となる物量データを集めたマスターである。

材料費は、材料投入量、完成量、屑量の歩留計算ができる消費量データを登録する。加工費は、工程・作業別の標準時間を設定するのに必要な縦・横・高さ寸法、部品点数、重量などの変動要因と、その算定結果である機械時間、配員、人時間のデータを登録する。

■標準原価計算（単位製造原価）・標準原価マスター

工順マスターの消費量データに単価を乗じると標準原価が計算できる。材料費の単価データには材料単価、屑単価、外注単価などがある。加工費の単価データには、部門別の変動加工費レート、固定加工費レート、設備別の設備費レート、金型費などがある。標準原価マスターは単価×消費量によって、単位当たりの標準原価を設定する。

■損益分析（月次損益）

標準原価マスターに登録された単位当たり標準原価に月産量を乗じると、月間の標準原価が計算できる。月間標準原価と月間実際原価を対比して標準原価の達成率を計算すると、営業での見積原価、製造の予算原価算定に必要な推定実際原価データが作成できる。また、製品別には、月間売上実績と月間製造原価を対比することによって、製品別の粗利、限界利益、付加価値が計算でき、製品別の利益改善に活用する。

5-2　工順マスターの作成

図表5・4上図はBOMの品目、構成、工程マスターより工順マスターを作成する手順を示している。インプットは（1）品目・構成と（4）工程を登録するBOMであり、（2）材料標準消費量を設定するために（3）歩留計算が、（5）標準時間を設定するために（6）標準時間自動設定プログラムと（7）標準時間資料が必要になる。アウトプットは工順マスターであり、品目情報、材料情報、製品・仕掛品情報、工程情報、標準時間情報をつくり出す。

図表5・4　工順マスター作成のI／O表

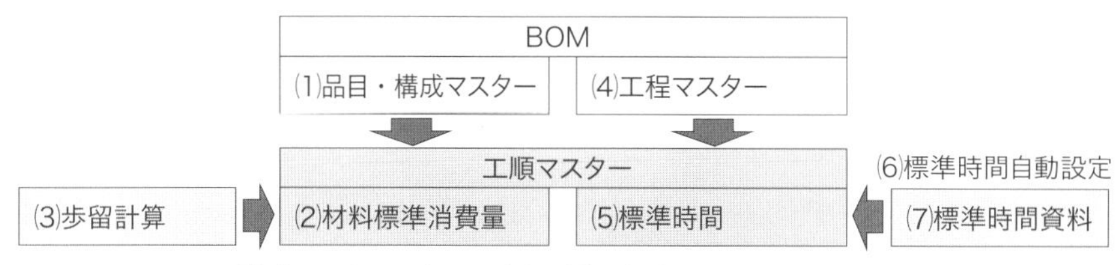

■品目・構成・工程マスター■歩留計算■標準時間資料　⇒　工順マスター

	OUTPUT 工順マスター		品目情報				材料情報							製品・仕掛品情報									工程情報				標準時間情報									
INPUT	BOM	Sub System	製品CD	版	子品番CD	レベルCD	鋼種CD	直径・厚 φmm	巾mm	長さ	切断長mm	取り数	投入質量Kg	鍛造後外径	鍛造後内径	鍛造後巾	肉厚	CR後外径	切断質量g	完成品質量g	副産物質量g	歩留率%	順位	部署CD	工程作業CD	機種CD	標準資料NO	X1	X2	X3	X4	X5	定数	配員	段取時間秒	加工時間秒
品目構成	製品CD		★																																	
品目構成	版			○																																
品目構成	子品番CD				○																															
品目構成	レベルCD					○																														
歩留		質量計算					○	○	○	○	○	○	◎						◎	◎	◎															
歩留		歩留計算											○							○	○	◎														
工程	製品CD		☆																																	
工程	順位																						★													
工程	部署CD																							★												
工程	工程・作業CD																								★		★									
工程	機種CD																									★	★									
標準時間資料		機種CD																									☆									
標準時間資料		工程作業CD																									☆									
標準時間資料		係数1												○	○	○	○	○	○	○								◎								◎
標準時間資料		係数2												○	○	○	○	○	○	○									◎							◎
標準時間資料		係数3												○	○	○	○	○	○	○										◎						◎
標準時間資料		係数4												○	○	○	○	○	○	○											◎					◎
標準時間資料		係数5												○	○	○	○	○	○	○												◎				◎
標準時間資料		定数																															○			◎
標準時間資料		配員																																○		◎
標準時間資料		段取時間秒																																	○	

図表5・4下図は縦軸に示す品目構成、歩留計算、工程、標準時間資料をインプットし、工順マスターをアウトプットするI／O表である。インプットとアウトプットのそれぞれの情報の交点の符号は★☆が検索キー、○は情報収集、◎は計算結果を示す。以下に同様なI／O表を3表作成したので、原価計算プログラムを作成する際には参考にされたい。ちなみに、例示したものはEXCEL作成のプログラムである。

(1) BOM：品目・構成マスター

・製 品 CD：品番はXX桁を登録する。

・版　　　　：設計・工程変更があった場合の履歴を示す。

・子品番CD：親子関係で登録する。

・員　　数：組立系では員数の入力が必要になる。(図表5・5にはない)

・レベルCD：部品展開時、最終品番をローレベルコードで判定する。

図表5・5　工順マスター1

品目情報				材料情報							製品・仕掛品情報								
製品CD	版	子品番CD	レベルCD	鋼種CD	直径・厚 φ mm	巾 mm	長さ mm	切断長 mm	取り数	投入質量 Kg	鍛造後外径 mm	鍛造後内径 mm	鍛造後巾 mm	肉厚 mm	CR後外径 mm	切断質量 g	完成質量 g	副産物質量 g	歩留率 %
AAAAA	2	AAAAA		SAC1	50		7,000	32.53	211	107.84	72.6	56.2	17.2	16.4	81.0	501.1	221.0	244.1	91.0%
BBBBB	1	BBBBB		SUJ2	40		7,000	40.65	168	69.02	64.2	48.5	18.0	7.9	72.8	400.8	187.0	172.0	87.4%
CCCCC	15	CCCCC		SUJ2	40		7,000	42.14	162	69.02	62.8	45.8	19.9	8.5	72.6	415.5	216.6	161.0	88.6%
DDDDD	7	DDDDD		SUJ2HRS	40		7,000	42.14	162	69.02	62.8	45.8	19.9	8.5	72.6	415.5	217.0	161.0	88.7%

→ (3)材料歩留の自動計算　⇒　計算結果

(2) 材料標準消費量の手計算（図表5・5の太枠を直接入力）

・鋼 種 CD：JIS規格、材料単価マスターの検索キーになる。

・投入質量：投入g／個を入力する。(図表5・5は総質量)

・完成質量：完成g／個を入力する。工程別に重量が変化する場合がある。

・屑 質 量：投入g／個－（完成g／個＋副産物質量g／個）を計算する。

・歩 留 率：(完成質量g＋副産物質量g）÷投入質量g）×100で歩留率を計算する。

(3) 材料歩留の自動計算

下記は図表5・5の製品CD AAAAAの計算例である。

・鋼 種 CD：JIS規格、材料単価マスターの検索キーになる。

・材料情報：直径、幅、長さmm

・切 断 長：切断質量gより下記算式で切断長を計算する。

切断質量g÷（(0.1×直径／2)^2×3.14×比重)×10

501.1g÷（(0.1×50mm／2)^2×3.14×7.85）×10＝32.53mm

・取 り 数：長さmm÷切断長mm－端材mm（小数点以下切捨て）

7,000mm÷32.53mm－4mm ＝211個

・投入質量：棒材：直径／2mm^2×3.14×長さmm÷1,000,000×比重

6.25mm^2×3.14×7,000mm÷1,000,000×7.85 ＝107.84kg

板材：厚みmm ×幅mm×長さmm÷1,000,000×比重

・完成質量：図面より（製品体積mm^3÷1,000,000×比重） 221.00g

・屑 質 量：(投入質量÷取り数）－（完成質量g＋副産物質量g)

(107,840g÷211個）－（221.0g＋244.1g) ＝45.99g

・歩 留 率：(完成質量g＋副産物質量g）÷（投入質量g÷取り数）×100

(221.0g＋244.1g）÷（107,840g÷211個）×100 ＝91.0％

(4) BOM：工程マスター

・順 位：初工程より、1番から連番で入力する。

・部 署 CD：工場・部・課・係の順に入力する。

・工程・作業：工程コード、作業コードはJIS規格で作成する。

・機 種 CD：設備コードを入力する。手作業の場合H符号である。

図表5・6　工順マスター2

製品CD	工程情報								標準時間情報									
	順位	工場	部署CD 部	課	係	工CD	作業CD	機種CD	標準時間資料NO	X1	X2	X3	X4	X5	定数	配員 人	段取時間 秒	加工時間 秒
AAAAA	1	01	10	10	10	F	F	H5	H5FF	0.03	-0.15	-0.05	0.15	0.05	0.40	2.73	2,454	0.43
	2	01	10	30	11	A	M	P1	P1AM	-1.17	5.04	-0.86	-1.08	5.87	0.44	0.20	1,200	8.24
	3	01	10	30	20	S	S	S1	S1SS	0.60	-0.20	-0.09	0.19	0.00	0.14	0.38	312	0.63
	4	01	10	20	20	C	R	CR11	CR11CR	7.61	17.41	-9.39	2.36	0.00	-7.71	0.18	5,664	10.28
	5	01	20	20	10	Q	A	QE02	QE02QA	0.00	0.00	0.00	0.00	0.00	0.43	0.50	40	0.43
	6	01	20	20	10	Q	K	QE02	QE02QK	0.00	0.00	0.00	0.00	0.00	0.43	0.50	40	0.43
BBBBB	1	01	10	10	10	F	F	H1	H1FF	0.24	0.19	0.14	0.53	-0.12	-0.64	2.73	3,268	0.34
	2	01	10	30	10	A	M	C3	C3AM	0.88	0.48	0.00	-0.09	0.00	-0.20	0.38	540	1.07
	3	01	10	30	20	S	S	S3	S3SS	0.50	-0.18	-0.09	0.16	0.00	0.14	0.72	312	0.53
	4	01	10	20	20	C	R	CR13	CR13CR	7.96	15.65	-8.30	1.13	0.00	-7.71	0.18	5,664	8.73
CCCCC	1	01	10	10	10	F	F	H1	H1FF	0.25	0.19	0.16	0.53	-0.12	-0.64	2.73	3,268	0.36
	2	01	10	30	10	A	M	C1	C1AM	1.04	0.41	0.33	0.00	0.00	-0.43	0.38	540	1.35
	3	01	10	30	20	S	S	S2	S2SS	0.58	-0.18	-0.10	0.16	0.00	0.14	0.38	378	0.60
	4	01	10	20	20	C	R	CR5	CR5CR	-0.21	-1.61	5.14	2.63	0.00	1.11	0.18	5,664	7.06
	5	01	20	20	17	Q	N	QN01	QN	16.33	-5.23	8.20	-2.06	0.00	-14.80	1.00	0	2.45
DDDDD	1	01	10	10	10	F	F	H4	H4FF	1.08	0.09	-0.01	1.11	-0.79	-1.04	2.73	3,340	0.44
	2	01	10	30	10	A	M	C1	C1AM	1.04	0.41	0.33	0.00	0.00	-0.43	0.38	540	1.35
	3	01	10	30	20	S	S	S2	S2SS	0.59	-0.18	-0.10	0.16	0.00	0.14	0.38	378	0.60
	4	01	10	20	20	C	R	CR5	CR5CR	-0.21	-1.61	5.14	2.63	0.00	1.11	0.18	5,664	7.06
	5	01	20	20	17	Q	N	QN01	QN	16.33	-5.23	8.20	-2.06	0.00	-14.80	1.00	0	2.44

図表5・5が入る

⑸標準時間直接入力

⑹標準時間の自動計算

(5) 標準時間の手計算（図表5・6の太枠を直接入力する場合）

・配　　員：同期ラインまたは連合作業の場合は標準配員、グループ作業の場合はグループ投入人員が配員になる。

個人作業の場合の配員は1である。

・段取時間：標準時間は時間研究（ビデオスタディ）による。

・加工時間：標準時間は時間研究（ビデオスタディ）による。

(6) 標準時間の自動計算（標準時間資料の活用）（図表5・7）

図表5・7　工順マスター１（図表5・5と同じ）

品目情報				材料情報							製品・仕掛品情報									工程情報								
製品CD	版	子品番	レベル	鋼種CD	直径・厚 φ mm	巾 mm	長さ mm	切断長 mm	取り数	投入質量 Kg	鍛造後外径 mm	鍛造後内径 mm	鍛造後巾 mm	肉厚 mm	CR後外径 mm	切断質量 g	完成品質量 g	副産物質量 g	歩留率 %	順位	工場	部署CD 部	課	係	工程CD	作業CD	機種CD	NO 標準時間資料
AAAAA	2	AAAAA		SAC1	50		7,000	32.53	211	107.84	72.6	56.2	17.2	16.4	81.0	501.1	221.0	244.1	91.0%	1	01	10	10	10	F	F	H5	H5FF

・変動要因入力：上記太枠のX1 ～ X5までの変動要因を入力する。

	X1	X2	X3	X4	X5
変動要因	切断長、	鍛造後外径、	鍛造後巾、	鍛造後内径、	切断質量
変動要因値	32.53mm	72.6mm	17.2mm	56.2mm	501.1g

・標準時間資料NO：機種＋工程CD+作業CDで自動設定する。
H5　F　F

・標準時間資料検索：NOに基づき標準時間資料を検索する。

図表5・8　標準時間資料（図表5・9の太線部分）

・加工時間：1個当たり加工秒を（ΣX1 ～ X5係数×変動要因数）＋定数値で計算する。

機種CD	工程CD	作業CD	タイプ	変動要因							係数					
				X1	X2	X3	X4	X5	配置	段取(秒)	X1	X2	X3	X4	X5	定数
H5	F	F		切断長	鍛造後外径	鍛造後巾	直径・厚φmm	切断質量	2.73	2454.30	0.0009	-0.0020	-0.0027	0.0029	0.0001	0.3957

標準時間資料	X_1	± X2	± X3	± X4	± X5	± 定数	＝ Y
係　数	0.0009	−0.0020	− 0.0027	+ 0.0029	+ 0.0001	+ 0.3957	
	×	×	×	×	×		
変動要因	32.53mm	72.6mm	17.2mm	56.2mm	501.1g		
	‖	‖	‖	‖	‖		
標準時間	0.03	−0.15	−0.05	＋0.15	＋0.05	＋ 0.40	＝ 0.43秒

標準時間情報									
標準時間資料NO	X1	X2	X3	X4	X5	定数	配員 人	段取時間 秒	加工時間 秒
H5FF	0.03	-0.15	-0.05	0.15	0.05	0.40	2.73	2,454	0.43

※上記は図表5・6　工順マスター２の製品CD AAAAAの標準時間自動計算結果である。

(7) 標準時間資料（時間テーブル）の登録

・機種、工程CD、作業CD、タイプを入力する。

・変動要因名：X1 ～ X5の名称を入力する。

・配　　　員：1台の機械・ラインに配置する人員を入力する。

・段取時間（秒）：1ロットに1回発生する準備、後始末作業である。過去の実績よりデータ収集

・変動要因係数X1〜X5、定数値（太線は上記計算に使用した算式である）

図表5・9　標準時間資料

機種CD	工程CD	作業CD	タイプ	変動要因					係数							
				X1	X2	X3	X4	X5	配置	段取(秒)	X1	X2	X3	X4	X5	定数
H02	F	F	P	切断長	鍛造後外径	鍛造後巾	直径・厚φmm	切断質量	2.73	9803.40	0.0000	0.0000	0.0000	0.0000	0.0000	1.3080
H02	F	F		切断長	鍛造後外径	鍛造後巾	直径・厚φmm	切断質量	2.73	8550.00	0.0000	0.0000	0.0000	0.0000	0.0000	1.1248
H1	F	F	P	切断長	鍛造後外径	鍛造後巾	直径・厚φmm	切断質量	2.73	5652.60	0.0134	0.0017	0.0051	0.0399	-0.0005	-1.4538
H1	F	F		切断長	鍛造後外径	鍛造後巾	直径・厚φmm	切断質量	2.73	3267.90	0.0060	0.0030	0.0078	0.0132	-0.0003	-0.6415
H3	F	F	P	切断長	鍛造後外径	鍛造後巾	直径・厚φmm	切断質量	1.72	6436.80	0.0439	0.0151	-0.0042	0.0121	-0.0044	-0.8144
H4	F	F	P	切断長	鍛造後外径	鍛造後巾	直径・厚φmm	切断質量	2.73	5861.40	0.0067	-0.0039	-0.0028	0.0008	0.0002	0.7689
H4	F	F		切断長	鍛造後外径	鍛造後巾	直径・厚φmm	切断質量	2.73	3339.60	0.0256	0.0015	-0.0005	0.0277	-0.0019	-1.0377
H5	F	F	P	切断長	鍛造後外径	鍛造後巾	直径・厚φmm	切断質量	2.73	4636.80	0.0014	-0.0015	-0.0037	-0.0040	0.0004	1.0876
H5	F	F		切断長	鍛造後外径	鍛造後巾	直径・厚φmm	切断質量	2.73	2454.30	0.0009	-0.0020	-0.0027	0.0029	0.0001	0.3957
H6	F	F	P	切断長	鍛造後外径	鍛造後巾	直径・厚φmm	切断質量	1.46	[illegible]	0.0100	0.0065	0.0037	-0.0053	-0.0008	0.1953
H7	F	F	P	切断長	鍛造後外径	鍛造後巾	直径・厚φmm	切断質量	1.46	[illegible]	[illegible]	[illegible]	0.0013	0.0011	-0.0003	0.1159
H8	F	F	P	切断長	鍛造後外径	鍛造後巾	直径・厚φmm	切断質量	[illegible]	[illegible]	[illegible]	[illegible]	[illegible]	-0.0065	-0.0002	0.7095
H8	F	F		切断長	鍛造後外径	鍛造後巾	直径・厚φmm	切断質量	[illegible]	[illegible]	[illegible]	[illegible]	[illegible]	0.0106	0.0002	0.1924
C1	A	M		完成品質量g	鍛造後外径	鍛造後巾			0.38	540.00	0.0048	0.0065	0.0168			-0.4323
C2	A	M		完成品質量g	鍛造後外径	鍛造後巾	鍛造後内径		0.38	540.00	0.0047	0.0075	0.0001	-0.0019		-0.1007
C3	A	M		完成品質量g	鍛造後外径	鍛造後巾	鍛造後内径		0.38	540.00	0.0047	0.0075	0.0001	-0.0019		-0.1989
C4	A	M		完成品質量g	鍛造後外径	鍛造後巾	鍛造後内径		0.38	540.00	0.0055	0.0056	-0.0003	0.0005		-0.2437
C5	A	M		完成品質量g	鍛造後外径	鍛造後巾	鍛造後内径		0.38	540.00	0.0046	0.004	-0.0044	0.0005		-0.0985
C6	A	M		完成品質量g	鍛造後外径	鍛造後巾			0.38	540.00	0.0048	0.0065	0.0168			-0.4323
C7	A	M		完成品質量g	鍛造後外径	鍛造後巾			0.38	540.00	0.0048	0.0065	0.0168			-0.4323

(6)の計算に使われた
標準時間資料算式

5-3　標準原価計算マスターの作成

(1)　材料単価マスター（主材料、購入部品、包装材料）

材料は主材料である鋼材のほかに、購入部品、包装材料など会計費目が異なるごとに単価マスターを作成する。

■材料単価マスター（図表5・11左）

・仕入先CD：仕入先コードが複数ある場合、仕入先ごとに単価を区分する。

・鋼　種　CD：1桁目は材料種類がわかる表意コードとする。

・鋼　　　種：材料名は現場で使っている用語を使用する。

・材料寸法：棒材（直径・厚、幅、長さmm）、板材（厚み×幅×長さ）

・単価円／kg：下記単位での材料単価を登録する。

複数単価（標準単価、実際単価、時期による単価）を登録する

図表5・10　標準原価マスター作成のI／O表

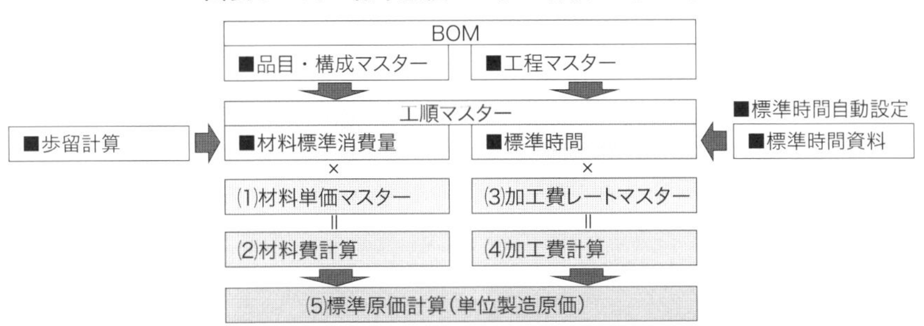

■工順マスター■材料単価マスター■加工費レートマスター　⇒　標準原価マスター

	OUTPUT 標準原価マスター		製品CD	材料費					工程				レート			標準時間				加工費						製造原価
INPUT	工順マスター	単価マスター		鋼種CD	仕入先CD	材料単価	投入質量	材料費	順位	部署CD	工程作業CD	機種CD	変動費レート	固定費レート	設備費レート	月産数	生産ロット	機械時間	人時間	外注費	変動費	固定費	設備費	金型費	加工費計	
品目構成	製品CD		★			○	○	◎					○	○	○	○	○	○	○	◎	◎	◎	◎	◎	◎	◎
	版		☆																							
	子品番CD		☆																							
	レベルCD		○																							
	材料情報			★																						
材料情報	直径・厚　φmm				☆																					
	巾mm				☆																					
	長さ				☆																					
	切断長mm																									
	取り数						○																			
	投入質量　Kg						○																			
製品仕掛品情報	鍛造後外:径																									
	鍛造後内径																									
	鍛造後巾																									
	肉厚																									
	CR後外径																									
	切断質量g							○																		
	完成品質量g							○																		
	副産物質量g							○																		
	歩留率%																									
工程情報	順位								○																	
	部署CD									★																
	工程作業CD										★															
	機種CD											★														
標準時間情報	標準資料NO																									
	X1																									
	X2																									
	X3																									
	X4																									
	X5																									
	定数																									
	配員																		○		○	○				
	段取時間秒															○	○	○	◎		○	○	○			
	加工時間秒																	○	◎		○	○	○			
材料単価		仕入先CD			★																					
		鋼種CD		☆																						
		直径・厚　φmm			☆																					
		巾mm			☆																					
		長さ			☆																					
		単価				○		○																		
外注単価		仕入先CD		★																						
		製品CD	★																							
		工程順位							★																	
		工程								★																
		単価																		○				○		
		単位																		☆				☆		
加工費レート		部署CD								☆																
		工程・作業CD									☆															
		変動費レート											○								○					
		固定費レート												○								○				
		機種CD										☆														
		設備費レート													○								○			

・単　　　位：単価／本、単価／kgなど単位が異なるときには必要である。
・屑　単　価：屑単価がある場合（別途屑単価マスターを作成することがある）。
・単価メンテ：複数単価（単価1、単価2、単価3）を登録しておくとメンテナンスが容易である。図表5・11では単価1を選択している。

■外注単価マスター（図表5・11右）

外注単価のほとんどは、特定製品、特定工程に紐付く。
・仕入先CD：職種を示す表意コードにするとよい。
・製　品　CD：外注は特定製品に紐付くため製品CDが必要である。
・工程順位：外注は特定工程に紐付くため工程順位が必要である。
・工　程　CD：外注は特定工程に紐付くため工程CDが必要である。
・単　価　円：下記単位での外注単価を登録する。
・単　　　位：単価／個、単価／kgなど。

図表5・11　材料単価・外注単価マスター

材料単価マスター　選択 1

仕入先CD	鋼種CD	直径・厚	巾	長さ	円/kg	単価1	単価2	単価3
07004	AUJ1	16.0		7,000	113.00	113.00		
07042	AUJ1	18.0		7,000	112.00	112.00		
07003	AUJ1	18.0		7,000	115.00	115.00		
07004	AUJ1	20.0		7,000	115.00	115.00		
07003	AUJ1	23.0		7,000	109.00	109.00		
07003	AUJ1	32.0		7,000	102.00	102.00		
07004	AUJ1	32.0		7,000	102.00	102.00		
A	AUJ1EX	18.0			102.00	102.00		
07004	KUJ2	32.0		7,000	102.00	102.00		
07004	KUJ2	36.0		7,000	102.00	102.00		
07004	KUJ2	38.0		7,000	102.00	102.00		
07004	KUJ2	40.0		7,000	102.00	102.00		
07004	KUJ2	44.0		7,000	102.00	102.00		
07004	KUJ2	50.0		7,000	102.00	102.00		
07031	MT21	23.0		7,000	161.00	161.00		
07031	MT21	30.0		7,000	154.00	154.00		
07031	MT21	32.0		7,000	154.00	154.00		
07031	MT21	38.0		7,000	154.00	154.00		
07001	NKJ65	32.0		7,000	105.00	105.00		
07001	NKJ65	55.0		7,000	89.00	89.00		

外注単価マスター

仕入先CD	製品CD	工程順位	工程CD	単価円	単位
08001		4		18.00	個
08002		2		20.00	kg
08003		1		8.40	個
08003		1		5.60	個
08004		1		6.25	個
08004		1		6.00	個
08004		1		4.00	個
08004		5		23.00	個
08004		5		23.00	個
08004		5		17.00	個
08005		4		44.50	個
08005		4		45.00	個
08005		4		3.50	個
08005		4		3.00	個
08005		4		3.30	個
08005		4		3.50	個
08005		4		26.37	個
08005		4		19.32	個
08005		3		4.55	個
08005		3		11.66	個

(2) 材料費を計算する（図表5・12）

・製　品　CD：登録順に表示する。

・材料単価：材料コードに該当する材料単価を材料単価マスターより検索表示する。

・投入材料費：材料単価×投入材料kg＝98.00円／kg×0.2429kg＝23.80円

・屑　収　入：屑単価×屑重量kg

・材　料　費：投入材料費－屑収入

・外　注　費：製品CD、工程順位、工程CDに合致する単価を外注単価マスターより検索表示する。

図表5・12　標準原価マスター1

製品CD	材料費					工程・作業					レート			標準時間				外注費
	鋼種CD	仕入先CD	材料単価	投入質量kg	材料費	順位	部署CD	工程	作業	機種CD	変動費レート	固定費レート	設備費レート	月産数	生産ロット	機械時間	人時間	
AAAAA	SAC1	07019	98.00	0.2429	23.80	1	01101010	F	F	H5	1.96	0.63	2.32	0	0	0.43	1.17	
						2	01103011	A	M	P1	1.23	0.51	0.12	0	0	8.24	1.62	
						3	01103020	S	S	S1	1.23	0.51	0.05	0	0	0.63	0.24	
						4	01102020	C	R	CR11	1.35	0.53	0.06	0	0	10.28	1.80	
						5	01202010	Q	A	QE02	0.64	0.10	0.02	0	0	0.43	0.22	
						6	01202010	Q	K	QE02	0.64	0.10	0.02	0	0	0.43	0.22	
BBBBB	SUJ2	07004	93.00	0.2140	19.90	1	01101010	F	F	H1	1.96	0.63	1.13	10,800	10,800	0.65	1.76	
						2	01103010	A	M	C3	1.23	0.51	0.54	10,800	10,800	1.12	0.43	
						3	01103020	S	S	S3	1.23	0.51	0.13	10,800	10,800	0.56	0.41	
						4	01102020	C	R	CR13	1.35	0.53	0.09	10,800	10,800	9.25	1.62	
CCCCC	SUJ2	07004	93.00	0.2444	22.73	1	01101010	F	F	H1	1.96	0.63	1.13	245,579	81,860	0.40	1.09	
						2	01103010	A	M	C1	1.23	0.51	0.42	245,579	81,860	1.36	0.52	
						3	01103020	S	S	S2	1.23	0.51	0.12	245,579	81,860	0.60	0.23	
						4	01102020	C	R	CR5	1.35	0.53	0.05	245,579	81,860	7.13	1.25	
						5	01202017	Q	N		0.64	0.10		245,579	81,860	2.45	2.45	
DDDDD	SUS2HRS	07004	109.00	0.2446	26.66	1	01101010	F	F	H4	1.96	0.63	1.33	3,578	10,734	0.76	2.06	
						2	01103010	A	M	C1	1.23	0.51	0.42	3,578	10,734	1.40	0.54	
						3	01103020	S	S	S2	1.23	0.51	0.12	3,578	10,734	0.63	0.24	
						4	01102020	C	R	CR5	1.35	0.53	0.05	3,578	10,734	7.59	1.33	
						5	01202017	Q	N		0.64	0.10		3,578	10,734	2.44	2.44	

(3) 加工費レートマスター（図表5・13）

・部署コード：工場・部・課・係の順に入力する。

・変動加工費レート：部門別変動費÷部門別就業工数

・固定加工費レート：部門別固定費÷部門別就業工数

・設備費レート：取得価格÷（耐用年数×年間稼働時間／直×直×操業度80%）

図表5・13　加工費レートマスター

加工費レート

工場	部	課	係	部署名	標準レート 変動費	標準レート 固定費
01	10	10	10		1.96	0.63
01	10	20	10		0.75	0.11
01	10	20	20		1.35	0.53
51	10	10	10		0.80	0.36
51	10	10	20		1.96	0.63
51	10	10	30		0.75	0.11
51	10	10	40		1.20	0.55
01	10	20	11		0.75	0.11
01	10	30	10		1.23	0.51
01	10	20	12		0.75	0.11
01	10	20	13		0.75	0.11
01	10	20	14		0.75	0.11
01	10	30	11		1.23	0.51
01	20	20	10		0.64	0.10
01	20	20	11		0.64	0.10
01	20	20	12		0.64	0.10
01	20	20	13		0.64	0.10

設備費レート

工程・作業 工CD	工程・作業 作業CD	工程	作業内容	設備レート 機種CD	設備レート 設備費
A	A			H02	2.43
A	B			H1	1.13
A	C			H3	0.62
A	H			H4	1.33
A	J			H5	2.32
A	K			H6	0.63
A	M			H7	0.94
A	N			H8	0.94
A	O			C1	0.42
A	S			C2	0.54
A	T			C3	0.54
B	S			C4	0.53
B	1			C5	0.73
C	Q			C6	0.73
C	R			C7	0.72
C	S			P1	0.12
D	D			P2	0.12

(4) 加工費を計算する（図表5・14）

・(2) 材料費計算の続きで、順位、部署CD、工程・作業CD、機種CDの登録より開始。

・変動費レート、固定費レート、設備費レートを図表5・13加工費レートマスターより○印の値を検索表示している。

変動費レート：部署CD 01101010の1.96円／秒を検索

固定費レート：部署CD 01101010の0.63円／秒を検索

設備費レート：機種CD H5　　　　の2.32円／秒を検索

・平均月産数の入力により経済ロットを計算する（下記は生産がないため0である)。

年1度、年間生産量より標準経済ロットをメンテナンスする。

・機械時間秒 0.43秒、人時間秒 1.17秒は工順マスターより転記している。

図表5・14　標準原価マスター２

製品CD	材料費					工程・作業					レート			標準時間					加工費					
	鋼種CD	仕入先CD	材料単価	投入質量kg	材料費	順位	部署CD	工程	作業CD	機種CD	変動費レート	固定費レート	設備費レート	月産数	生産ロット	機械時間個/秒	人時間個/秒	外注費	変動費	固定費	設備費	金型費	計	製造原価
AAAAA	SAC1	07019	98.00	0.2429	23.80	1	01101010	F	F	H5	1.96	0.63	2.32	0	0	0.43	1.17		2.29	0.74	1.00		4.03	27.83
						2	01103011	A	M	P1	1.23	0.51	0.12	0	0	8.24	1.62		1.99	0.82	1.02		3.83	3.83
						3	01103020	S	S	S1	1.23	0.51	0.05	0	0	0.63	0.24		0.30	0.12	0.03		0.45	0.45
						4	01102020	C	R	CR11	1.35	0.53	0.06	0	0	10.28	1.80		2.43	0.95	0.57		3.95	3.95
						5	01202010	Q	A	QE02	0.64	0.10	0.02	0	0	0.43	0.22		0.14	0.02	0.01		0.17	0.17
						6	01202010	Q	K	QE02	0.64	0.10	0.02	0	0	0.43	0.22		0.14	0.02	0.01		0.17	0.17
BBBBB	SUJ2	07004	93.00	0.2140	19.90	1	01101010	F	F	H1	1.96	0.63	1.13	10,800	10,800	0.65	1.76		3.45	1.11	0.73	0.88	6.17	26.07
						2	01103010	A	M	C3	1.23	0.51	0.54	10,800	10,800	1.12	0.43		0.53	0.22	0.60		1.35	1.35
						3	01103020	S	S	S3	1.23	0.51	0.13	10,800	10,800	0.56	0.41		0.50	0.21	0.08		0.79	0.78
						4	01102020	C	R	CR13	1.35	0.53	0.09	10,800	10,800	9.25	1.62		2.19	0.86	0.86	1.03	4.94	4.93
CCCCC	SUJ2	07004	93.00	0.2444	22.73	1	01101010	F	F	H1	1.96	0.63	1.13	245,579	81,860	0.40	1.09		2.13	0.68	0.45	0.96	4.22	26.95
						2	01103010	A	M	C1	1.23	0.51	0.42	245,579	81,860	1.36	0.52		0.64	0.26	0.58		1.48	1.48
						3	01103020	S	S	S2	1.23	0.51	0.12	245,579	81,860	0.60	0.23		0.28	0.12	0.07		0.47	0.47
						4	01102020	C	R	CR5	1.35	0.53	0.05	245,579	81,860	7.13	1.25		1.68	0.66	0.33	1.03	3.70	3.70
						5	01202017	Q	N		0.64	0.10		245,579	81,860	2.45	2.45		1.57	0.24			1.81	1.81
DDDDD	SUS2HRS	07004	109.00	0.2446	26.66	1	01101010	F	F	H4	1.96	0.63	1.33	3,578	10,734	0.76	2.06		4.03	1.30	1.01	0.96	7.30	33.96
						2	01103010	A	M	C1	1.23	0.51	0.42	3,578	10,734	1.40	0.54		0.66	0.27	0.60		1.53	1.53
						3	01103020	S	S	S2	1.23	0.51	0.12	3,578	10,734	0.63	0.24		0.30	0.12	0.07		0.49	0.50
						4	01102020	C	R	CR5	1.35	0.53	0.05	3,578	10,734	7.59	1.33		1.79	0.70	0.35	1.03	3.87	3.87
						5	01202017	Q	N		0.64	0.10		3,578	10,734	2.44	2.44		1.56	0.24			1.81	1.81

図表5・12　標準原価マスター１

・製品CD AAAAAを下記のように計算する。

・変動費：((段取時間×配員）／ロット＋（加工秒×配員))×部門別変動費レート

1.17秒×1.96円／秒＝2.29円

・固定費：((段取時間×配員）／ロット＋（加工秒×配員))×部門別固定費レート

1.17秒×0.63円／秒＝0.74円

・設備費：((段取時間／ロット）＋　　加工秒)　　　×設備費レート

0.43秒×2.32円／秒＝1.00円

・金型費：金型費マスターより転記する。

・加工費：変動費＋固定費＋設備費＋金型費

2.29＋0.74＋1.00＋0.00＝4.03円

(5) 製品別標準原価を自動作成する

・製造原価：材料費＋加工費　　23.80＋4.03＋0.00＝27.83円

5-4　損益分析表の作成

図表5・15　損益分析表作成のI／O表

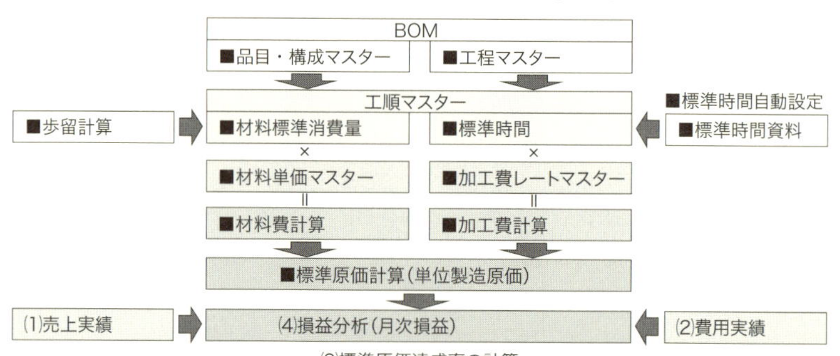

■標準原価マスター■売上実績■費用実績　⇒　損益分析

INPUT	OUTPUT 損益分析 標準原価マスター	売上実績 費用実績	先 意 得: 月	得意先	タイプ	品番CD	数量	売上高	製造原価: 材料費	外注費	変動加工費	固定加工費	設備費	金型費	製造原価	利益・利益率: 付加価値	付加価値率	限界利益	限界利益率	粗利益	粗利益率
	達成率								◎	◎	◎		◎	◎	◎						
材料費	製品CD					★										◎	◎	◎	◎	◎	◎
材料費	鋼種CD																				
材料費	仕入先CD																				
材料費	材料単価																				
材料費	投入質量																				
材料費	屑単価																				
材料費	屑質量																				
材料費	材料費								○												
工程	順位																				
工程	部署CD																				
工程	工程作業CD																				
工程	機種CD																				
レート	外注費									○											
レート	変動費レート																				
レート	固定費レート																				
レート	設備費レート																				
時間	月産数																				
時間	生産ロット																				
時間	機械時間																				
時間	人時間																				
加工費	変動費										○										
加工費	固定費											○									
加工費	設備費												○								
加工費	金型費													○							
加工費	加工費計																				
加工費	製造原価														○						
前工程費	外注費										○										
前工程費	変動費																				
前工程費	固定費											○									
前工程費	設備費												○								
前工程費	金型費													○							
売上実績		得意先CD		★																	
売上実績		タイプ			○																
売上実績		品番CD				☆															
売上実績		単価																			
売上実績		月	★																		
売上実績		数量					○														
売上実績		売上高						○													
費用実績		月	★																		
費用実績		材料費							○												
費用実績		外注費								○											
費用実績		設備償却費											○								
費用実績		金型費												○							
費用実績		その他									○	○									

(1) 売上実績集計

・月　　　　：月別の売上実績を把握する（販売ファイル・データ）。
・得意先CD：得意先マスターに記載されている得意先コードを検索する。
・タ　イ　プ：事業別、地域別などに分類したいときに付与する。
・製　品　CD：標準原価マスターとマッチングさせる検索キーである。
・数　　　量：生産量、販売量、製品在庫量を把握する場合がある。
・売　上　高：総売上高－値引高（詳細は営業担当・得意先別に把握）
・単　　　価：売上高÷販売数量

図表5・16　売上実績集計

得CD	タイプ	製品コード	単価	出荷数量											
				4月	5月	6月	7月	8月	9月	10月	11月	12月	1月	2月	3月
				30,668,851	31,213,669	31,905,119	31,877,283	28,597,113	31,019,529	35,822,385	34,054,759	31,690,571	30,200,856	34,740,474	35,339,854
01	FC	BBBBB													
01	FC	CCCCC													
01	FC	DDDDD		売　上　高											
01	FC	EEEEE		4月	5月	6月	7月	8月	9月	10月	11月	12月	1月	2月	3月
01	FC	FFFFF		1,125,880	1,143,952	1,192,958	1,225,931	1,076,734	1,173,884	1,383,015	1,323,283	1,210,023	1,149,736	1,283,061	1,322,588
01	FC	GGGGG													
01	FC	HHHHH													
01	FC	IIIII													
01	F	JJJJJ													
01	FC	KKKKK													
01	FC	LLLLL													
01	FC	MMMMM													
68	FC	NNNNN													
68	FC	OOOOO													
04	FCT	PPPPP													

(2) 費用実績集計

・月　　　　　：月別の費目別費用実績を把握する（財務ファイル・データ）。
・材　料　費：月初材料在庫金額＋材料仕入金額－月末材料在庫金額
・外　注　費：外注支払金額を集計する。
・金　型　費：（金型製作費＋外部購入費）＋金型維持費
・設備償却費：設備の減価償却費だけを抜き出して計算する。
・そ　の　他：上記以外の費用である。

図表5・17　費用実績集計

費目	4月	5月	6月	7月	8月	9月	10月	11月	12月	1月	2月	3月
計	1,041,295,922	978,984,539	1,115,448,044	1,153,843,962	1,002,927,521	1,099,819,063	1,233,415,113	1,233,634,886	1,175,565,105	988,299,033	1,190,017,780	1,249,652,778
材料費												
賃金給料												
賞与												
外注費												
外注加工費												
法定福利費												
福利厚生費												
減価償却費												
減価償却費（設備）												
賃借料												
リース料												
保険料												
修繕費												
水道光熱費												
電力費												
消耗品費												
租税公課												
油代												
金型費												
A重油												
研修費												

(3) 標準原価達成率の計算

製品別実際原価などを計算するために標準原価の達成率を費目別に計算しておく。下記は1年分の達成率を計算しているが、月次では達成率のバラツキが大きい。

・材料費達成率：Σ標準材料費÷実際材料費

6,926,836千円÷7,257,065千円＝ 95%

材料費達成率は通常、標準よりやや低目の値であるが、金額は大きい。差が大きいときは仕掛在庫の誤差である。

・外注費達成率：Σ標準外注費÷実際外注費　475,283 ÷ 290,311＝164%

・金型費達成率：Σ標準金型費÷実際金型費　813,898 ÷ 975,516＝ 83%

1,289,181÷1,265,827＝102%

外注費と金型費の会計費目の入り組みがある。

・設備費達成率：Σ標準設備費÷実際設備償却費　622,355÷622,320＝100%

・その他達成率：Σ（標準変動費＋標準固定費）÷その他実際費用

(2,190,144＋717,213)　÷　4,317,691　＝ 67%

加工費達成率は通常、上記のような数値であり、標準時間の達成率が悪い。

・合計達成率：Σ標準原価÷Σ実際原価　　11,745,709÷13,462,904＝ 87%

(4) 損益分析（図表5・18）

・付 加 価 値：売上高－材料費－外注費
・付加価値率：付加価値÷売上高
・限 界 利 益：売上高－変動費（材料費・外注費・変動加工費・変動販売費）
・限界利益率：限界利益÷売上高
・粗　利　益：売上高－製造原価＝粗利益・売上総利益
・粗 利 益 率：粗利益÷売上高
・営 業 利 益：売上高－製造原価－販売費・一般管理費＝営業利益
・営業利益率：営業利益÷売上高

図表5・18　損益分析

4から3月までの期間を集計　　**損益分析**

得意先CD	タイプ	製品CD	売上高	生産	製造原価						合計	利益・利益率					
					材料費	外注費	変動加工費	固定加工費	設備費	金型費	千円	付加価値		限界利益		粗利益	
				達成率	95%	164%	67%		100%	83%	87%	金額	%	金額	%	金額	%
			千円	実際原価	7,257,065	290,311	4,317,691		622,320	975,516	13,462,904	7,063,527	48%	3,998,293	27%	1,148,000	8%
			14,610,903	標準原価	6,926,836	475,283	2,190,144	717,213	622,335	813,898	11,745,709	7,252,304	50%	5,018,573	34%	2,865,126	20%
01	FC		400,193	3,078,000	245,035	0	54,570	17,140	21,079	21,361	359,185	155,158	39%	100,587	25%	41,007	10%
02	F		339,762	15,542,388	204,438	0	44,312	14,547	13,984	22,536	299,818	135,325	40%	91,012	27%	39,944	12%
86	FTP		217,368	1,285,200	44,342	0	35,227	8,949	15,018	13,559	117,094	173,026	80%	137,800	63%	100,274	46%
89	FCP		211,062	462,040	15,084	105,026	24,951	10,635	2,950	7,836	166,483	90,952	43%	66,001	31%	44,579	21%
01	F		172,700	1,369,184	112,895	0	16,380	4,788	5,800	6,860	146,723	59,805	35%	43,426	25%	25,977	15%
01	F		164,412	3,104,500	105,133	0	23,331	6,834	6,375	9,189	150,862	59,280	36%	35,949	22%	13,550	8%
90	FC		157,482	2,186,600	98,552	0	21,389	6,624	7,468	5,729	139,762	58,931	37%	37,542	24%	17,720	11%
01	F	JJJJJ	144,213	4,511,363	85,010	0	12,783	4,374	5,375	4,370	111,911	59,203	41%	46,420	32%	32,302	22%
68	FC		131,976	967,631	79,047	0	17,464	5,471	6,805	6,744	115,532	52,929	40%	35,465	27%	16,444	12%
25	F		131,340	3,843,713	85,813	3,565	19,010	5,243	5,433	11,108	130,173	45,527	35%	22,952	17%	1,167	1%
01	FC	OOOOO	127,542	2,946,953	66,977	0	18,567	5,812	4,190	5,873	101,418	60,565	47%	41,999	33%	26,124	20%
73	FT		123,890	1,126,461	36,522	58,778	4,114	1,322	869	2,737	104,342	28,590	23%	24,477	20%	19,549	16%
02	F		122,920	5,541,987	67,395	0	14,298	4,652	5,709	8,202	100,255	55,525	45%	41,227	34%	22,665	18%
05	F		120,978	3,736,200	98,831	0	8,385	2,695	2,775	5,716	118,403	22,147	18%	13,761	11%	2,575	2%
01	FC		110,819	1,538,277	64,845	0	16,983	5,360	4,402	8,860	100,451	45,974	41%	28,991	26%	10,368	9%
04	FCT	PPPPP	108,764	1,368,000	36,273	0	11,848	3,148	4,595	2,731	58,595	72,491	67%	60,644	56%	50,169	46%

5-5　コスト・時間テーブルのつくり方

(1) コストテーブルの作成手順

図表5・19は建築費とマンションの価格を算定するコストテーブルである。建築費は床面積の150m^{2}を入力すると建築費31,309千円が算定できる。マンションの変動要因は場所と広さと階数である。床面積75m^2、官報(政府刊行物)掲載の土地の市価710千円、階数2階を入力すると64,677千円が算定できる。これがコストテーブルである。

図表5・19　建築費とマンションのコストテーブル

	床面積 ㎡	地価 千円/㎡	階数	算式
建築費	150	—	—	230千円×床面積－3,191千円
マンション	75	710 練馬区	2	737.78千円×床面積 ＋　9.46千円×地価 ＋　4.69千円×階数 ＋2,617.26千円

建　築　費：230千円×150㎡－3,191千円＝**31,309千円**（図表5・23）
マンション：737.78×75㎡＋9.46×710千円
＋4.69× 2階+2617.26＝**64,677千円**（図表5・25）

コストテーブルの作成手順は**図表5・20**右に示すが、コストテーブルの使用目的によってその粗さが異なる。コストテーブルの使用目的は図表5・20左に示すものである。この中で概算、基本、詳細見積の粗さがあり、生産技術が見積る工程別の加工時間がもっとも詳細な粗さであり、これを時間テーブル・標準時間資料と呼ぶ。

図表5・20 コストテーブルの目的と作成手順

目的・用途

概算見積
営業が受注段階で見積価格を提示する

基本見積
購買が外注単価を査定する
設計が目標とする原価を設定する

詳細見積
設計か部品の材料消費量を見積もる
生技が工程別の加工時間を見積もる

作成手順

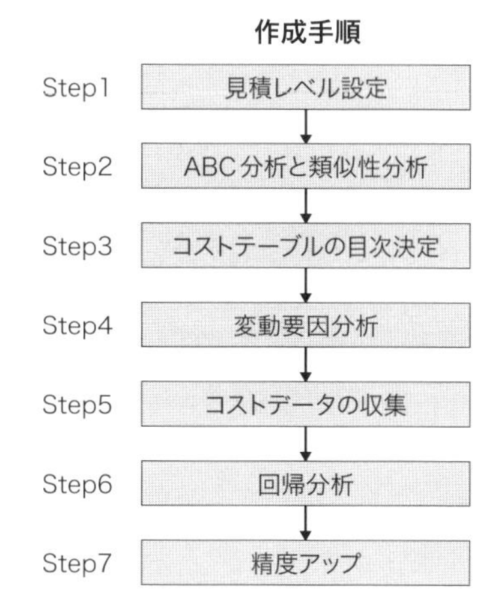

Step1 見積レベルの決定

建築費、マンションの例で示した概算見積、基本見積に必要なコストテーブルのつくり方について述べよう。

・マンションという製品はキッチン、リビング、ダイニング、バス、トイレ、玄関などのユニットに分けることができる。
・キッチンユニットは収納、流し、換気などのサブユニット。
・流しサブユニットは流し、水道、レンジなどの部品に構造を分けることができる。
・場合によっては工程や作業にまで分解することもある。

コストテーブルはいずれのレベルでも作成できるが、一般に概算見積では、いきなり製品単位に原価を見積る。基本見積では、ユニットやサブユニット単位に材料費と加工費を分けて見積る。もっとも細かいレベルは生産技術で、製品別・工程別の時間を見積るコストテーブルを持つ。これは時間・工数という物量データであり、時間テーブルまたは標準時間資料と称する。

Step2、3 ABC分析・類似性分析と目次の決定

製品と見積レベルのマトリックス表を作成し、コストテーブルの作成対象ユニットを選定する。図表5・21では縦軸にマンションの製品種類、横軸には見積レベルとしてユニットがリストされている。

製品別の年間売上を調べ、金額の大きい順に並べると、通常20％の品目で売上金額の80％に達するので、全製品をリストアップしなくてもよい。金額の大きい製品は見積頻度も多いので、コストテーブル作成対象としたい。

図表5・20の個別受注の場合は、1DK、2DK、3DKのようにタイプ別に分類して、売上タイプの多いものをコストテーブル作成対象とする。

図表5・21　ABC分析と類似性分析

製品	売上金額	見積レベル・ユニット							
		キッチン	リビング	ダイニング	バス	トイレ	玄関	和室	洋室
1DK	売上金額の大きい順↓	○		○	○	○	○		○
2DK		○		○	○	○	○	○	○
2LDK		○	○	○	○	○	○	○	○
3DK		○		○	○	○	○	◎	○
3LDK		○	○	○	○	○	○	◎	○
4DK		○		○	○	○	○	◎	◎
4LDK		○	○	○	○	○	○	○	◎

次に、各製品別に該当するユニットの有無をチェックする。図表5・20で○印が付いているものは当該製品にユニットがあることを示す。そして、○印が多く付いたユニットは類似性が高いことを示す。類似ユニットはコストテーブル作成対象とし、非類似はコストテーブルを作成しても見積頻度が少ないため個別分析対象となる。使用頻度の高いものでなければコストテーブルを作成する経済性がない。

以上を整理してコストテーブルの目次を決めるが、想像以上に類似性が高いことがわかる。この目次の数によってコストテーブル作成にかかる期間を推定することができる。

Step4　変動要因を分析する

目次が決まったら、次はその1つひとつを取り出して変動要因分析を行う。変動要因分析とは原価に影響を与えている要因を調べることである。

図表5・22　変動要因分析

コストテーブル	変動要因		
	面積	地価	階数
建築費	○		
マンション	○	○	○

図表5・22はマンション価格を左右する変動要因を分析したものである。マンションの価格は、2DK、3DK、4DKと面積が広くなるほど高くなるが、同じ広さでも都心に近いほど値段が高く、階数が上になるほど高い。そのほかセキュリティ、衛星・有線放送などの設備面、眺望の良し悪しなどの環境面も影響する。

変動要因を抽出するには、

① 変動要因と考えられるものをリストアップする。変動要因は定量的なものが望ましいが、定性的要因である難易度などは、1易、2中、3難、有無などは0：有、1：無のように定量化を試みる。

② 主変動要因に絞り込む

その際、多くの変動要因を選ぶと精度のよいコストテーブルはできるが、今度は見積りするときに、製品ごとに変動要因とした重量、寸法、部品点数など調べるのに手間がかかる。そこで主要な変動要因に絞り込むが、その数は最大でも5つ以下にしたい。

③ 図面から読める変動要因にする

変動要因は、受注段階では仕様書に書かれている情報、設計段階では図面から入手できる情報であることが必要である。ところが、コストテーブルの使用時に、変動要因がわからないことがある。検査費用は不良率が高くなると検査に時間がかかるが、不良率は事後でないとわからない。この際、不良率の代用特性となる変動要因によってコストを見積らなければならない。入手できる情報の中から決定変動要因を選択する。

Step5・6 コストデータの収集と回帰分析

■単回帰分析

建築費とマンション価格を見積るコストテーブルに必要なサンプルデータを集めて、算式をつくってみよう。それには、原価とそれを左右する要因（変動要因）との相関関係を分析すればよい。これを回帰分析と呼ぶ。

回帰分析とは2つ以上のデータの集まりの中で、原因となる値が変化したとき、結果の値がどのように変化するかを予測するものである。

回帰分析において独立変数（変動要因）が1つのものを単回帰分析、2つ以上（2次元以上）のものを重回帰分析という。建築費のように原因を面積1つに絞ることができれば単回帰分析、マンションのように原因が複数であれば重回帰分析になる。両者は下記の関係式になる。

単回帰分析：$Y = ax + b$

重回帰分析：$Y = ax_1 + bx_2 + cx_3 + dx_4 + ex_5 + f$

単回帰分析では最小二乗法を使って、手計算でも簡単に算式をつくることができる。図表5・23に示す算式「230千円×床面積－3,191千円」は建築費を見積るコストテーブルであり、それを導き出す計算手順を①～⑨に示した。

図表5・23　単回帰分析（最小二乗法）

単位：千円

単位千円	①X 床面積	②Y 建築費	③ $X-\overline{X}$	④ $Y-\overline{Y}$	⑤ ③×④	⑥ ③^2
A氏邸	105.6	21,500	-56.1	-12,500	701,250	3,147
B氏邸	165.0	36,000	3.3	2,000	6,600	11
C氏邸	138.6	28,000	-23.1	-6,000	138,600	534
D氏邸	181.5	37,000	19.8	3,000	59,400	392
E氏邸	217.8	47,500	56.1	13,500	757,350	3,147
合　計	808.5	170,000			1,663,200	7,231
平　均	161.7	34,000				

$$変動比率 = \frac{1{,}663{,}200千円}{7{,}231} = 230千円$$

固 定 費＝34,000−161.7×230＝−3,191千円

見積原価＝230千円×床面積−3,191千円

① 代表的な床面積のサンプルを集め、その合計と平均値を計算する。
② 同床面積の建設費を調べ、その合計と平均値を計算する。
③ 個々の床面積から床面積の平均値を差し引く。
④ 個々の建築費から建築費の平均値を差し引く。
⑤ ③×④を計算する。　　　　その合計は1,663,200円
⑥ ③^{2}を計算する。　　　　その合計は7,231m^2
⑦ 変動比率を計算する。　　⑤の合計÷⑥の合計＝230千円
⑧ 固定費を算定する。　　　②の平均－①×変動比率＝－3,191千円
⑨ 見積の算式を決定する。　変動費率×床面積＋固定費
　　　　　　　　　　　　　230千円×床面積－3,191千円

■重回帰分析

マンションのように複数の変動要因がある場合は、重回帰分析になる。重回帰分析では手計算では時間がかかるので、EXCELを使ってマンションのコストテーブルを作成する例を見てみよう。一般に市販されている統計解析ソフトを使うとさらに解析が容易になる。

■EXCEL を使って算式をつくってみる（重回帰分析）

図表5・24　重回帰分析

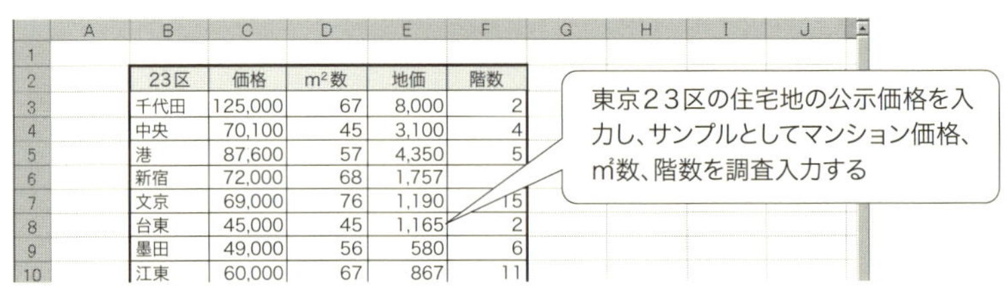

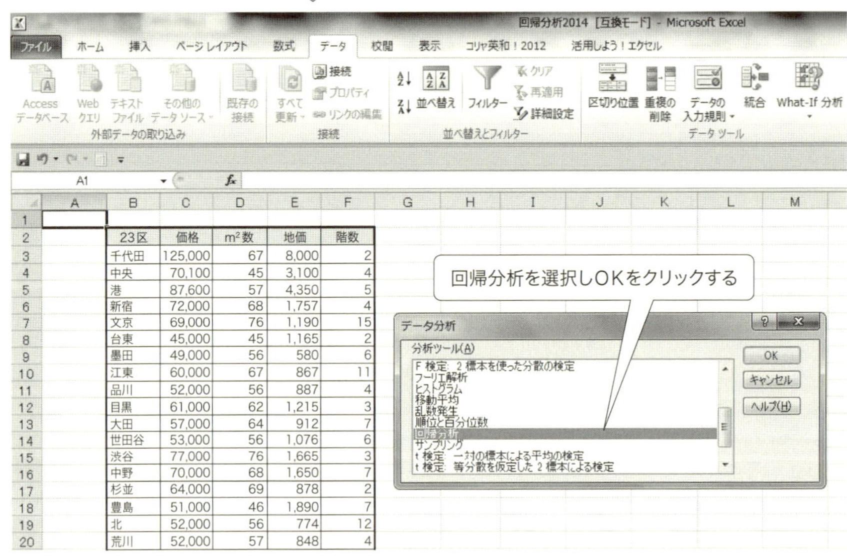

23区	価格	m² 数	地価	階数
千代田	125,000	67	8,000	2
中央	70,100	45	3,100	4
港	87,600	57	4,350	5
新宿	72,000	68	1,757	4
文京	69,000	76	1,190	15
台東	45,000	45	1,165	2
墨田	49,000	56	580	6
江東	60,000	67	867	11
品川	52,000	56	887	4
目黒	61,000	62	1,215	3
大田	57,000	64	912	7
世田谷	53,000	56	1,076	6
渋谷	77,000	76	1,665	3
中野	70,000	68	1,650	7
杉並	64,000	69	878	2
豊島	51,000	46	1,890	7
北	52,000	56	774	12
荒川	52,000	57	848	4

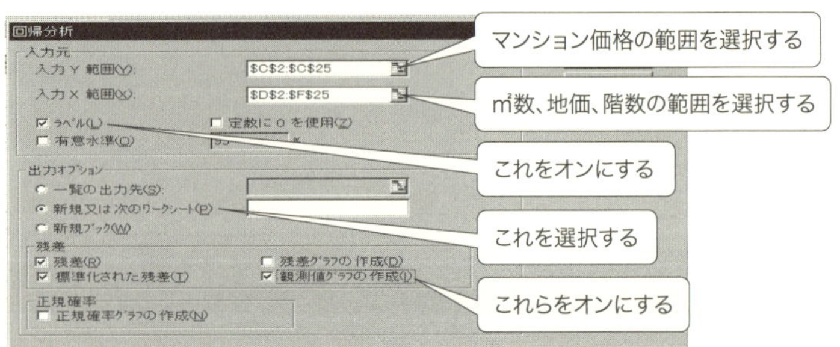

Step7　精度アップ

図表5・24のように分析した結果、図表5・25がアウトプットされる。回帰統計に示す重相関Rは信頼度を示す。信頼度とは、算式により求めた推定値と実績値の適合度合いを表す統計指標である。信頼度＝1のときは実績値と理論値がすべて一致する場合であり、信頼度＝0の場合は、実績値と理論値が無関係であることを意味する。概算見積で85％、基本見積で90％、詳細見積で95％の信頼度はほしい。図表5・25の例では重相関Rは0.992769067であるから、99％の信頼度の算式である。

算式は係数で示されるので、それを算式の形にしたものが図表5・24の枠内の表示である。

入力するデータ数は、変動要因＋1以上であれば分析はできるが、通常はさらに＋10を目安にする。最低限の入力データで信頼度の高い分析結果が出ればよいが、信頼度が低い場合は、変動要因か収集データの再検討を行って精度アップを試みる。

その際、利用するのが残差出力である。入力したデータと算式からの予測値との差異（残差）と誤差率（標準残差）を参照して、±に大きく外れるデータから誤差要因を調査して入力データを修正するが、要因がわからない場合はデータを削除する。また、新たにデータを追加したり、算式をタイプ別に分けるなどの調整が必要になる。

図表5・25　重回帰分析した結果

概要

回帰統計	
重相関R	0.992769067
重決定R2	0.98559042
補正R2	0.983315224
標準誤差	2293.646919
観測数	23

$$Y = 737.78X_1 + 9.46X_2 + 4.69X_3 + 2617.26$$

㎡数　　地価　　階数

分散分析表

	自由度	変動	分散	観測された分散比	有意F
回帰	3	6.84E+09	2.28E+09	433.1890876	1.154E-17
残差	19	99955508	5260816		
合計	22	6.94E+09			

	係数	標準誤差	t	P-値	下限95%	上限95%	下限95.0%	上限95.0%
切片	2617.259568	3102.249	0.843665	0.409353096	-3875.822	9110.341	-3875.822	9110.341
㎡数	737.7766294	48.06764	15.34872	3.67129E-12	637.16989	838.38336	637.16989	838.38336
地価	9.458105662	0.30406	31.10603	9.21618E-18	8.8217003	10.094511	8.8217003	10.094511
階数	4.689891517	95.99803	0.048854	0.96154552	-196.2363	205.61608	-196.2363	205.61608

残差出力

観測値	予測値：価格	残差	標準残差
1	127,723	-2,723	-1.3
2	65,156	4,944	2.3
3	85,837	1,763	0.8
4	69,423	2,533	1.2
5	70,014	-1,014	-0.5
6	46,845	-1,845	-0.9
7	49,447	-447	-0.2
8	60,300	-300	-0.1
9	52,341	-341	-0.2
10	59,865	1,135	0.5
11	58,494	-1,494	-0.7
12	54,138	-1,138	-0.5
13	74,450	2,550	1.2
14	68,425	1,574	0.7
15	61,837	2,163	1.0
16	54,464	-3,464	-1.6
17	51,310	690	0.3

回帰式に X_1（㎡数）
X_2（地価）
X_3（階数）
の値を当てはめた結果

推定値と実際値の差

Q

問　下記は品種A～Dの全長mmとコストの関係を示した表である。この資料に基づきコストテーブルを作成し、見積誤差を計算しなさい。

品種	全長mm（X）	コスト（Y）	①X-$\bar{X}$	②Y-$\bar{Y}$	①×②	①^2
A	110	500				
B	120	600				
C	90	400				
D	80	300				
計	400	1800				
平均	100	450				

	答
変動比率　v＝	
固定費　F＝	
コストテーブル算式　Y＝	

見積誤差計算表

品番	実際原価	見積原価	絶対誤差	相対誤差％
A	500			
B	600			
C	400			
D	300			

小数点第二位四捨五入

A

品種	全長mm（X）	コスト（Y）	①X-$\bar{X}$	②Y-$\bar{Y}$	①×②	①^2
A	110	500	10	50	500	100
B	120	600	20	150	3,000	400
C	90	400	−10	−50	500	100
D	80	300	−20	−150	3,000	400
計	400	1800			7,000	1,000
平均	100	450				

	答
変動比率　v＝	7
固定費　F＝	−250
コストテーブル算式　Y＝	7X − 250

＝7,000 ÷ 1,000
＝450 − 7 × 100

見積誤差計算表

品番	実際原価	見積原価	絶対誤差	相対誤差％
A	500	520	20	3.8%
B	600	590	−10	−1.7%
C	400	380	−20	−5.3%
D	300	310	10	3.2%

小数点第二位四捨五入

(2) コスト・時間テーブルの活用

■時間テーブル・標準時間資料の活用

標準時間は歴史的には賃金支払い（奨励給）の基礎資料として普及したが、その後工数管理のツールとして利用され、生産性向上に寄与してきた。製品の多様化・短命化に伴い、最適工程、作業、ラインの編成には量産準備段階での標準時間の設定が不可欠であり、標準時間資料は欠かせない。本章「5-2　工順マスターの作成の標準時間の自動設定」で記述したように、標準時間資料が事前に作成されていれば、変動要因であるパラメータを選択するだけで製品別・工程別の標準設定の自動化が可能となる。

標準時間は本章では加工費計算の計算手順で説明したが、第8章ではコストダウン、第9章では価格見積への活用を記述している。

なお、いったん設定された標準時間は、製造方式の変更がない限り変更されることはない。言い換えれば、製造方式の改善・変更があれば、そのつど改訂しなければならない。とくに改善が行われた場合、改善前と改善後の標準時間の差が改善効果になる。

■コストテーブルの活用（購入価格の査定資料）

図表5・20のコストテーブルの用途で示したように、コストテーブルは、外注が提示する見積価格の査定資料としての活用するケースがもっとも多い。しっかりした購入単価査定基準があれば、購入価格のバラツキが是正され、極端に高い買物を防ぐことができる。

図表5・26は、外注単価の査定画面であり、アルミニウム鋳造品の材料費の査定に重量、熱処理の有無、取り数を入力すると、920円の適正値を表示する。外注見積単価が920円以下であればよいが、それ以上の価格提示にはチェックが入ることになる。このように、コストテーブルを用いた単価査定は「購入価格が高いか、安いか」を判断する目安で、購買担当者の交渉力を助けるツールである。

しかし、購入単価は買う側と売る側の利益を分ける分岐点であり、安いにこしたことはないとの姿勢での購買活動はヒズミを生むことになる。あくまで適正価格を求める姿勢が望ましい。

図表5・26　外注単価の査定画面

NO 52　購入・外注単価査定

		LEVEL	親　品　番
品番	A	月産量	833
品名	A	生産ロット	300
購入	ME工業		

	材　料　費	加　工　費
目標値	900	200
前　値	1,000	300
適正値		
決定値		

コス

NO 52　購入・外注単価査定

		LEVEL	親　品　番
品番	A	月産量	833
品名	A	生産ロット	300
購入	ME工業		

	材　料　費	加　工　費
目標値	900	200
前　値	1,000	300
適正値	920	230
決定値		

適用範囲　　単位
1ケ；1、2ケ；0.9

変　動　要　因	入力値
重量	0.5
取数	0.8

適用範囲　　単位
0；ナシ、1；アリ

変　動　要　因	入力値
熱処理	0.0

変動要因参照

1ケ取り
2ケ取り
3ケ取り
4ケ取り

AL鋳造　　のコストテーブル

Y=1150X1+290.59X2+308.78X3+98

材料費は　　920でよいか[Y/N]

■コストテーブルの活用（営業の概算見積・原価企画の基本見積）

図面ができる前に原価を見積るには、経験見積、類似見積、相関見積の3種類あるが、コストテーブル作成による相関見積の方法がもっとも優れている。

事前に少ない情報から正確なコストを知ることができれば営業の価格競争には断然有利であり、条件変更・追加仕様によるコストへの影響情報も採算管理には欠かせない。また、原価企画段階で新製品のコストを見積には類似見積が多く使われるが、材料費、加工費レベルのコストテーブルを作成しておくとより精度の高い原価見積ができる。

第５章のまとめ

■ポイント

・見積原価計算の種類は概算見積、基本見積、詳細見積の３段階ある
・標準原価計算は詳細見積レベルであり、下記のデータベースが必要である
・材料費は重量・個数・面積などに比例し、単価／kg個×kg個で求める
・加工費は工数（人時間）または時間（機械時間）に比例し、レート／Mh、Hr×工数・時間で求める
・加工費レートは変動費、固定費、設備費レートを設定する
・以上のデータを使って事前原価計算ができるシステムを構築する
・原価計算システムは、部品表（BOM）登録の品目、構成、工程が出発点である
・材料消費量と工程別標準時間までを工順マスターで設定する
・単位当たり製造原価を標準原価マスターで設定する
・標準と実際を比較して標準原価達成率、売上高と比較して損益分析表を作成する
・事前の原価を見積るにはコストテーブル・時間テーブルが必要である
・コストテーブルには回帰分析を用いる
・変動要因であるパラメータの入力で原価計算の自動化を図る

第2部

原価情報の活用

第6章　多目的の原価をERPで一元化
—標準原価を目的に合った原価情報に—

第7章　原価計算から原価管理へ
—原価が見えたらどのように使うか—

第8章　2つの原価管理とコストダウン
—原価企画と標準原価管理（原価差異分析）—

第9章　原価・価格見積と採算判断
—原価を使った意思決定と利益管理—

第6章 多目的の原価をERPで一元化

—標準原価を目的に合った原価情報に—

目的別の原価・原価計算分類

手段 / 目的		会計領域	財務会計	⇐過去	(現在)⇐	管理会計	⇒(未来)	原価レベル		
		原価計算種類	事後原価計算	事前原価計算				実力値A	達成可能値B	理想値C
			実際原価計算	予定原価計算	見積原価計算		標準原価計算			
		原価種類	期間原価		製品原価(製品・部品・工程別)					
			実際原価A	**予定原価B**	**見積原価A**	**目標原価B**	**標準原価C**			
誰:評価	社長・経理	損益計算書	棚卸資産原価	(予想決算書)				○		
	事業部長	事業別原価計算	総原価	**事業戦略 業績管理**					○	
	部門長	部門別原価計算							○	
何:アクション	営業	顧客別原価計算	販売費・管理費	(販売予算)	**価格見積**			○		
	設計技術	製品別原価計算	売上原価	**製造予算管理**	原価見積	**原価企画 コストリダクション**	(標準消費量)			○
	生産技術	工程別 〃			(コストテーブル)		(標準時間)			○
	購買	実際原価計算	仕入原価				**標準原価管理 コストコントロール**			○
	製造	・個別原価計算	製造原価							○
		・総合原価計算	材料・労務・経費							○

分類	実際原価A	予定原価B	見積原価A	目標原価B	標準原価C	原価レベル
管理可能性による分類 ⇒	埋没原価・機会原価	管理可能・不能費	増分原価	ライフサイクルコスト	管理可能・不能費	標準原価に一元化
原単位による分類 ⇒	単価×消費量	材料単価×消費量		加工費レート×時間		
製品との関連分類 ⇒	直接費・間接費	材料費		加工費		
操業度との関連分類 ⇒		限界原価=変動費			固定費	
原価の集計範囲分類 ⇒	全部原価	部分原価・直接原価計算			損益分岐点	

CONTENTS

原価レベルには実力値、達成可能値、理想値の3種類ある。レベルの異なる原価を統一しようとして真実の原価を求めて迷走し、その後いったん達成可能値のレベルに落ち着いたという歴史がある。しかし、棚卸資産評価に用いる実際原価、売価決定に用いる見積原価は実力値のレベル、予算管理に用いる予定原価、原価企画に用いる目標原価は達成可能値のレベル、原価管理に用いる標準原価は理想値のレベルで設定することが望ましい。今日では理想値である標準原価をベースにして、その達成レベルを修正するのはコンピュータがやってくれる時代であり、標準原価を多目的に活用する原価情報の一元化を記述する。

6-1　評価とアクションのための原価情報

(1) どういう管理情報を出したらよいのか

「見える化」は管理のゼロステップであり、見えただけでは管理は始まらない。管理は、人の役割・責任を明確にして実施すべきアクションを立案するPLAN（計画）に始まる。その次のDO（実行）では各責任者が計画したアクションをタイムリーに実行する。そして最後のSEE（統制）では、計画したことを実践して成果に繋がったかを評価し、再び次の計画に繋げる評価とアクションのための情報である。

原価情報が見えるようになったら、図表6・1のように「誰に、何を、いつ、どれくらい」の4つの視点でまとめて管理に活用する。

第1は、誰に情報を出すかという管理対象である。トップが見る情報と、担当者が見る情報には違いがあり、上位の階層レベルは全体情報を、その明細は人別に見る。人別に集計された情報は、自身でできるテーマに分解する。

第2は、何の情報を出すのかという管理目的である。情報を使う目的に合わせて、体系だった情報が必要である。上位の階層にはお金に関する情報を、下位の階層には、物量値でも品質、納期、生産性向上のアクションに結びつけばよい。

図表6・1　管理階層別に見るデータが揃う

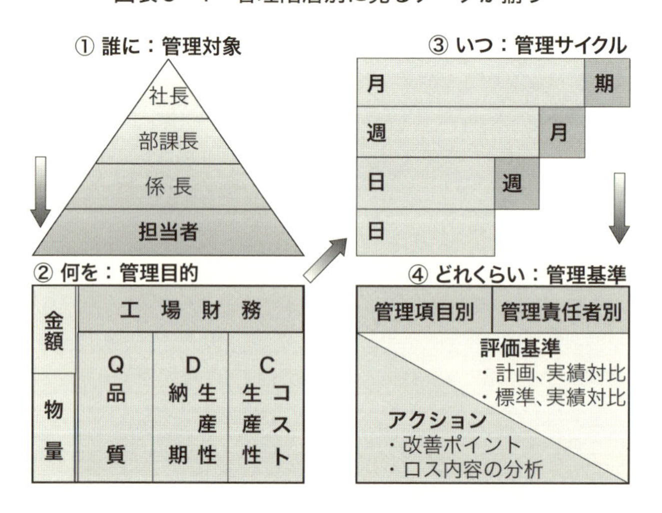

第3は、いつ情報を出すのかという管理サイクルである。情報にはそれを使う人、使い方によって必要なサイクルとタイミングがある。トップが見るのはもっとも長い期のサイクルであるが、月次の進捗も見ている。部課長は月サイクルで週の進捗、係長は週サイクルで日の進捗、そして、担当者は実際にアクションを打つ人なので、アクション項目別にタイムリーに見る。このように、誰が何に使うかによって、情報を出すタイミングがある。

第4は、どれくらいの判断ができるかという管理基準である。評価とアクションのための情報が必要である。評価はあるべき姿との比較で行う絶対評価と過去との比較で行う努力度評価がある。

(2) 原価情報システムの体系

ERP（企業資源計画：Enterprise Resource Planning）は、企業全体を経営資源の有効活用の観点から統合的に管理して経営の効率化を図る手法であり、その実現のための統合型ソフトウェアにERPパッケージがある。ERPパッケージは多くの企業で導入されているが、経営資源を統合的に管理する情報システムとして活用してこそ意味がある。

図表6・2の原価情報システム体系は、ERP導入企業が全社の経営資源を原

図表6・2　原価情報システムの体系

部門・責任		経営企画	営業部門	技術部門	購買・製造部門				間接部門
					原価・経費	購買	製造不良歩留	製造生産性	BSC
計画 PLAN	部課長	事業予算	販売予算	開発予算	製造予算	購買予算	資材計画	操業計画	間接予算
	係長		販売計画	開発計画					
	担当		価格見積	原価企画					
	基準DB		製品別 見積原価	製品別 目標原価	部門別 標準原価	標準価格	標準消費量	標準時間	ベンチマーク
実施 DO			損益シミュレーション	技術 コストダウン CAD見積	製造・管理 コストダウン	購買 コストダウン	不良低減 歩留向上	人・設備 生産性向上	間接 生産性向上
統制 SEE	結果	決算書	製品別 販売価格	製品別 標準原価	部門別 実際原価	実際価格	実際消費量	実績時間	間接 I／O
	担当	製品別 損益明細	客先別明細	製品別明細	消耗品 要求表	部品別明細	日別ライン別	日別ライン別	活動単位別 間接生産性 月報明細
	係長		担当別明細	担当別明細	原価管理 月報明細	担当別明細	不良歩留 週報	生産性 週報	
	部課長	事業別 損益明細	得意先別 損益月報	原価企画 月報	原価管理 月報	購買効率 月報	不良歩留 月報	生産性 月報	間接生産性 月報

価情報として統合的に管理し、一方では各部署で異なるニーズに応える原価情報を提供したものである。

図表6・2の縦軸は職位別のPLAN–DO–SEEの管理サイクルを、横軸は経営企画から始まる業務プロセスを担当する部門を示し、そのマトリックスの接点に「誰に、何を、いつ、どれくらい」の情報を示したものである。

図表6・2の計画段階で使われる基準データベースは標準原価で統合され、製品別見積原価 → 製品別目標原価 → 製品別標準原価へ、その後、部門別標準原価 → 標準価格 → 標準消費量に分解している。図表中央の実施段階の大部分は担当者が行うが、各部門管理者は監督責任を負う役割がある。そして、最後の統制段階では部課長には月次、係長には週次、担当には日次の管理サイクルに合わせて、日報、週報、月報を提供する。日次レベルの活用はアクション主体であるが、週 → 月次レベルになるにしたがい評価目的の活用が多くなる。

(3) 事後（実際）原価より事前（見積・標準）原価の種類が多い

- 原価はその消費量及び価格の算定基準を異にするにしたがって、実際原価と標準原価とに区別される。
- 実際原価とは、財貨の実際消費量をもって計算した原価を言う。
- 実際原価は厳密には実際の取得価格をもって計算した原価の実際発生額であるが、原価を予定価格等をもって計算しても、消費量を実際によって計算する限りそれは実際原価の計算である。
- 標準原価とは財貨の消費量を科学的、統計的調査に基づいて能率の尺度となるように予定し、かつ予定価格、正常価格をもって計算した原価を言う。

原価計算には事前原価計算と事後原価計算がある。事前原価計算は製品を生産する前に原価を計算することで、標準原価計算と見積原価計算で予定の原価を計算する。一方、事後原価計算は実際に製品を生産した後で原価を計算することで、実際の原価を計算する。

見積原価計算の結果は見積原価、標準原価計算の結果は標準原価、実際原価計算の結果は実際原価である。それぞれ単価と消費量、とくに消費量の算定基準を実際、予定、標準のどのレベルを求めるのかに多くの議論が交わされた。

原価計算は実際原価計算から発展したが、製品のライフサイクルが短くなっている今日では、事前の開発設計段階から原価を検討することが重要で、事後に原価を知っても取り返すことができない。事前に製品を開発設計するときに使う原価は標準原価である。

標準原価は現状システムを前提にして高いパフォーマンスが発揮されれば達成可能な最低の原価、あるべき姿の原価であり、原価管理などに使われる。

見積原価は通常発生する不良や非稼動のロスを含んだ実際原価を事前に推定するもので、売価決定などに使われる。

(4) 部門別に異なる原価計算目的と原価種類

多くの企業が原価計算の必要性を感じ、最初に導入を試みた製品別実際原価は、やがて手間をかけたわりにはニーズに合わない原価情報であることに気づく。各部門が使う原価情報はそれぞれ使い方に違いがあることがわかってきた。そこで、各部門は自身で目的に合った原価データを持とうとしたため、各部門の原価データには整合性がなくなり、メンテナンスも容易ではない。

原価計算基準では原価計算の5つの目的を取り上げたが、この目的に「誰」の切り口を加えて「原価計算を誰が、何のアクションに使うか」で整理すると、**図表6・3**のようになる。たとえば、トップが事業戦略を立てるには、集計単位は事業別で、原価レベルは予定原価と実際原価がほしい。それを業績管理に展開するには、集計単位は部門別で、原価レベルは予定原価と実際原価がほしい。以下に、経理、営業、開発設計、生産技術、購買、製造の順に彼らがほしい原価情報を区分してみると、どれ1つをとっても同じ原価情報がないことがわかる。原価計算を実践する誰もがぶつかる壁である。

解決策は、図表6・3右に示すように、それぞれの原価情報の集計単位と原価レベルの違いに注目することである。全社の原価情報を統合的に管理しながら、部門ごとに異なるニーズに応える原価情報を提供するには、集計単位とレベルの違いを考慮すればよい。ヒントは図表6・3の●印にある。

図表6・3　部門別の原価計算目的と原価の種類

部門	目的	原価計算	集計単位					原価レベル			
			事業別	製品別	部品別	部門別	工程別	標準原価（理想値）	予定原価（達成可能値）	見積原価（実力値）	実際原価
トップ	事業戦略	事業別予定・実際原価計算	○						○		○
	業績管理	部門別予定・実際原価計算				○			○		○
経理	棚卸資産評価	棚卸資産別実際原価計算		○							○
	予算管理	部門別予定・実際原価計算				○			○		○
営業	価格決定	製品別見積原価計算		○						○	
	得意先別管理	顧客別原価計算				○			○		○
開発設計	原価企画	製品別標準原価計算		●				○	○	○	
	製品設計	材料費計算（重量）			●			●			
生産技術	原価企画	工程別標準原価計算					●	○	○	○	
	工程設計	加工費計算（時間）					●	●			
購買	購買単価査定	部品別標準原価計算			○			○			
	仕入先別管理	仕入先別原価計算				○		○			○
製造	標準原価管理	部門別標準・実際原価計算				○		○			○
	歩留管理	工程別材料消費量計算			○			○			○
	工数管理	工程別工数消費量計算					○	○			○

Q 部門別に必要となる原価は

問　原価は各部門がA事業別、B製品別、C部品別、D工程別、E部門別に集計し、①目標原価、②見積原価、③標準原価、④実際原価のレベル　を目的によって使い分けるが、下記の部門が使う代表的な原価は何かを（　）の中に符号を入れなさい。

	集計単位			事前レベル	事後レベル
・経営トップ	（　　）			（　　）	（　　）
・営業部門	（　　）			（　　）	
・技術部門	（　　）	（　　）	（　　）	（　　）	（　　）
・購買部門	（　　）	（　　）		（　　）	（　　）
・製造部門	（　　）			（　　）	（　　）
・経理部門	（　　）				（　　）

A

	集計単位			事前レベル	事後レベル
・経営トップ	（A事業別）			（②見積原価）	（④実際原価）
・営業部門	（B製品別）			（②見積原価）	
・技術部門	（B製品別）	（C製品別）	（D工程別）	（①目標原価）	（③標準原価）
・購買部門	（C部品別）	（D工程別）		（③標準原価）	（④実際原価）
・製造部門	（E部門別）			（③標準原価）	（④実際原価）
・経理部門	（B製品別）				（④実際原価）

(5) 原価情報システムを一元化する

図表6・3に示すような、各部門別の多目的なニーズに合う原価情報を一元化することができないものであろうか。図表6・3の●印にあるとした解決のヒントは、集計単位と原価レベルの2点を考慮することである。

第1に、各部門の原価計算ニーズは、事業別から工程別まで原価の集計の粗さに違いがある。もっとも細かいデータまで原価を集計するのは技術部門である。したがって、原価データは技術部門が作成した部品別・工程別で持てば、後は縦（製品別）に集めるか、横（部門別）に集めるか、集約（事業別）するかだけである。したがって、技術部門が製品設計や工程設計に使った部品別・工程別の原価データをコンピュータで持ち、それをソートするだけでいずれの目的にも合う原価情報が提供できる。

第2に、どれほどのロスを含む原価であるかの原価レベルの違いである。

① 実　力　値：実際原価に近いレベルで原価を見たい人

② 達成可能値：達成可能な目標値のレベルで原価を見たい人

③ 理　想　値：理論的にあるべき姿の原価を見たい人

実力値は理想値に現状のロスを含む原価、達成可能値はどこまで努力すれば理想値に近づくかのロスを含む原価、そして理想値はロスを含まない原価である。理想値を標準原価とし、その達成率（標準原価÷実際原価）をモニターして、標準原価を何％の達成率で戻した原価にするかを計算すれば、原価のレベル修正は可能である。

結論として、部品別・工程別の標準原価データを持てば、あらゆる目的にあった原価計算ができるということである。

この結論に至るまでには、1世紀におよび議論し続けてきた長い歴史があった。再び同じ議論に時間を浪費しないために、そこで交わされてきた議論を振り返って、先人たちの研修成果から学んでみよう。

6-2　真実の原価は標準原価

(1) 実際原価は常にバラツキがある

■歴史的原価は偶然的原価

利潤追求が企業の目的である限り、それを達成するための手段は、売上を伸ばすか、原価を下げるかしかない。ところが経営者は、好況のときには売上増大に、不況のときにはコストダウンに関心が向くのが常であった。そのため「原価計算の発展の歴史は不況の歴史である」と言われる。

原価計算は、商業簿記から工業簿記、見積原価計算、歴史的原価計算（実際原価計算)、標準原価計算へと発展してきた。工業簿記や見積原価計算の主たるねらいは、価格決定や期間損益計算に役立つ原価データをできるだけ簡単な方法で入手したいとするものであった。その後、管理会計目的の原価計算が、歴史的原価計算に始まった。歴史的原価は原価を構成する価格も、消費量の要素も共に「実際」によって計算する方法である。

では、歴史的原価で計算した原価ではどういうことが起こるであろうか。材料の価格が変動した場合、材料費が変動する。また、作業員がたまたま体調が悪く、通常の倍の工数をかけて作業すると労務費が上昇する。ある製品を加工している際に、たまたま機械故障が発生して不良が出たりすると、その製品の材料費や労務費が上昇する。歴史的原価計算では、こうした偶然的変化がそのまま原価に反映する。まったく同じ製品を、同じ作業条件（作業方法、設備、人員）で製造しても、つくるたびに原価が違うのは当然である。むしろ一致したとすれば偶然にすぎない。

歴史的原価に影響を及ぼす要因は、他にもロットの違いや製品の組合わせ、生産の増減などがある。中でも生産量（操業度）の変動が原価に及ぼす影響は大きい。設備の償却費や固定資産税、保険料などの固定費は生産量の増減に比例しないので、増産時は製品1個の実際原価は安く、減産時は高く計算される。

以上のように、歴史的原価には、価格、能率、不良、操業度、その他原価に及ぼすあらゆる偶然的変動が、混在した形で表れる。これではどれが正しい原価なのかわからない。

■歴史的原価の欠陥

歴史的原価を原価管理に利用しようと考えた経営者は、それを期間的に比較する方法を取った。つまり「過去より原価が低がっていればよし」とする考え方である。ところが、この情報がそのまま原価管理に役立つわけではない。前月より今月の原価が高くなったからといって、その責任は製造部門にあるといえるだろうか。不況のために生産量が減少したかもしれない。反対に、前月より今月の原価が低くなったからといって、その努力は製造部門にあると言えるだろうか。材料価格が低減したからかもしれない。

また、歴史的原価は、価格計算、損益計算上にも欠陥があった。不況の際は操業度が低く、製品の歴史的原価は高くなる。これを売価決定の基礎にすると製品はますます売れなくなり、期間損益は減少する。反対に、好況の際は操業度が高く、製品の歴史的原価は低くなる。これを売価決定に用いると製品はますます売れ、期間利益は増加する。これは、価格を自由に操作できない現在では必ずしも当てはまるわけではないが、歴史的原価を価格決定基準として期間損益を行うことの欠陥の一端を示すものであった。こうした欠陥を是正すべく、1904～1910年頃にかけて、標準原価計算が誕生した。

(2) 真実の原価を求めて迷走した歴史

■IEr（インダストリアル・エンジニア）の求めた理想原価

標準原価計算の必要性を痛感し、これを最初に工夫したのは、F・W・テイラーの科学的管理法を奉じるIErたちであった。彼らは単に標準時間を設定するのみでは、能率向上の事実を経営者に納得させられないことを知った。H・エマースンは科学的管理法の普及に努力した1人である。彼は、歴史的原価（実際原価）と標準原価の違いを次のように明確に述べた。「原価算定には根本的に違う2つの方法がある。第1の方法は、仕事が完了した後に原価を算定する方法であり、第2の方法は仕事に着手する前に原価を算定する方法である」。

彼らが工夫した標準原価計算は原価管理型の計算であり、原価標準は動作研究、時間研究などの科学的方法によって測定され、非能率を除去した物量標準に基礎が置かれていたために、厳格度の高い標準原価（理想標準原価）が計算できた。

■会計士の求めた正常原価

ほぼ時を同じくして、会計士たちも標準原価の思考に到達した。彼らはIErとはまったく異なる角度から真実の原価を追求した。IErたちが歴史的原価の原価管理上の欠陥を意識したのに対して、会計士たちは価格計算、損益計算上の欠陥を意識したのである。会計士たちの工夫した標準原価は、正常な経営活動のもとにおける正常原価であった。それは過去の実績を平均し、非能率を数期間ならして得た原価であるために、厳格度の低い標準原価であった。

IErと会計士の主張する標準原価は、目的が違うために本質的に異なるものであった。正しい原価、真実の原価の概念として登場した標準原価自体にも、それぞれの立場や目的によって違いがあったのである。

(3) 達成可能な良好なパフォーマンスの原価

「真実の原価とは何か」を求めて標準原価が生まれたが、その使用目的から標準原価には次のようなレベルの違う概念があった。① 過去の平均原価、② 過去の最低原価、③ 予定原価、④ 理想標準原価、⑤ 現実的達成可能原価

① 過去の平均原価は、まったく標準原価というものではなく、参考原価にすぎない。過去の原価から抜け出すより、将来達成が期待される目標を示すものでなければ、標準原価とは言い難いからである。

② 過去に達成した最低原価は、平均原価より前進であるが、それとて科学的根拠があるわけではない。

③ 予定原価は標準原価と混同して使われるが、両者には明確な違いがある。予定原価は予算管理の際に使われる原価の概念であり、標準原価は原価管理に使われる原価の概念である。

④ 理想原価は、技術的に達成可能な最大操業度の下で最高能率を表す最低の原価をいう。これは、財貨の消費における減損、仕損、遊休時間などに対する余裕を許容しない理想的水準における原価である。

理想原価と実際原価の差異はロスの総額を示すというメリットはある。しかし、現実には達成不可能な原価であって、各管理者に不可能なことま

で要求するという意味で、標準原価としては好ましくない。仮に、それがベンチマークであり、できる限り理想原価に近づければよいとしても、どれだけ近づければよいのかわからないのでは、管理指標としては歓迎されないとされた。

⑤ 最後に残った現実的達成可能原価が、標準原価としてはもっとも適当とされた。達成可能原価と実際原価との差異は、何らかのロスの発生を意味し、そのロスは努力すれば防止できる可能性を意味する。達成可能原価はより高いパフォーマンスの達成を奨励している。真実の原価とは、達成可能原価に落ち着いたのである。

それぞれの主張は、目的をどこに置くかによって、いずれの主張ももっともであるが､そもそも目的の違うものを統一しようとしたところにムリがあった。

(4) 原価レベルを置き換えて使う

■目的別の標準原価

これまで述べてきた真実の原価の概念は､多くの著書に見られる主張であり、達成可能原価の概念自体は正しい。しかし、この概念にたどり着いた経緯に誤りがあったために、将来に禍根を残す結果となった。会計士は棚卸資産の評価に用いる原価を標準原価としたかった。IErは管理に用いる原価を標準原価としたかった。会計士とIErの主張は、本来目的が異なるためにお互いに相容れない主張であったはずである。ところが、お互いの主張の折衷原価が真実の原価ということに落ち着いた。このような妥協の産物では、標準原価を設定するねらい自体がぼやけ、期待される結果が伴わない。現に今日でも、標準原価を導入しようとすると、1世紀前の議論が再燃する。

そして多くの場合、実際に数字を提供する経理部門の標準と実際は差が少ない方がよいとの主張が通って『過去の平均原価』に近いレベルに標準原価が落ちつく。経理部門は財務諸表作成（棚卸資産評価）や予算管理を目的としているからである。このレベルの標準原価を用いて原価管理を行っても、原価ロスが抽出できない見えない原価管理になる。ここに、あるべき姿の理想原価を設定してみると、総製造原価で理想標準と実際の間に20～30%に及ぶ原価差異が見つかるのに…。

IErの主張も正しければ、会計士の主張もまた正しかった。お互いの主張が現実のものとならなかったのは、それを解決する術を持ち合わせなかっただけのことである。

今日のようにコンピュータが発達した社会では、目的に合わせた原価を、迅速かつ正確に計算することができ、明らかに1世紀前とは事情が異なる。こうした時代的背景を考慮した上で、先駆者たちがやりたくてもできなかった本音の議論に、私たちはもう一度チャレンジしてみる価値がありそうだ。

■標準原価は科学的・統計的調査に基づいて能率の尺度となる原価

- 標準原価とは財貨の消費量を科学的、統計的調査に基づいて能率の尺度となるように予定し、かつ予定価格、正常価格をもって計算した原価をいう。

標準原価を設定する最大の目的が原価管理であれば、理想標準原価がもっともすぐれている。標準原価は単なる予想値、目標値、あるいは過去の実績値ではなく、どうあるべきかを示す原価でなければならない。それは、パフォーマンスが、高水準に保たれていたとしたら、実際にかかるであろう原価、あるべき原価である。すると、標準原価と実際原価との原価差異は、何らかのロスの発生を意味し、管理努力を発揮すればロスを防ぐ可能性を示してくれる。

なお、実務面から考えても、標準原価は技術部門で設定されるので、達成可能レベルを求めるより、理論値としての理想標準原価レベルを求める方が容易である。理論値は、設計図面、工程通りにつくれた時の原価であるからだ。

理想標準原価を標準原価する場合、価格決定、予算管理、棚卸資産評価目的ではどのように対処すればよいのか。今日はコンピュータがあるため理想標準原価をベースにして、価格決定には見積原価、予算編成には予定原価、棚卸資産評価には実際原価のレベルに目的に合った原価を算定する。あらゆる目的に合う原価はないが、理想標準原価1つ持てば、あらゆる目的に合わせてつくり変えることができるのである。

真実の原価は理想標準原価であった。以上、紆余曲折した真実の原価の議論はあっても、原価計算基準に記述する標準原価の定義を変える必要はなく、「財貨の消費量を科学的、統計的調査に基づいて能率の尺度となるように予定」した標準原価なのである。

6-3　予算と標準は目的が違う

- 原価管理とは、原価の標準を設定してこれを指示し、原価の実際の発生額を計算記録し、これを標準と比較して、その差異の原因を分析し、これに関する資料を経営管理者に報告し、原価能率を増進する措置を講ずることをいう。
- 予算とは、予算期間における企業の各業務分野の具体的な計画を貨幣的に表示し、これを総合編成したものをいい、予算期間における企業の利益目標を指示し、各業務分野の諸活動を調整し、企業全般にわたる総合的管理の用具となるものである。予算は、業務執行に関する総合的な期間計画であるが、予算編成の過程は、たとえば製品組合わせの決定、部品を自製するか外注するかの決定等個々の選択的事項に関する意思決定を含むことは、いうまでもない。

(1) 予算管理と原価管理とは目的が違う

図表6・4　予算管理と原価管理の目的、範囲

		予算管理	原価管理
目　的	目　的	決算利益のコントロール	コストダウン
	設定時期	期に合わせて設定する (期間原価)	改善の都度設定する（製品原価）
	実　績	予定品種・数量で実績対比	実際品種・数量で実績対比
	差異分析	差異要因を知る程度の分析	単価と消費量の分析まで可
範　囲	売上高	販売予算が最重要	なし
	製造原価	上記を前提とした製造予算	個々の製品製造原価を対象
	販管費	上記を前提とした販管費予算	運賃など特定費目のみ

今日まで、標準原価は多くの会社で採用されているが、果たして貴社で採用されている標準原価はどのレベルの原価であろうか。もし年1度予算編成時期に標準原価を設定しているのであれば、それは予定原価であり標準原価には当たらない。

図表6・4に予算管理と原価管理の対比を示した。予算管理の目的は決算利益のコントロールであり、原価管理の目的はコストダウンである。予算管理は未達成に終わると決算予想利益が狂うため、ある程度ロスを含んだ達成可能レベルを基準に置くが、原価管理に用いる基準はロスが見えるあるべき姿の理想値レベルが望ましい。

予算管理は決算に合わせて年1度の予算を組むので、予算原価も年1度作成する期間原価である。しかし、標準原価は「現状の設計・工程を前提にしてロスがなければどれほどの原価になるか」を示し、製造・管理段階のロスを抽出する製品別原価である。したがって、標準原価は改善が行われて、材料の構成や消費量、工程や時間の消費量が変わるとつど改定され、改善前の標準原価と改善後の標準原価の差が改善効果になる。

また、予算と実績を対比して差異が生じても、1年前に予測した品種や量が実績と異なる中での比較をしても厳密に差異分析することは難しい。しかし、同じ品種と量を生産したときの標準原価と実際原価を対比する原価管理であれば、その差異はすべて標準からのかい離を意味する製造・管理段階のロスとして捉えることができる。

原価差異分析は多用されている手法であるが、同じものを生産したときの標準原価（Σ標準原価／個×生産実績）と実際原価を比較してはじめて差異の要因を明らかにすることができる。さらに、原価差異分析は製品別の標準原価と実際原価の比較ではなく、部門別の標準原価と実際原価の比較でなければ部門管理者のアクションにつなげることはできない。

(2) 目標（予算）と理想（標準）は何が違うか

図表6・5に示すように、予算と標準の違いは目標と理想の違いでもある。理想はあくまでも「金メダル、世界一」であって、目標は理想を目指すための1つのプロセスにすぎない。理想は志のレベルは高くても、目標は小刻みに考える。理想は絶対レベルであり、目標は意思である。

通常、効率を測定する尺度である不良、バラツキ、歩留率、稼働率などは、ゼロまたは100などの絶対値のレベルがある。100kgの材料を投入したら、100kgの完成品が出なければならない。1個1時間でできる製品は10時間稼

図表6・5　目標と理想の違い

		目　標　（予算）	理　想　（標準）
設　定	レベル	達成可能レベル	あるべき姿のレベル
	限　度	超えなければならない下限	目指すべき上限
	期　間	プロセス毎に小刻みに設定	最終ゴールを設定
	客観性	相対値・意思値で主観的	絶対値・最高値で客観的
成　果	見える	努力する意思が見える	やることが見える
	大　小	成果小	成果大
	評　価	努力度評価	レベル評価

動したら10個できなければならない。言い換えると「インプットしたものは、すべてアウトプットされなければならないレベル」である。しかし、理想に絶対値のレベルが求められない場合は、相対値で世界新記録などのように最高のものを理想とする。

一方、目標は理想を実現する過程の中で、設定する努力値である。目標をどこに設定するかは、設定する人がどれだけ努力しようとしているかの意思を示している。過大な目標である必要はないが、高い目標を持つ人は志が高く賞賛に値する。貴社も「理想を目指すから理想の会社になる」ことを理念とされることを望みたい。

(3) 原価管理が行われる中での予算管理の位置づけ

予算管理でコストダウンを試みても多くの成果は期待できない。なぜなら、人は予算を達成するとそれ以上努力しないのが常だからである。しかし、原価管理を実施すれば予算管理は不要になるわけでもない。それは両者の目的に違いがあり、予算管理に使われる製造予算は期間原価で、部門別までしか設定されないが、標準原価は製品別まで設定される。

それでは、予算管理にコストダウンを肩代わりさせている予算管理に比べて、理想原価をベースにした原価管理が行われた場合、何が違うのかを図表6・6にまとめたので参照願いたい。

図表6・6　原価管理のもとでの製造予算

	従来の製造予算	理想の製造予算
目　　的	決算利益のコントロール	同　じ
レ　ベ　ル	安全サイドの達成可能レベル予算	可能性を追求した達成可能レベル予算
作 成 方 法	前年実績＋今年度コストダウン予定積上 ｏｒ 今年目標利益より逆算 ｏｒ 前年実績＋今年度目標利益より逆算	前年実績＋今年目標利益より逆算＋ 理想原価予算
重　　点	見積損益計算書作成のための基礎資料	見積損益計算書を実現するための コストダウン計画

6-4　原価情報システムの一元化

(1) 2つの原価管理がある

■コストリダクションとコストコントロール

図表6・7は標準原価を境にして2つの原価管理があることを示している。1つは技術段階の原価管理でコストリダクション（改善）で、もう1つは製造・管理段階の原価管理でコストコントロール（管理）である。

コストリダクション（改善）は、技術部門が中心に製品別にコストダウン・アプローチをする。つまり、製品の目標売価から目標利益を差し引いて、いくらでつくらなければならないかを示す「目標原価」を設定する。設計技術者は目標原価に近づける製品設計をし、生産技術者は目標原価に近づける工程設計をする。この結果、技術部門では人、資材、情報、設備、エネルギーの5つの生産要素の最適な組合わせを設計する。最適組合わせは現状の技術レベルでの最低原価であり「標準原価」としてセットする。この活動は技術部門の原価管理で「原価企画」と呼ぶ。標準原価は達成が期待される原価として製造部門に引き渡される。

コストコントロール（管理）は製造部門が中心に工程別にコストダウン・アプローチをする。製造部門は技術部門から引き渡された「標準原価」を達成すべく、日々の生産活動を行い、生産活動の結果は「実際原価」で評価する。標準原価が実際原価とイコールであれば、生産活動は極めて順調に行われたことを示す。この活動は製造部門の原価管理で「標準原価管理」である。原価計算

図表6・7　コストダウンの2側面

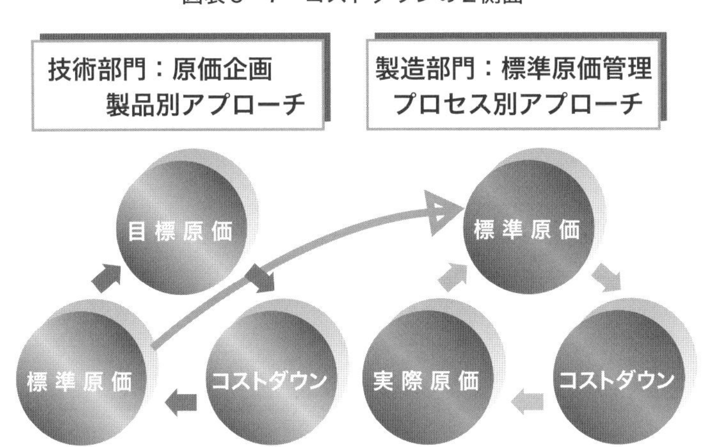

基準が制定された当時はいまだ「原価企画」はなく、標準原価管理が原価計算基準で定義する原価管理のことであった。

このように、技術部門での原価管理活動と製造部門での原価管理活動には違いがある。両者のコストダウン活動を区分するのは「標準原価」である。

■製品別と部門別のコストダウン・アプローチ

技術部門も製造部門も原価計算の目的は共にコストダウンである。しかし、技術部門は製品別のコストダウン・アプローチ、製造部門は部門別のコストダウン・アプローチをする点に違いがある。技術部門では製品別に責任を分担して、製品設計から工程設計までを行うが、製造部門では特定の部門・工程別に責任を分担して機能別にモノつくりを行う。つまり、プレス部門の責任者は、プレス工程を通るすべての製品について効率をあげ、歩留をよくすることを考えるが、製品別のコストではプレス工程しか担当していない。製品別と部門別の原価計算・管理はマトリックスの関係にある。

製品別に設定した「目標原価」を「実際原価」までフォローすると、目標原価が達成できなくても誰が達成できなかったかがわからない。コストは「人」のアクションによって初めて下がるのであって、責任者不在の数字を出しても管理には使えない。原価計算をコストダウンという原価管理の目的に使うときにも、人別に集計しなければならない。

■製品別と部門別の原価管理

図表6・8を参照して、製品別と部門別の原価計算と管理のやり方を説明しよう。A製品は300円の目標原価が設定されて技術部門の原価企画によるコストダウンが始まる。製品設計・工程設計が終わってプレス、溶接、仕上げの3工程を通って製品の標準原価は320円になり、目標原価の達成率は94％（300円÷320円×100）であった。これはA製品を担当したAさんの達成率である。同様に、B製品を担当したBさんは100％、C製品を担当したCさんの達成率は94％である。製品別の標準原価は次に改善されるまで変わらない原価としてシステムに登録され、量産に移行する。

通常、製造部門は日々の生産活動の中で行われるコストダウン成果を月次にまとめて評価する。A、B、C製品それぞれの今月の生産数量は10、20、30個であったとすると、プレス課長の今月の標準原価は1,100円（50円×10個＋20円×30個）にならなければならない。ところが、実際原価計算によりプレス部門の実際原価を計算すると1,200円であり、標準原価の達成率は92％（1100円÷1200円×100）になる。同様に溶接課長は100％、仕上課長は95％である。各製造部門の責任者は標準原価を達成すべく標準原価管理によるコストダウンを行う。図表6・8では、原価企画を改善活動、標準原価管理を管理活動としている。

以上のように、改善と管理は原価計算方法の違いにも大きく影響を与えていることがわかる。

図表6・8　製品別と部門別原価管理

製品 部門	A製品		B製品		C製品		月額合計		標　準 達成率
	目 標	数量	目 標	数量	目 標	数量	標準	実際	
	300	10	200	20	85	30			
プレス	50	10			20	30	1,100	1,200	92%
溶 接	120	10	100	20	70	30	5,300	5,300	100%
仕 上	150	10	100	20			3,500	3,700	95%
標準計	320		100		90		9,900	10,200	97%
目標達成率	94%		100%		94%				

←改善活動　　管理活動↑

(2) コストダウン効果金額の計算

■改善内容

下記は第4章の**4-5**で取り上げた、駆動部品プーリーの改善前と改善後の加工費を比較したものである。両者とも工程別の変動費と固定費は工数（秒）×変動費・固定費レート／秒、設備費は時間（秒）×設備費レート／秒、金型・治工具費は1個当たりで標準原価を計算している。

改善前加工費

品　名	工　程	変動費			固定費			加工費 1個当り
		時間	レート	金額	時間	レート	金額	
PULLEY-COMP	組立係	25.0	0.50	12.50	25.0	0.50	12.50	25.00
PA110 PULLEY	加工係	21.8	0.55	11.99	21.8	0.40	8.72	20.71
	200T				21.8	0.20	4.36	4.36
	成形係	37.2	0.60	22.32	37.2	0.70	26.04	48.36
	PC1				18.6	0.15	2.79	2.79
金　型　費		—	—	—	—	—	0.50	0.50
治　具　費		—	—	—	—	—	0.30	0.30
			合　計	46.81		合　計	55.21	102.02

成形係の作業に500万円の専用設備を入れて、2人作業から1人作業に改善したときのコストダウン成果は次のように測定する。ただし、PULLEYの残余生産数は1,000,000個である。

改善後加工費

品　名	工　程	変動費			固定費			加工費 1個当り
		時間	レート	金額	時間	レート	金額	
PULLEY-COMP	組立係	25.0	0.50	12.50	25.0	0.50	12.50	25.00
PA110 PULLEY	加工係	21.8	0.55	11.99	21.8	0.40	8.72	20.71
	200T				21.8	0.20	4.36	4.36
	成形係	18.6	0.60	11.16	18.6	0.70	13.02	24.18
	専用設備						5.00	5.00
	PC1				18.6	0.15	2.79	2.79
金　型　費		—	—	—	—	—	0.50	0.50
治　具　費		—	—	—	—	—	0.30	0.30
			合　計	35.65		合　計	47.19	82.84

■改善によるコストダウン効果金額の計算

改善効果は、「改善前標準原価－改善後標準原価」で計算するが、標準原価には変動費と固定費があり、改善によって低減するのは変動費部分だけである。開発費、間接人件費、償却費などの固定費は製品別に割り振られているだけで、改善によって当該製品への割振りは減っても全体の固定費が低減するわけではなく、他の製品に割り振られる。

改善案では成形工程の時間が37.2秒 → 18.6秒に改善された結果、変動加工費は22.32円 → 11.16円に低減した。ただし、500万円の専用設備投資をしているため、1個当たり5円（500万÷100万個）の設備費としての固定費が変わった。100万個は残りの生涯生産量である（改善後加工費○印）。

以上の結果、下記算式に示すように、製品1個当たりは6.16円の改善効果である。なお、年間200,000個を生産したときの改善効果は1,232,000円になる。

1個当たりの節約額		1個当たりの投資額		
（22.32－11.16＝11.16円）	－	（5,000,000÷1,000,000個＝5円）	＝	6.16円
		残余生産数		

1個当り効果		年間数量		年間節約金額
6.16円	×	200,000個	＝	1,232,000円

■管理によるコストダウン効果金額の計算

・管理面のコストダウン効果金額はコストパフォーマンスの向上で計算する。標準原価が1円／個の製品だけを生産している簡単な例題を下記に取り上げてみよう。

・前月は標準原価1円／個の製品を800,000個生産、実際原価は1,000,000円、80%達成

・今月は標準原価1円／個の製品を850,000個生産、実際原価は1,000,000円、85%達成

・機械故障がなく稼働率向上により同じ実際原価でも50,000個増産したとすれば、今月の管理面のコストダウン金額は下のように計算する。

・今月の推定実際原価は、前月と同じ達成率80%で生産したとすれば、いく

らになったかを推定し、1,000,000円÷0.80＝1,062,500円を求める。したがって管理面のコストダウン効果は62,500円（1,062,500円－1,000,000円）になる。

前月	標準原価	実際原価	達成率			
	800,000	1,000,000	80%			
今月	標準原価	実際原価	達成率	標準原価	推定実際原価	達成率
	850,000	1,000,000	85%	850,000	1,062,500	80%
コストダウン効果		62,500				

以上のように、改善を行えばそのつど標準原価を改定して改善効果を計算するが、仮に現場で投入工数も出来高も変わらなければ、現場はただラクになっただけである。すると、標準原価を下げた改善効果は、現場のコストパフォーマンスの低下した管理効果に相殺される計算になる。このように技術段階と製造・管理段階の原価管理を区分するのである。

コストダウンは改善か管理のいずれかであり、改善効果だけを計算しても管理効果を計算しなければ財務数値に合わない。そして多くの場合、改善より管理によるコストダウン効果の方が大きく、改めてその重要性に気づくことになる。

(3) 標準原価を用いて製品別実際原価が計算できる

製品別標準原価が設定され、図表6・8の原価管理が行われていると、標準原価の達成率を使って、製品別の実際原価計算が簡単にできるようになる。図表6・9は図表6・8の続きである。

A製品の標準原価を原価マスターから抽出すると、プレス・溶接・仕上の各工程でそれぞれ50円、120円、150円である。標準原価管理からプレス、溶接、仕上げの標準原価の今月の達成率を測ると、それぞれ92%、100%、95%であった。

A製品のプレスの標準原価50円はプレス達成率92%で戻すと54円（50÷0.92）の実際原価に、溶接は標準どおりの120円、仕上げの標準原価150円は仕上げの達成率95%で戻すと158円（150÷0.95）になる。合計するとA

図表6・9　製品別実際原価計算

製品別と部門別原価計算

製品 部門	A製品		B製品		C製品		月額合計		標　準 達成率
	目 標	数量	目 標	数量	目 標	数量	標準	実際	
	300	10	200	20	85	30			
プレス	50	10			20	30	1,100	1,200	92%
溶 接	120	10	100	20	70	30	5,300	5,300	100%
仕 上	150	10	100	20			3,500	3,700	95%
標準計	320		100		90		9,900	10,200	97%
目標達成率	94%		100%		94%		←改善活動		管理活動↑

製品別実際原価計算

製品 部門	A製品		B製品		C製品		標　準 達成率
	標準	実際	標準	実際	標準	実際	
プレス	50	54			20	22	92%
溶 接	120	120	100	100	70	70	100%
仕 上	150	158	100	105			95%
計	320	332	200	205	90	92	97%

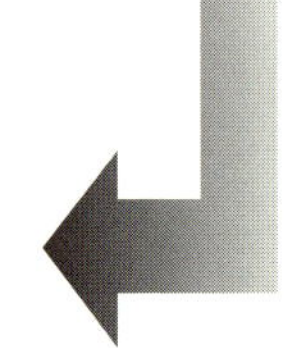

製品の実際原価は332円である。同様な計算で、B・C製品の実際原価は205円と92円になる。

以上のように、標準原価の達成率さえモニターしておけば、いつの実際原価も年間平均の実際原価も瞬時に計算することができる。

(4) これからの原価情報システムはどのようになるか

原価差異の配賦による製品別の実際原価計算は、個別受注生産でも見込生産でも同じ原価計算方法を採用することができ、しかも、手間のかかる製品別に実際材料費や時間の記録が不要である。また、棚卸資産も実際原価で評価するので、経理上の数字はすべて実際原価になり、財務会計とも完全に一体化したシステムとして運用することができる。

標準原価から実際原価をつくり出したように、予算編成に必要となる予定原価や価格の見積に必要となる見積原価も、標準原価をベースにして容易に置き直すことができる。

この中心にいる標準原価は、製品別・工程別の理想標準原価であり、技術情報管理、生産管理の基幹マスターとして登録・メンテナンスすべきものである。

図表6・10　原価情報システムの一元化

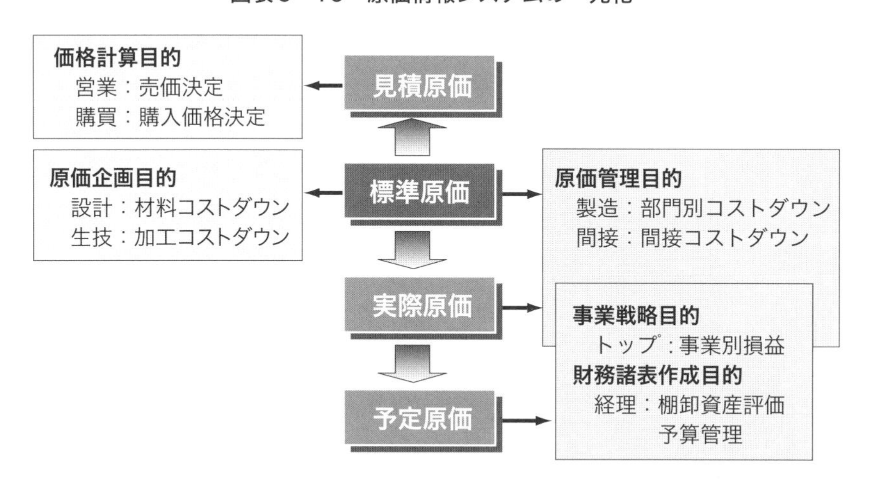

図表6・10は標準原価から各種目的別の原価をつくり出す原価情報システム一元化を示した。これは、多目的の原価情報をタイムリーに提供することができる原価情報システムの極致であるが、原価差異の配賦による実際原価計算をするには、次の前提条件がある。

条件1：すべての製品の標準原価が設定されていること。もし、標準原価が設定されていない（標準原価ゼロの）製品があると、その製品の実際原価はすべて原価差異となってその他の製品に配賦されてしまう。標準原価未設定の製品は類似製品から類推するなど、仮想100％標準設定の条件をつくることである。

条件2：標準原価が公平に設定されていること。材料費と加工費の標準原価の達成率が極端に違う場合はそれに該当する達成率を適用して実際原価を推定する。しかし、同一の達成率で戻す計算方法には標準原価が公平に設定されているという前提がある。

条件3：正確な生産実績把握が行われていること。標準原価と実際原価の月々の差異のバラツキが大きく出ることがある。その最大の要因は在庫の増減による振れである。原価管理システムが生産実績を管理する生産管理システムと連動していることが望ましい。

以上のシステムはERP（企業資源計画：Enterprise Resource Planning）の

統合型情報システムとして構築していかなければならない。

6-5 製品別・部門別原価計算のやり方

(1) 平易な製品別・部門別原価計算

Q

問1 ABC製品、それぞれの製品別標準原価計算をしなさい。

製品別標準原価計算表

単位：円

部門＼製品		標準単価 円	単位	A製品		B製品		C製品	
				消費量	標準	消費量	標準	消費量	標準
プレス	材料費	60	/kg	2.0				1.7	
	変動加工費	2,000	/Hr	0.0025				0.0040	
	固定加工費	2,000	/Hr	0.0025				0.0040	
	計								
溶接	材料費	20	/kg	2.5		3.0			
	変動加工費	1,200	/Hr	0.0500		0.080		0.060	
	固定加工費	1,600	/Hr	0.0500		0.080		0.060	
	計								
仕上	材料費								
	変動加工費	1,000	/Hr	0.1200		0.060		0.090	
	固定加工費	1,400	/Hr	0.1200		0.060		0.090	
	計								
合計									

A

問1

製品別標準原価計算表　　　　単位：円

部門	製品	標準単価 円	単位	A製品 消費量	A製品 標準	B製品 消費量	B製品 標準	C製品 消費量	C製品 標準
プレス	材料費	60	/kg	2.0	120			1.7	102
	変動加工費	2,000	/Hr	0.0025	5			0.0040	8
	固定加工費	2,000	/Hr	0.0025	5			0.0040	8
	計				130		0		118
溶接	材料費	20	/kg	2.5	50	3.0	60		0
	変動加工費	1,200	/Hr	0.0500	60	0.080	96	0.060	72
	固定加工費	1,600	/Hr	0.0500	80	0.080	128	0.060	96
	計				190		284		168
仕上	材料費				0		0		0
	変動加工費	1,000	/Hr	0.1200	120	0.060	60	0.090	90
	固定加工費	1,400	/Hr	0.1200	168	0.060	84	0.090	126
	計				288		144		216
合計					608		428		502

A製品の1個当たり標準原価の算式

	標準	×	重量	=	材料	変レート	×	標準時間			固レート	×	標準時間			標準原価
・プレス	60円/kg	×	2.0kg	=	120円	2,000	×	0.0025h	=	5	2,000	×	0.0025h	=	5	130円
・溶接	20円/kg	×	2.5kg	=	50円	1,200	×	0.0500h	=	60	1,600	×	0.0500h	=	80	190円
・仕上						1,000	×	0.1200h	=	120	1,400	×	0.1200h	=	168	288円
計					170円					185					253	608円

Q

問2　部門別標準原価を計算し、各部門の標準原価の達成率を計算しなさい。

部門別原価管理表

部門／製品	A製品		B製品		C製品		月間金額		標準原価達成率
	1個当り標準原価	月間標準原価	1個当り標準原価	月間標準原価	1個当り標準原価	月間標準原価	①標準原価	②実際原価	①/②
生産量	1,000		2,000		3,000				
プレス	130		0		118			509,473	
溶接	190		284		168			1,287,755	
仕上	288		144		216			1,330,435	
計	608		428		502			3,127,663	

A製品の月間標準原価の計算式

問3　製品別の実際原価計算をしなさい。

製品別実際原価計算表

部門／製品	A製品		B製品		C製品		標準原価達成率
	標準	実際	標準	実際	標準	実際	
プレス	130		-		118		95%
溶接	190		284		168		98%
仕上	288		144		216		92%
計	608		428		502		95%

A

問2

部門別原価管理表

部門 製品	A製品		B製品		C製品		月間金額		標準原価達成率①/②
	1個当り標準原価	月間標準原価	1個当り標準原価	月間標準原価	1個当り標準原価	月間標準原価	①標準原価	②実際原価	
生産量	1,000		2,000		3,000				
プレス	130	130,000	0	0	118	354,000	484,000	509,473	95.0%
溶接	190	190,000	284	568,000	168	504,000	1,262,000	1,287,755	98.0%
仕上	288	288,000	144	288,000	216	648,000	1,224,000	1,330,435	92.0%
計	608	608,000	428	856,000	502	1,506,000	2,970,000	3,127,663	95.0%

A製品の月間標準原価の算式

		単価	×	生産量	=	標準原価		実際原価		標準原価達成率
・プレス：	製品A	130円／個	×	1,000	=	130,000円				
	製品B					0円				
	製品C	118円／個	×	3,000	=	354,000円				
計						484,000円	÷	509,473円	=	95.0%

問3

製品別実際原価計算表

部門 製品	A製品		B製品		C製品		標準原価達成率
	標準	実際	標準	実際	標準	実際	
プレス	130	137	-		118	124	95%
溶接	190	194	284	290	168	171	98%
仕上	288	313	144	157	216	235	92%
計	608	644	428	446	502	530	95%

A製品の1個当たり実際原価の算式

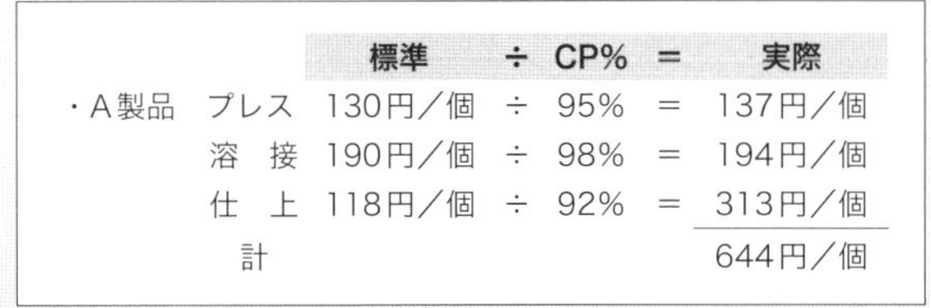

		標準	÷	CP%	=	実際
・A製品	プレス	130円／個	÷	95%	=	137円／個
	溶　接	190円／個	÷	98%	=	194円／個
	仕　上	118円／個	÷	92%	=	313円／個
	計					644円／個

※上記の実際原価の計算は計算したいものだけ（棚卸ありなど）実施すればよい。

(2) 実践的な製品別・部門別原価計算

Q

問1　(1) の材料単価マスターと (2) 加工費レートマスターに基づき、製品別標準原価計算を行い、目標原価の達成率を計算しなさい。

(1) 材料単価マスター

材料コード	金　額
100	100／kg
200	80／kg
300	150／kg
400	200／kg

(2) 加工費レートマスター

正常操業度	部		門			(単位：円／hr)
2000時間	プレス係		溶接係		仕上係	
(出来高工数)	変動費	固定費	変動費	固定費	変動費	固定費
直接労務費	2,000	—	2,000	—	2,000	—
福利厚生費	100	—	200	—	150	—
消 耗 品 費	100	400	300	300	50	450
修　繕　費	125	200	50	180	80	200
燃料動力費	100	50	100	40	100	50
その他経費	75	200	50	200	20	200
管理可能費	2,500	850	2,700	720	2,400	900
管理不能費	700	400	600	400	400	400
計	3,200	1,250	3,300	1,120	2,800	1,300

■製品別標準原価計算

製品A標準原価表

	標準消費量			標　準　原　価			(単位：円)
	材料 CODE	重量 (kg)	標準時間 (hr)	材料費	加工費		計
					変動費	固定費	
プレス係	100	2.5	0.002				
溶 接 係	200	1.0	0.020				
仕 上 係		—	0.015				
計			0.037				
原価企画	目　標　原　価			320.0	158.0		478.0
	目標原価達成率						

製品B標準原価表

	標準消費量			標　準　原　価			(単位：円)
	材料 CODE	重量 (kg)	標準時間 (hr)	材料費	加工費		計
					変動費	固定費	
プレス係	300	3.0	0.004				
溶 接 係		—	0.030	—			
仕 上 係		—	0.016	—			
計			0.050				
原価企画	目　標　原　価			440.0	217.0		657.0
	目標原価達成率						

製品C標準原価表

	標準消費量			標　準　原　価			(単位：円)
	材料 CODE	重量 (kg)	標準時間 (hr)	材料費	加工費		計
					変動費	固定費	
プレス係	400	2.0	0.003				
溶 接 係		—	0.020	—			
仕 上 係		—	0.010	—			
計			0.033				
原価企画	目　標　原　価			350.0	142.0		492.0
	目標原価達成率						

製品A標準原価表

	標準消費量			標　準　原　価			(単位：円)
	材料 CODE	重量 (kg)	標準時間 (hr)	材料費	加工費		計
					変動費	固定費	
プレス係	100	2.5	0.002	250.0	6.4	2.5	258.9
溶 接 係	200	1.0	0.020	80.0	66.0	22.4	168.4
仕 上 係		—	0.015		42.0	19.5	61.5
計			0.037	330.0	114.4	44.4	488.8
原価企画	目　標　原　価			320.0	158.0		478.0
	目標原価達成率			97%	99%		98%

A製品の1個当たりの標準原価の算式

製品A	標準	×	重量	=	材料	変レート	×	標準時間			固レート	×	標準時間			標準原価
・プレス	100円/kg	×	2.5kg	=	250円	3,200	×	0.002h	=	6.4	1,250	×	0.002h	=	2.5	258.9円
・溶　接	80円/kg	×	1.0kg	=	80円	3,300	×	0.020h	=	66.0	1,120	×	0.020h	=	22.4	168.4円
・仕　上						2,800	×	0.015h	=	42.0	1,300	×	0.015h	=	19.5	61.5円
計					330円					114.4					44.4	448.8円

製品B標準原価表

	標準消費量			標　準　原　価			(単位：円)
	材料 CODE	重量 (kg)	標準時間 (hr)	材料費	加工費		計
					変動費	固定費	
プレス係	300	3.0	0.004	450.0	12.8	5.0	467.8
溶 接 係		—	0.030	—	99.0	33.6	132.6
仕 上 係		—	0.016	—	44.8	20.8	65.6
計			0.050	450.0	156.6	59.4	666.0
原価企画	目　標　原　価			440.0	217.0		657.0
	目標原価達成率			98%	100%		99%

製品C標準原価表

	標準消費量			標　準　原　価			(単位：円)
	材料 CODE	重量 (kg)	標準時間 (hr)	材料費	加工費		計
					変動費	固定費	
プレス係	400	2.0	0.003	400.0	9.6	3.8	413.4
溶 接 係		—	0.020	—	66.0	22.4	88.4
仕 上 係		—	0.010	—	28.0	13.0	41.0
計			0.033	400.0	103.6	39.2	542.8
原価企画	目　標　原　価			350.0	142.0		492.0
	目標原価達成率			88%	99%		91%

Q

問2　(4) の生産実績表に基づき、各部門の出来高工数（標準時間×生産量）を計算した後、

① 部門別の標準原価計算を行い、

② 標準原価と実際原価との差異を計算し、

③ 部門別のコストパフォーマンスを計算しなさい。

■生産実績

生産実績表（月）

	生産量	出来高工数			(単位hr)
	(個)	プレス係	溶接係	仕上係	計
製品A	10,000				
製品B	26,000				
製品C	10,000				
計	46,000				

■部門別標準原価計算

	部　　門								(単位千円)
	プレス係			溶接係			仕上係		
	標準	実際	差異	標準	実際	差異	標準	実際	差異
材　料　費		19,000			820		—	—	—
直接労務費		400			2.300			1,400	
福利厚生費		20			240			200	
消 耗 品 費		70			800			400	
修　繕　費		55			200			190	
燃料動力費		20			100			50	
その他経費		42			200			200	
計		19,607			4,660			2,440	
CP%									

■生産実績

生産実績表（月）

	生産量	出来高工数			(単位：hr)
	(個)	プレス係	溶接係	仕上係	計
製品A	10,000	20	200	150	370
製品B	26,000	104	780	416	1.300
製品C	10,000	30	200	100	330
計	46,000	154	1,180	666	2,000

■部門別標準原価計算

	部　門								(単位：千円)
	プレス係			溶接係			仕上係		
	標準	実際	差異	標準	実際	差異	標準	実際	差異
材　料　費	18,200	19,000	-800	800	820	-20	—	—	—
直接労務費	308	400	-92	2,360	2.300	＋60	1.332	1,400	-68
福利厚生費	15	20	-5	236	240	-4	100	200	-100
消 耗 品 費	77	70	＋7	708	800	-92	333	400	-67
修　繕　費	50	55	-5	271	200	＋71	186	190	-4
燃料動力費	23	20	＋3	165	100	＋65	100	50	＋50
その他経費	42	42	0	295	200	＋95	147	200	-53
計	18,715	19,607	-892	4,835	4,660	＋175	2,198	2,440	-242
CP%	18,715÷19,607＝95%			4,835÷4,660＝104%			2,198÷2,440＝90%		

プレス係の月間標準原価の算式

		単価	×	消費量	＝	1個当	×	生産量			プレス係標準原価
・材　料　費：	製品A	100円／kg	×	2.5kg	＝	250円	×	10,000	＝		2,500,000円
	製品B				＝	450円	×	26,000	＝	11,700,000	
	製品C				＝	400円	×	10,000	＝	4,000,000	18,200,000円
・直接労務費：		2,000円／h					×			154h	308,000円
・福利厚生費：		100円／h					×			154h	15,400円
・消 耗 品 費：		500円／h					×			154h	77,000円
・修　繕　費：		325円／h					×			154h	50,050円
・燃料動力費：		150円／h					×			154h	23,100円
・その他経費：		275円／h					×			154h	42,350円
計											18,715,900円

第6章のまとめ

■ポイント

・予算管理の目的は決算利益のコントロールであり、原価管理の目的はコストダウンである

・標準原価とは財貨の消費量を科学的・統計的調査に基づいて能率の尺度となるように予定し、かつ予定価格、正常価格をもって計算した原価を言う

・理想原価は、技術的に達成可能な最大操業度の下で、最高能率を表す最低の原価をいう。これは、財貨の消費における減損、仕損、遊休時間などに対する余裕を許容しない理想的水準における原価である

・標準原価と実際原価との原価差異は、何らかのロスの発生を意味し、管理努力を発揮すればロスを防ぐ可能性を示してくれる

・改善成果は「改善後標準原価－改善前標準原価」で測定する（原則として変動費のみの計算）

・管理成果は「今月標準原価÷前月CP達成率－今月実際原価」で測定する

・理想標準原価をベースにして、価格決定には見積原価、予算編成には予定原価、棚卸資産評価には実際原価のレベルに目的に合った原価を算定する

・理想標準原価1つ持てば、あらゆる目的に合わせてつくり変えることができる

・コストダウンには改善と管理の2側面がある

原価計算から原価管理へ

―原価が見えたらどのように使うか―

目的別の原価・原価計算分類

目的＼手段		会計領域	財務会計	⇐過去	（現在）⇐	管理会計	⇒（未来）	原価レベル		
		原価計算種類	事後原価計算	事前原価計算				実力値	達成可能値	理想値
			実際原価計算	予定原価計算	見積原価計算		標準原価計算			
		原価種類	期間原価		製品原価（製品・部品・工程別）					
			実際原価A	**予定原価B**	**見積原価A**	**目標原価B**	**標準原価C**	A	B	C
誰：評価	社長・経理	損益計算書	棚卸資産原価	（予想決算書）				○		
	事業部長	事業別原価計算	総原価	**事業戦略**					○	
	部門長	部門別原価計算		**業績管理**					○	
何：アクション	営業	顧客別原価計算	販売費・管理費	（販売予算）	**価格見積**			○		
	設計技術	製品別原価計算	売上原価		原価見積	**原価企画**	（標準消費量）			○
	生産技術	工程別　〃			（コストテーブル）	**コストリダクション**	（標準時間）			○
	購買	実際原価計算	仕入原価	**製造予算管理**						○
	製造	・個別原価計算	製造原価				**標準原価管理**			○
		・総合原価計算	材料・労務・経費				**コストコントロール**			○

分類	実際原価A	予定原価B	見積原価A	目標原価B	標準原価C	原価レベル
管理可能性による分類 ⇒	埋没原価・機会原価	管理可能・不能費	増分原価	ライフサイクルコスト	管理可能・不能費	
原単位による分類 ⇒	単価×消費量	材料単価×消費量		加工費レート×時間		標準原価に一元化
製品との関連分類 ⇒	直接費・間接費	材料費		加工費		
操業度との関連分類 ⇒		限界原価＝変動費			固定費	
原価の集計範囲分類 ⇒	全部原価	部分原価・直接原価計算			損益分岐点	

CONTENTS

本章は原価計算結果をコストダウンに活用する。原価計算によって見える化された原価データは、① 誰が、② 何をすれば、③ どれくらいコストが下がるかの順に、計画のための情報が提供できれば、コストダウンは70～80%はできたのも同然である。

① 役　　　割：改善と管理に分ける

② 課　　　題：見えないロス、過大アウトプット、生産要素の組合わせ、ネックプロセス

③ あるべき姿：量から質、デザインアプローチで基本機能、理論値追求

その後、どのように実施するかを自ら考えて、実施アクションに結び付ける。

7-1　役割：誰がコストを下げるのか

(1) 管理可能費で分けてみる

■「誰」の切り口で集計された原価データがあるか

費目別、さらには製品別の原価データまで持つ会社は多いが、いずれもコストダウン目的には合わない。管理は人が行うので「誰がコストを下げるのか」の人別に集計したプロセス別の原価を知りたい。

コストダウン目的には、予算管理など部門別に集計された原価データがもっとも近いが、それも原価発生部門別の集計である。それを管理可能費の観点からプロセス別原価に置き直してみる。管理可能性の分析には物量データを調査することも必要になる。

この分析意図は「どの部門がどれほどコストダウンに時間を割くべきか」の検証であり、多くの場合、開発設計、生産技術段階の上流から攻めるフロントローディングが確認できる。

■人別に管理努力が発揮できる管理可能費を集計する

図表7・1は、縦軸に製造原価報告書と損益計算書から費目別原価を、横軸に組織を取ったプロセス別の原価集計表である。

材料費のほとんどは設計か購買部門で決まり、製造部門では製造歩留か不良程度しかない。なお、得意先からの図面で加工のみを行っている会社または支給材料を使っている会社では、材料費の管理余地はほとんどない。

設備や金型・治工具費などは、それを発注している生産技術部門で管理できる。材料費、外注費、減価償却費などは、原価の発生部門と管理可能部門に違いがある。その他の原価費目は「発生部門＝管理可能部門」であることが多い。

以上のデータを設計 → 生産技術 → 購買 → 生産管理 → 製造のビジネスプロセス順に並べると、原価が決まるプロセスが見えてくる。図表7・1では、材料費比率が高いので、設計段階で38.6％、購買段階で15.3％の原価が管理可能であり、また製造17％（6.7％＋5.4％＋4.9％）より生産管理段階18.5％での管理可能費が多いことがわかる。コストに果たす役割が大きい管理可能部門でコストダウンを展開するから、大きな成果に繋がる。

なお、このデータはコストダウンにかけるウエイトを知る上での一時的な分

図表７・１　プロセス別の原価集計

（単位：千円）

原価費目	金額	BP順位	管理	4	5	6	7	8	1	2	3	9
		部門	不能	製造１課	製造２課	製造３課	生産管理	品質管理	設計	生産技術	購買	総務
		比率	0	6.7%	5.4%	4.9%	18.5%	1.1%	38.6%	7.9%	15.3%	1.6%
	3,274,846	合計	0	220,486	176,106	162,056	606,717	34,740	1,263,729	258,937	501,000	51,075
材料費	1,543,231	47.1%	0						1,080,262		462,969	
外注費	398,587	12.2%	0				398,587					
直接労務費	302,965	9.3%	0	112,893	97,500	92,572						
間接労務費	181,615	5.5%	0				40,000	10,101	54,300	48,760	18,200	10,254
法定福利費	89,079	2.7%	0	20,753	17,923	17,017	7,353	1,857	9,982	8,963	3,346	1,885
厚生費	47,138	1.4%	0	10,982	9,485	9,005	3,891	983	5,282	4,743	1,770	997
退職給与	64,702	2.0%	0	15,074	13,018							
減価償却費	182,845	5.6%	0	6,342	4,532							
研究費	88,576	2.7%	0									
直接関係費	59,934	1.8%	0	3,059	12,345							
OA関係費	58,971	1.8%	0	476	345							
保証費	58,679	1.8%	0	23,980	132							
荷造運賃	57,954	1.8%	0									
租税公課	24,095	0.7%	0	836	597							
賃貸料	23,844	0.7%	0									
消耗品費	17,558	0.5%	0	5,342	5,123							
水道光熱費	17,525	0.5%	0	7,342	3,527							
その他経費	57,548	1.8%	0	13,407	11,579							

析であり、「誰のコストダウン余地が大きいか」の優先順がわかる粗さで分析できればよい。

(2) コストダウンの２つのアプローチ

全社的コストダウンとは、全員が同じコストダウン努力をすることではない。各部門によってコストダウンに果たす役割やアプローチが異なる。

図表７・２では、実際原価が波打ちながらも時系列で低減している。日々の生産活動で低減している部分と、標準原価自体が改善によって低減している部分がある。どちらもコストダウンであるが、コストコントロール（管理）とコストリダクション（改善）の２つの側面があることを示している。図表７・２は、先に述べた図表６・７のコストダウンの２つの側面と同意である。

コストリダクションは、設計担当者がより部品点数の少ない製品を発見したり、IEr（インダストリアルエンジニア）が新しい治具を工夫したりする「改善活動」である。改善活動は方法自体が変わるので、改善前と改善後の標準原価の差でコストダウン効果が測定できる。

コストコントロールは既存の製造方式を是認した上で、その製造方式に必要

図表7・2　コストダウンの2つのアプローチ

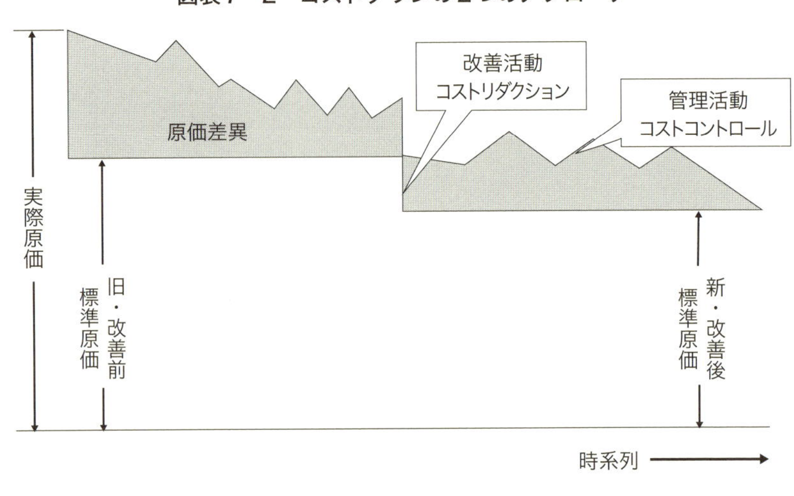

な原価要素（人、資材、情報、設備、エネルギー）の管理水準を標準原価とし、それに到達しない範囲をコントロールしていくことである。これは各管理者が自分の職務を効率的に遂行する管理努力によって達成できる「管理活動」によるコストダウンである。

各部門が自らのコストに果す役割に徹することで全社的コストダウンが可能になる。

Q 改善と管理によるコストダウンを分けてみる

問　コストダウンには、コストリダクション（R）とコストコントロール（C）による2つの側面がある。次の事例は、そのどちらに分類されるか符号で答えなさい。

（　）(1)　操業度が向上し、量産効果によるコストダウンが実現した。
（　）(2)　購買部門が安い材料を購入した。
（　）(3)　設計仕様が変わり、材料の消費量が低減した。
（　）(4)　不良低減により、手直し工数が減少した。

（　）（5）金型を改良して、材料歩留を良くした。

（　）（6）作業者の慣れにより工数が低減した。

（　）（7）反転治具の製作でクレーン操作回数が減り、工数が低減した。

（　）（8）作業者の技能訓練で、塗装作業の工数と塗料使用量が低減した。

（　）（9）ラインのバランスを改善して、ライン編成人員を減らした。

（　）（10）レイアウトを変更して、運搬工数を低減した。

（　）（11）部品の素材を鋼材からプラスチックに変えて材料費を低減した。

（　）（12）ネジの本数を４本から３本に変えて部品費と工数を低減した。

（　）（13）外注の進度管理を強化して、部品切れによる工数ロスを低減した。

（　）（14）休憩時間に電灯を消すことにより電気代を節約した。

（　）（15）目標時間を決めて作業したら、工数が低減した。

（　）（16）最小工程・最小工数でできる工程を設計し、加工費が低減した。

（　）（17）適正品質のレベルで設計し、過剰品質を減らした。

（　）（18）複数台の設備の中で、最適な設備を使って生産した。

（　）（19）高性能の設備・機械、効率的な治具を設計した。

（　）（20）チョコ停を減らし、適正機械スピードで生産できるようになった。

A

（1）＝（C）（2）＝（C）（3）＝（R）（4）＝（C）（5）＝（R）（6）＝（C）（7）＝（R）
（8）＝（C）（9）＝（R）（10）＝（R）（11）＝（R）（12）＝（R）（13）＝（C）（14）＝（C）
（15）＝（C）（16）＝（R）（17）＝（R）（18）＝（C）（19）＝（R）（20）＝（C）

Q 改善と管理によるロスを抽出してみる

問　図は茄子の冷凍ラインである。茄子のヘタ取り、冷凍、梱包の3つのラインからなる。工程は① 材料投入 → ② 洗浄 → ③ヘタ取り（1個85gでヘタ取り後95%の歩留）→ ④ トレーの台車運搬（20トレー分）→ ⑤ 冷凍ラインへ搭載 → ⑥ 冷凍 → ⑦ 取出し → ⑧ トレーの台車運搬→⑨ダンボール詰（ダンボール内面にビニールを敷く）と5kgの重量測定 → ⑩ 封函である。

・冷凍設備は液化窒素でエネルギーコストが高い。冷凍設備の下はその内部を示した。

・1つのトレーは8個が標準で、最大1トレーを10秒タクトで冷凍するが、生産量が少ない日は、コンベヤ速度を落として流している。

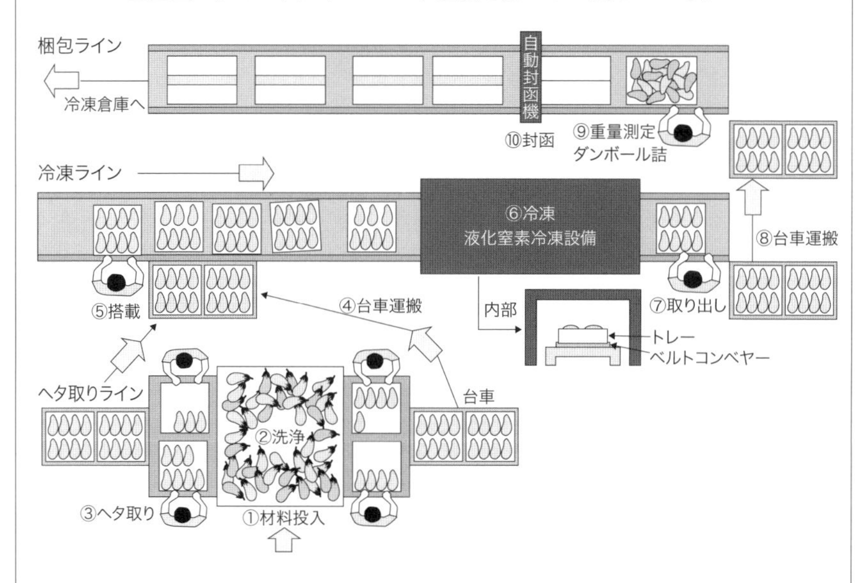

問1　改善しなければ直らない製造方式面のロスを5つ以上リストアップせよ。

①	②	③
④	⑤	⑥
⑦	⑧	⑨

問2　管理すると低減できる製造管理面のロスを5つ以上リストアップせよ。

①	②	③
④	⑤	⑥
⑦	⑧	⑨

A

問1　製造方式面のロス

① 台車運搬　② 搭載・取出し作業　③ 冷凍コンベヤの長さ
④ 梱包コンベヤの長さ　⑤ 冷凍設備の上部空間　⑥ 冷凍設備の左右空間
⑦トレー自体

問2　製造管理面のロス

① ヘタ取り歩留ロス　② ヘタ取りの標準作業ロス　③ トレー間の隙間
④ トレーの入り数　⑤ コンベヤスピード　⑥ 過量出荷
⑦ エネルギーロス

■どうすればロスに気付くか

本問を解いてみると製造方式面のロスには気付くが、製造管理面のロスには気付きにくいことがわかる。前者の「改善」は静的な側面であり、いったん、図面やレイアウトを作成すると改善しない限り変わらない。しかし、後者の「管理」は動的な側面であり、一瞬一瞬変化する。図は動いている現場を一瞬止めてみたときの絵であるが、それでも気付きにくいものだ。気付きにくいものは測ってみると見えるようになる。とくに「一瞬のロス×発生頻度」を原価で測ってみると、その大きさに驚嘆することだろう。

■改善と管理ではアクションが違う

同じコストダウンであっても、改善と管理のロス低減アクションには違いがあるため、それぞれの役割に合わせた原価情報が必要になる。

改善は静的なものなので「いずれの製品・工程を取り上げたら、どれくらいコストダウンできるか」を製品設計・工程設計の実施前の原価情報として見える化すると、机上でじっくり検討しても低減できる。

管理は動的なものなので、第一線監督者が現場から離れて庶務作業をしたり、現場にいても直接作業や段取り作業をしていてはロスの発見はない。第一線監督者は常に現場を見て、標準から逸れている作業を指導監督する役割がある。

それでも、常時監視しているわけではないので、ロスを測って見える化する。管理には「いずれの工程で材料・人・設備に標準から逸れるロスが多いか」の原価情報が最適である。しかし、管理は毎日のことなので、日常は物量値（不良率・歩留率、稼働率・作業能率）などを用い、原価情報としては月次サイクルでアクションの重要度や結果の評価ができればよい。

7-2　課題：何をすればコストが下がるか

(1) 見えないロスを取り上げる

■コストダウンはやり尽くしたか

目で見て見えるロス

① 不良のロス：不良廃却、不良手直し
② 稼働率のロス：機械故障による手待ち
③ 段取り運搬ロス：段取りや運搬は付加価値を生まないロスと考える
④ 技術歩留ロス：スクラップの発生
⑤ 残業のロス：残業による割増し賃金

コストダウンと言えば、不良、設備の不稼働、多品種・小ロット化による段取り増加などが定番のテーマである。これらは目で見て誰でもロスと気がつくし、低減もしやすい。そのため、会社はすでに手を打っているので、コストダウン余地分析をしても、これらのロスの金額がトップに上がることは少ない。

「コストダウンはやり尽くした」と感じるのはこうした「目で見て見えるロス」が少なくなったに過ぎず、「目で見て見えないロス」に気付かないだけである。

目で見て見えないロス

❶ 過剰品質ロス：過剰機能または設計余裕の取りすぎによる過剰品質余裕
❷ 設備性能ロス：過大容量の設備、過大寸法の設備
❸ 運転時間ロス：設備能力をフルに使わない機械スピートのロス
④ 作業能率ロス：作業中に起こる標準作業方法の無視と作業ペース
❺ 製造歩留ロス：製品公差のバラツキによる歩留ロス
⑥ 余剰工数ロス：人が余っていることによるロス
⑦ 賃率構成ロス：賃率の高い作業員の配置
上記●黒塗り数字番号はこの後で例示がある。

「目で見て見えないロス」は上記のようなもので、見過ごしやすく、ロスに

気がつかなければ、アクションが打たれるはずもない。目に見えないロスとは、過剰機能品質・余裕の取りすぎによる過剰品質、製品公差のバラツキによる歩留低下、機械の回転数や送り速度、潜在的な余剰人員、作業能率の低下ロス、賃率の高い作業員の配置、高い購入価格、操業度の低下による固定費の負担などである。これらのロスは、たとえ、気付いたとしても手が打ちにくい。

■測ってみると見える

図表7・3を参照しながら、目に見えないロスを見える化してみよう。500mlのペットボトルの水を生産する工場では、規格上500ml±3％の容量範囲に入っていれば良品である。しかし、製品にはバラツキがあり、500ml±0％で生産することはできない。

ここに❺製造歩留ロスが生まれる。1本500mlの容量のボトルを30万本生産すると、標準では150百万mlになるはずであるが、実際は153百万mlの材料が払い出されていた。この日は、品種替えもなく1品種が連続生産され、不良もなかったので、3百万mlの差の製造歩留ロスが見える。3百万mlは2％（(153百万－150百万ml）÷150百万ml）の過量で、6千本（30万本×2％）の不良と同じである。6千本の不良が出ていたら大騒動であるが、❺製造歩留ロスでは誰も騒がない、気付かない見えない材料費のロスになる。

図表7・3　6,000本の材料と6時間のロス

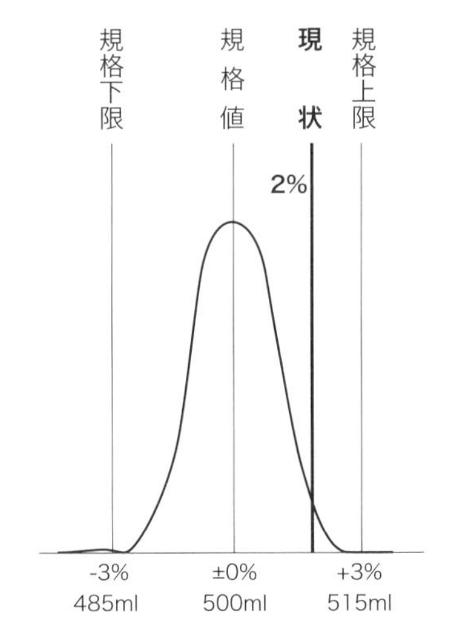

■材料消費量のロス

標準：500ml × 30万本 = 150百万ml
実際：　153
ロス：　3百万ml
6000本　(2%)

■加工時間のロス

標準：6本/秒 × 3600秒 × 20時間
= 432,000本
実際：　300,000
ロス：　132,000本
6時間　(31%)

加工費のロスは次のように見える化する。6本／秒の生産能力を持つ充填機の標準時間は0.1667秒／本であり、1日20時間稼動すると43.2万本（20h×3,600秒÷0.1667秒）生産されるはずである。ところが、実際の生産量は30万本で、理論上の生産量ができていない。稼働率にすると69％（300千本÷432千本）で、1日6時間あまり止まった計算になる。実際はチョコ停も段取り替えによる停止もなく順調に稼働したとすれば、ラインスピードを遅く流したことがわかる。こうした❸運転時間ロスも測ってみると見えるようになる。

(2) 適正なアウトプットレベルを追求する

■VEはアウトプットから追求する

伝統的なコストダウン手法にVE（Value engineering）とIE（Industrial engineering）がある。VEは設計段階の改善手法である。

> VE（Value Engineering：価値工学）とは、“組織が製品やサービスなどを提供するにあたって、対象の価値が最も高くなるように、顧客要求や期待を機能で捉えて、その機能を最小の総費用（ライフサイクルコスト）で達成する手段を考え実践していく体系的・組織的活動”のことをいう。
>
> 日本VE協会

VEで言う価値は「V＝F÷C」の算式で示され、VはValue、FはFunction、CはCostである。つまり、価値Vは機能Fに見合うコストCをかけることである。

VEの展開を図表7・4のマーカーの例で説明しよう。マーカーはキャップと本体部品に分解されたとして、キャップの機能は「蒸発を防ぐ」、本体の機能は「色を移す」のように機能定義する。次に「蒸発を防ぐ機能」と「色を移す機能」ではどちらが大事かを機能評価する。そして、キャップと本体の原価計算をしてみる。

すると、色を移す機能が大事であるにも関わらず、キャップの方が本体より高いコストになっていたらおかしいとしてコストダウンに結びつける。

VEは、価値あるものにお金をかけることであり、アウトプットである目的を規定してから､インプットであるコストを攻めるのがコストダウンの定石である。

図表7・4　VEの展開

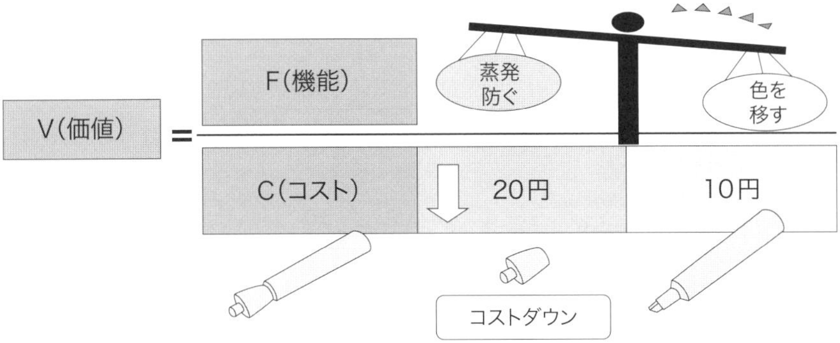

■アウトプットを規定してからインプット

工場はアウトプットレベル（品質・機能、納期・リードタイム、生産量など）を維持向上しながら、インプットであるコストダウンを図る。ところが、アウトプットのレベルアップ要請のほとんどはコストアップになるため、そのレベル設定が大事である。過大なアウトプットレベルを設定すると原価ロスが発生する例を見てみよう。

開発設計部門の課題に❶過剰品質ロスがある。日本の製品はおしなべて品質余裕の取りすぎによる過剰品質ロスがある。日本製ペットボトルのフタの高さは10mm、仏製（volvic、evian）は8mm、米製（crystal geyser、purified water）は5～3mmである。10mmもあると4回回さないとフタが閉まらないが、5～3mmでは1回で閉まる。フタの持つ漏れ防止機能は回転数とは無関係に最後の密閉で決まる。密閉ができれば1mmでも短いフタのほうがコストが安い。

図表7・3に例示した500mlのペットボトルは±3%が規格容量である。ところが、日本の食品メーカーの多くは最低500mlを自主的基準に替える。すると、500mlよりプラスにバラつく製品ができ、それが＋1%とすれば、先の❺製造歩留ロスとした2%のロスのうちの1%は❶過剰品質ロスになる。

生産技術部門でも、加熱、反応、乾燥、洗浄などの工程では品質余裕を取りすぎた基準を設定しがちである。このため過大能力の設備が導入され、日常の生産では設備能力を余らせて使う❷設備性能ロスが発生する。以上はもっとも見えにくいロスであり、品質工学などの手法を使ってバラツキの要因と範囲を測ってみると課題が見えてくる。

また、積上げ式に「リードタイム半減」や「顧客の注文順に1個ずつつくる」ことを命題にしても、顧客価値向上には繋がるかどうかである。増収に繋がらない過大なアウトプットレベルの設定は、コストアップを通じて業績悪化を招く。納期やリードタイムの短縮はメンテナンス製品などには有効でも、すべての製品に適用することは得策ではない。

■原価の本質は最適資源配分

製品、品質、数量などのアウトプットが明確である直接部門に比べ、間接部門のアウトプットは不明確である。そこで、残業などのインプットのみに目が向いていないだろうか。

BSC（Balanced Scorecard）から生まれた部門別業績評価指標であるKPI（Key Performance Indicator）を設定する会社は多い。しかし、KPIが向上しても会社の業績に繋がらない愚を犯していないか。たとえば、開発設計部門の目的を「新製品を開発すること」に置くと、新製品の開発アイテム数がKPIになる。新製品を開発すればコストがかかるが、せっかく開発した製品が売れなくては業績向上はない。

日本のサービス業の生産性は低いとされるが、サービスレベルを高く設定しすぎることもその要因の1つである。顧客に提供するサービスは顧客価値を生むものでなければならない。

以上のように、アウトプットレベルを見誤るとコストアップになる。コストは何らかの目的があって投入されるので、アウトプットの価値を評価し、価値のあるものにお金をかける最適資源配分が大事である。原価の本質は最適資源配分にあった。

1日24時間は地球上一緒であり、社員数が同じ会社ではほぼ同じ時間をインプットしている。それにもかかわらず伸びる会社と伸びない会社があるのは、インプットする時間・原価を何に使うかが異なっているのである。

（3）生産要素の最適組合わせを追求する

■IEは生産要素の組合わせ技術

IEはアウトプットレベルを規定した後に適用するコストダウン手法で

ある。IEでもっとも権威のあるIISE（Institute of Industrial & Systems Engineers：アメリカIE協会）はIEを下記のように定義する。

> ① IEとは、人、資材、情報、設備、およびエネルギーの総合したシステムの設計、改善、および実施に関することを扱う。
> ② その場合にIEはこれらのシステムから得られる結果を規定し予測し評価するために、
> ③ 工学的な分析と設計の原理と方法の原則とともに、数理科学、自然科学および社会科学における専門知識と経験を利用する。　IISE

定義①は、規定したアウトプットレベルを達成するために、生産要素（人、資材、情報、設備、エネルギー）の最適組合わせをすることである。

定義②は、技術段階で5つの生産要素の最適組合わせを考えて製品や工程を設計し、標準を決める。さらに、製造段階では日々変化する品種や生産量に対し、標準を使って最適組合わせを計画し、PLAN–DO–SEEの管理サイクルを回す。

定義③のIE手法には、製造方式の改善をめざすメソッドエンジニアリング（方法改善）と実施効率の管理をめざすワークメジャメント（作業測定）がある。

■人・資材・情報・設備・エネルギーの組合わせ

アウトプット条件が決まると、IEはこれを達成するために最小のインプットになるように、生産要素の最適組合わせを考える。図表7・5に示すように、生産要素には、人、資材、情報、設備、エネルギーの5つがある。生産性を測るとき、この5つの要素を分母に持ってくることで、労働生産性、資材生産性、情報生産性、設備生産性、エネルギー生産性になる。すべてを分母にするとコストの生産性、コストダウンである。生産要素の最適組合わせか否かは「コストで判断する」ということである。

最初の技術段階で、製品や工程の設計に生産要素の組合わせが悪いとロスが出る。中でも設備はもっとも固定性が強いため、過大になりやすい。もともと生産量の増減に対応するために、設備能力に平均20％ほどの余力を残し、80％を正常操業度とすることからも過大になる。

さらに、製造・管理段階では、日々変化する生産量に合わせて人、資材、情報、設備、エネルギーの組合わせを考えなければ、またロスが出る。

図表7・5　5つの生産要素の組合わせ

負荷　生産量

負荷

生産要素

情報　人　エネルギー　設備　資材

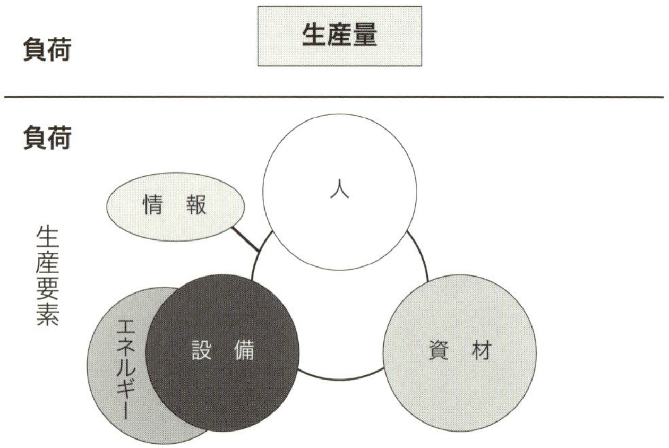

■洗濯をするときの生産要素の組合わせは

家で洗濯をするとき、人は奥さん、資材は洗濯物、洗剤、情報はマイコン、エネルギーは電気、水道の組合わせだとして、ここにロスはないだろうか。家庭では、ほとんど1日1回の洗濯（30分／回）で済むので、操業度はわずか2%（30分÷1440分：24時間）である。これだけ低操業度の設備のロスには誰でも気付き、会社であれば問題となる。

それでは、洗濯機が稼働しているときのロスはどうだろう。一般家庭の洗濯機は5kg（ワイシャツ25枚）の容量が標準タイプである。1日1回の洗濯で済んでいれば、5kgを超える量はまれにしかない。1日何kg洗濯するかを考えずに洗濯機を購入した計画段階の誤りが過大設備投資を生んでいる。さらに、洗濯が日課であれば、半分（2.5kg）の量でも洗濯するが、実施段階には電気代などのロスを引き継ぐことになる。

では、どのような対策があるだろう。5kgの量が溜まったときに洗濯すると「負荷（洗濯量）＝能力（洗濯容量）」になり、毎日洗濯することもないので時間の節約になる。さらに、洗濯機を買わずに、週1のコインランドリーの利用もよいかもしれない。しかし、まとめて洗うと洗濯待ちのワイシャツ在庫か増えるなど、すべての生産要素をムダなく使うことは難しい。どの組合わせが最小コストになるかで最適製造方式を選択する。

■すべての生産要素が100%使われることはない

洗濯機の例に沿った実務問題をやってみよう。図表7・6は、縦10×横10、合計100個のロットで生産するコーヒーカップラインである。初工程より①供給、② 成形、③ 切断、④ 検査包装の4工程の同期生産であるが、最終の人手で行う検査包装が追いつかず、機械スピードを約15%落として生産していた。アウトプットにすべての生産要素が100%使われることが望ましいが、図表7・6の改善前は、各生産要素はどれほど使われていただろうか。

材料は四角から丸をとる端材部分に約25%のロス、上下左右に出る端材15%のロスと合わせて60%（100－25－15）の歩留率である。上下左右にまとめて出る端材よりも製品1個に分散して発生する歩留ロスは見過ごしやすい。

設備は成形機と金型の大きさを比べると成形機の縦横寸法に余力があり、機械スピードの低下15%と合わせてわずか50%の有効利用率である。設備は順調に稼働していると思われる中で発生する性能と寸法の利用ロスが見過ごしやすい。

人はネックなので100%の利用率である。このように、すべての生産要素が100%使われている生産システムはなく、ネックプロセス、ネック生産要素を

図表7・6　最適組合わせに改善する

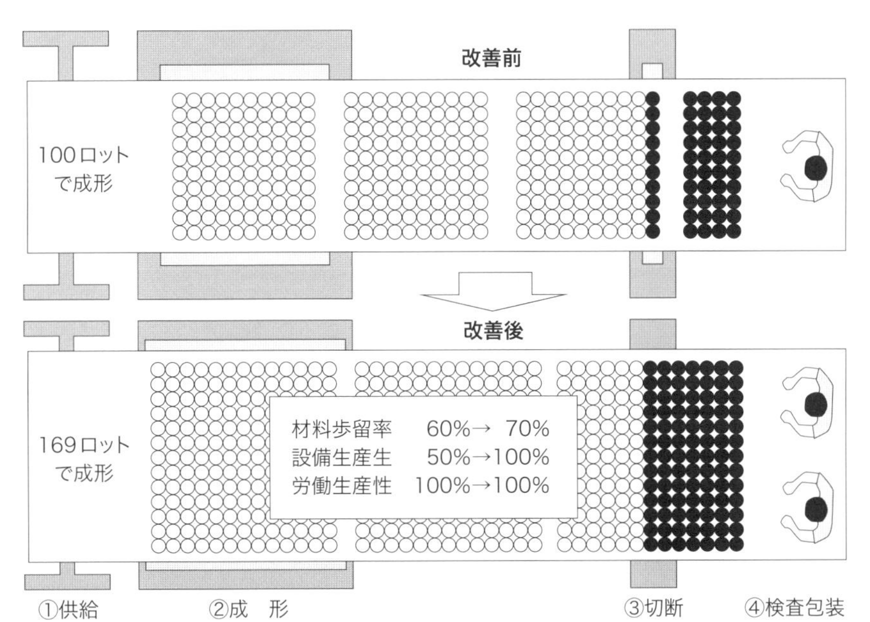

攻める課題が見つかる。

図表7・6下は改善後を示している。組合わせを替えやすい生産要素は材料、人、設備の順であり、設備が有効利用できるよう材料と人をつけると、よい組合わせになる。

改善後は、品種によってスリットしていた材料幅を固定し、成形の設備能力が生きる大きな金型を作成して2人作業にした。材料70％、設備100％、人100％の組合わせになる。

以上、生産要素の最適組合わせはコストダウンの定石である。

(4) ネックを対象に取り上げる

■制約条件の理論（TOC：Theory of constrains）に学ぶ

イスラエル人の物理学者であるE・M・ゴールドラットが提唱した制約条件の理論（TOC：Theory of constrains）は、あるシステムの目的（ゴール）を継続的に最大化することをねらう経営哲学で、「ネックを潰せ」という考え方である。制約条件の理論では、スループットの極大化を経営目的にしている。スループットとは付加価値のことであるが、受注からお金の回収までのプロセスを鎖に見立てて説明する（図表7・7の鎖の絵）。

受注から材料入手、生産、納入、請求、入金という、最終的にお金が入ってくるまでの個々の活動が鎖の輪の1つひとつと考えれば、鎖全体の強度は、もっとも弱い輪の強度と等しいように、企業やサプライチェーンの生み出す利益も、もっとも能力の低い活動に制約される。儲けるためにはもっとも弱い鎖の輪を探して強化すればよく、それ以外の輪をいくら強くしても利益には貢献しない。

制約条件を特定し、それを徹底活用するか改善をして、ほかの全プロセスをその制約プロセスに従属させることを繰り返すとボトルネックは移り行き、さらなるネックプロセスが見つかる。こうしているうちにスループットの極大化が図れるというものである。

■ネックプロセスはどこか

レストランは、おしなべて12：00～13：00のランチタイムに顧客回転率を上げるべく努力する。入店して席に案内されてオーダーすると、配膳係がそれをハンディ端末に入力して厨房に伝送する。厨房では品名が書かれた大きめ

図表7・7　ネック対象に管理と改善アクションを

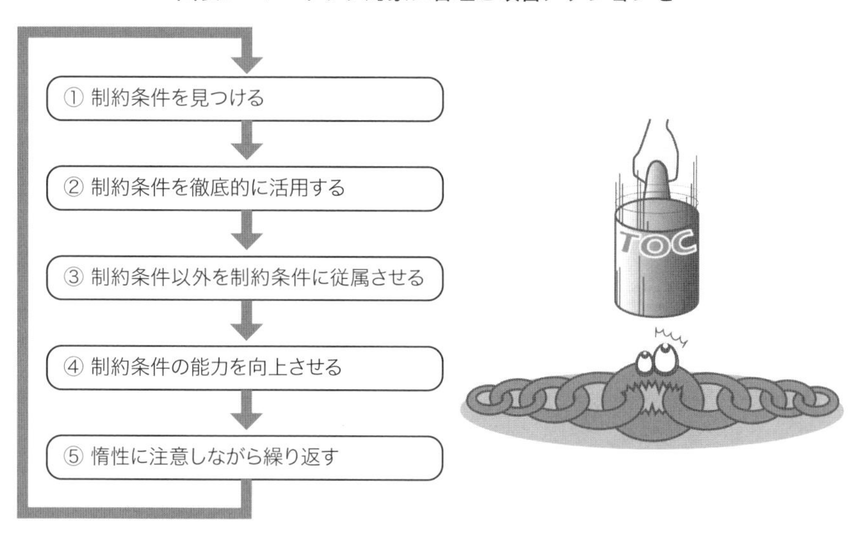

の伝票を出力順に並べて準備する。ここまではよいが、ときどきオーダー順に配膳されないことがある。一体どこで順番が変わったのだろう。ちょっと、厨房を覗いてみよう。

厨房では、カレーの次にハンバーグ、また1つ置いてカレーの伝票があると、調理人はカレーを2個まとめてつくっていた。カレー、1つ置いてまたカレーでは手間がかかると考えてのことである。そして、配膳人もできた順に配膳をしたので順番が変わったのだ。

では、注文順につくるべきか、まとめてつくる方が正しいのか。

■ネックを潰す管理と改善アクション

TOC（制約条件の理論）はネックに改善対象を絞り込む。図表7・7に示す5ステップの中で「① 制約条件を見つけ」たら「② 制約条件を徹底的に活用する」とはネックに管理対策を打つことである。それでも解消できなければ「④ 制約条件の能力を向上させる」改善対策を打つ。ここに、改善より管理の対策を優先している点に注目したい。

レストランの顧客回転率を上げるためのネックは配膳までの顧客の待ち時間である。それを最小にするのは調理の生産性向上であり、まとめてつくる調理人の判断は正しかった。また、テーブルごとのオーダーをまとめて配膳できればさらによい。同一テーブルの顧客は同時に配膳されることを望んでいるのである。以上は、管理面の対策である。

これ以上に時間を短縮するには、温める、盛付けする、タレをかけるなど最小時間でできる設計・工程改善を行うことである。ユニットをモジュール化（標準化）して、工場でまとめてつくるマス・カスタマイゼーションが効果的である。それも注文が多く、つくるのに時間がかかるユニットに改善対象を絞り込むことである。

■組合わせのネック生産要素は何か

先にあげた洗濯機の正味7分の洗濯時間を短縮したいと考えたとき、TOCを適用して改善してみよう。洗濯機は1つの設備で多品種を同時生産する混流生産である。そこには、汚れが落ちるまでの7分の時間を制約している生産要素がある。

それが洗濯物であれば、もっとも汚れの激しい洗濯物がネックである。子供のモノであれば浸け置き、ワイシャツであれば、汚れの激しい袖口や襟元の部分洗いの対策がある。洗剤がネックであれば強力洗剤、水がネックであれば温水を使う対策がある。

こうして、アウトプットを規定してからインプットに絞り込む。

インプットの生産要素（人、資材、情報、設備、エネルギー）に絞り込む →
生産要素のネックに絞り込む

以上のように、コストダウン課題に何を取りあげればよいかを絞り込んで対策を考えると、生産要素のバランスのよい組合わせが見つかる。

7-3　あるべき姿：どれくらいコストが下がるか

(1) 量的分析から質的分析へ

「誰」「何」の次は「どれくらい」である。会社はコストダウン対象に赤字製品を、現場では段取り時間短縮など質的に見て異常状態を課題に取り上げるが、効果から考えると正しい選択とは言えない。

業績向上をねらうのであれば、コストダウン効果の大きい課題を取りあげたい。その優先順序は、量（量的分析）から質（質的分析）へ、金額または生産量の大きい対象からやりやすい対象の順に取りあげることである。

図表7・8　量的分析と質的分析

量的分析
金額・量が大きい対象
・ＡＢＣ分析
・ＰＱ分析
金額・量が大きい内容
・ポートフォリオ分析

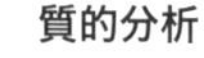

質的分析
容易性:やりやすい
・容易性分析
・機能分析
基本・補助・ロス区分
・バラツキ分析
・理論値の追求

	現状就業時間	改善効果予測
	単位当り　量　時間	単位当り改善　量　改善時間
段取加工	**20分** × 6回 ＝ 120分 **2分** × 180個 ＝ 360分	**10.00分** × 6回 ＝ 60分 **0.33分** × 180個 ＝ 60分
合　計	＝ 480分	段取10分は加工0.33分と同じ改善効果である

図表7・8に示すとおり、量的分析には、改善対象を売上金額、生産金額、購入金額の多い製品、部品から取り上げるABC分析、数量の多いものから取り上げるPQ（Product & Quantity）分析がある。質的分析には、基本、補助、ロスに機能を区分する容易性分析がある。

図表7・8下は段取りと加工の改善効果を比較したものである。1日480分の中で段取りは25%、加工は75%の構成であり、加工改善を優先する方が有利である。1回の段取り時間を10分短縮する効果は、加工で1個0.33分(20秒)短縮する効果と同じである。効果の大きい改善をねらうには、母数の大きいものを対象にするとよい。

(2) 分析型から設計型（理想追求）のコストダウンへ

■リサーチアプローチとデザインアプローチ

量的分析の次は質的分析、コストダウンのやりやすさの分析である。図表7・9に示すように、問題解決のアプローチには、リサーチアプローチ（現状から出発して問題点を探し、改善案を作成する分析型）と、デザインアプローチ（あるべき姿から出発して、現状とのギャップを見つけ、実施可能なレベルで改善案を作成する設計型）がある。いずれも、最終の改善案は同じように見えるが、デザインアプローチの方が高いレベルに落ち着くし、あらかじめあるべき姿で

図表7・9　リサーチアプローチとデザインアプローチ

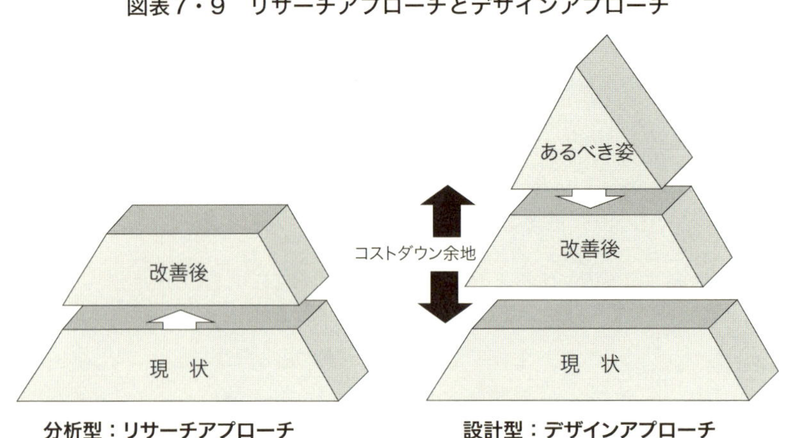

ある極致を描いているので、改善方向を見誤ることがない。コストダウンにおいても、最初にあるべき姿としての理想原価を描いて、これに向かってコストダウンをすると、大きな成果につながる。

■現状とあるべき姿のギャップはコストダウン余地

図表7・10に示す水道の蛇口は、リサーチアプローチによりAタイプからDタイプまで、何百年もの歳月をかけて改善されてきた経緯がある。

・最初のAのネジタイプでは、手を洗う間に「栓を捻（ひね）る→ 持ち替える → 栓を捻る → 持ち替える → 栓を捻る → 手を洗う → 栓を捻る → 持ち替える → 栓を捻る → 持ち替える → 栓を捻る」の11の作業がある。この作業は長きにわたって続けられてきた。

・Bタイプの片手で2つの栓を操作するよう改善すると「栓を捻る → 持ち替える → 栓を捻る → 手を洗う → 栓を捻る → 持ち替える → 栓を捻る」の7つの作業になる。

・Cタイプでは「栓を捻る → 栓を捻る → 手を洗う → 栓を捻る」の4つの作業になる。

・Dタイプでは手を蛇口にかざすだけで温水が出てきて手が洗える。

デザインアプローチでは、汚れた手がインプット、キレイな手がアウトプットであると規定し、この中で基本機能である「手を洗う」だけでできる作業を設計する。すると、いきなりセンサーを使うDタイプはムリだったとしても、

図表7・10　水道の蛇口の基本機能と改善

インプット　汚れた手 → アウトプット　キレイな手

タイプ	栓を捻る	持ち替え	栓を捻る	持ち替え	栓を捻る	手を洗う	栓を捻る	持ち替え	栓を捻る	持ち替え	栓を捻る
A 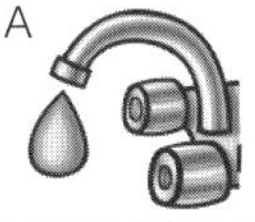	○	○	○	○	○	○	○	○	○	○	○
B 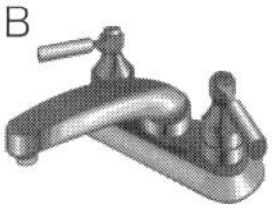	×	×	○	○	○	○	○	○	○	×	×
C 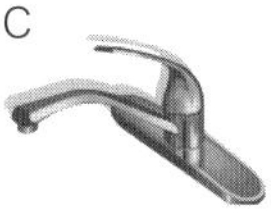			○	×	○	○	○	×	×		
D 			×		×	○	×				

Cタイプの蛇口の設計にはいち早く到達していたであろう。

技術段階で理想原価を実現するには、基本機能だけでできる製品および工程を設計するという立場に立つ。製品は材料を投入して完成品をつくり出すことに直結する機能の部品や作業だけでできることが望ましい。この目的に直結する部品や作業が基本機能で、それ以外はロスと考える。すると、現状とあるべき姿、実際原価と基本機能原価の差が大きい製品や工程はコストダウン余地が大きいと考えることができる。

(3) あるべき姿の理想原価を追求する

図表7・11は、あるべき姿のコストは究極の原価＝理想原価であり、技術段階で行う改善活動に対する理想と、製造・管理段階で行う管理活動に対する理想があることを示している。前者は理想目標原価、後者は理想標準原価である。2つの理想原価を発見するには絶対比較と相対比較の方法があるが、できる限り絶対比較を用いることが望ましい。

技術段階での理想目標原価を見つける際の絶対比較は基本機能の追求、相対

図表7・11　理想目標原価と理想標準原価

責任部門	役割
開発設計 生産技術	改善活動
製造部門 管理部門	管理活動

理想原価	絶対比較	相対比較
理　　想 目標原価	基本機能の追求 **7-4 改善余地分析**	他社製品との比較 TEAR DOWN
理　　想 標準原価	理論値の追求 標準・実際比較 **7-5 管理余地分析**	バラツキの追求

比較は他社製品との比較、TEAR DOWNがある。とくに基本機能の追求は設計段階と生産技術段階の改善余地を発見する柱になっている。基本機能は材料費では製品の設計上不可欠な機能を有する材料であり、加工費では製品の加工・変形・変質等を伴う作業である。

製造段階での理想標準原価を見つける際の絶対比較は理論値の追求、相対比較はバラツキの大きさを比較するバラツキの追求がある。

7-4　改善余地はどれくらいあるか

(1) 売上高のABC分析

改善余地を見つけるには量的分析から入る。図表7・12に示すように売上

図表7・12　量的分析：ABC分析

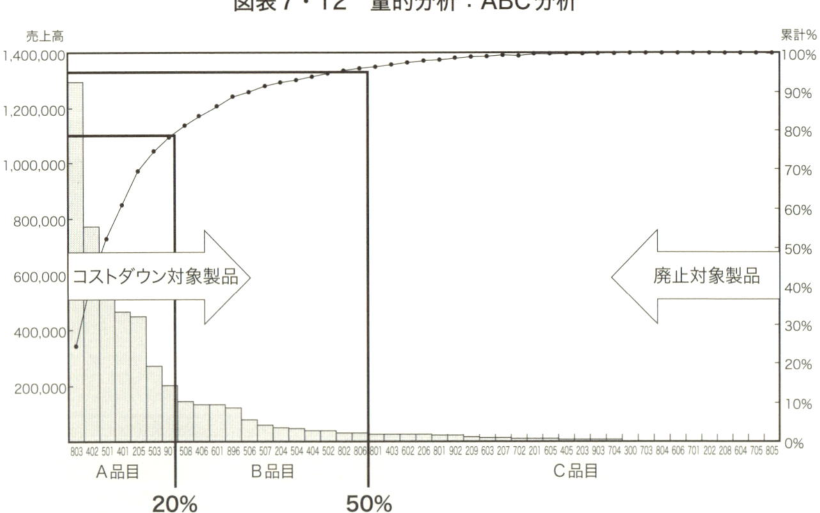

高のABC分析を行って、上位の品目から20％をA、20～50％をB、残りをCグループとして層別する。通常はAグループの品目で売上高の80％を占めるので、改善対象製品をA品目に絞り込む。

(2) 原価のポートフォリオ分析

■付加価値・付加価値率とは何か

改善によるコストダウン対象製品を選定するのに、製品別の標準原価情報を入手する。A品目を対象に原価計算を行い、限界利益率と付加価値率を計算する。

付加価値とは企業が生み出した正味の価値をいい、売上高に対する付加価値の比率を付加価値率という。付加価値は外から購入した材料費と売上高との差であり、社内で加工を加えたかどうかは関係なく、外部から購入した材料から、顧客価値の高い製品を開発・設計して高価格の製品ができればよい。したがって、研究開発タイプの会社の付加価値率は高いのが普通である。

付加価値率は（売上高－材料費）÷売上高で計算する。製造業の付加価値率の平均は約50％で、材料費の倍が売値である。付加価値率の低い業種は、缶詰製造業、製材業などの1.5次産業であり、高い業種は印刷業、金属工作機械製造業、精密機械機器製造業など加工度の高い2次産業である。

限界利益は売上高と変動費の差額で、限界利益率は「(売上高－材料費－変動加工費）÷売上高」で計算する。なお、変動加工費には直接労務費と変動経費がある。

■限界利益率と付加価値率を使って原価分析

図表7・13の原価のポートフォリオ分析では、縦軸に限界利益率、横軸に付加価値率を取って、限界利益率は35％、付加価値率は50％で線引きする。そして、計算した製品をプロットするとⓍ販売促進型、Ⓨ戦略見直型、Ⓩ改善促進型になる。

・販売促進型製品は限界利益率の高い製品で、売れば売るほど儲かる製品群である。これらは、営業部門が販促投資を行う。

・戦略見直型製品は限界利益率、付加価値率ともに低い製品群で、売値を高めるか材料費を低減して付加価値を向上させる。これができるのは開発・設計部門で、開発投資が必要である。また生産の継続を問われる製品でもあり、とく

図表7・13　原価のポートフォリオ分析で改善対象を絞る

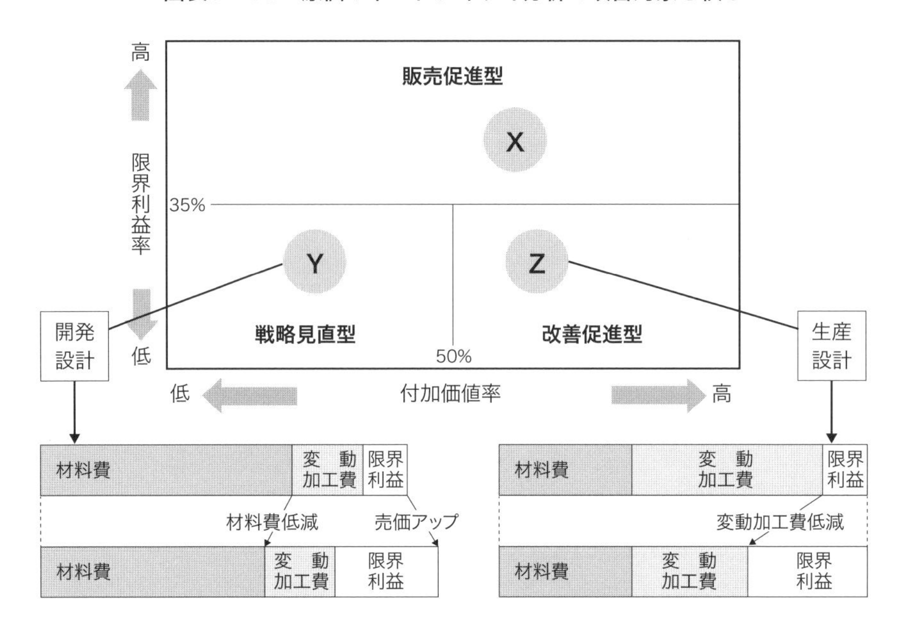

に限界利益率がマイナスになる製品は中止か改善かを即決する必要がある。

・改善促進型製品は付加価値率は高いが、限界利益率が低い製品群である。もともと付加価値は大きいので、変動加工費を低減して限界利益を向上する。これができるのは生産技術・製造部門で、生産技術投資を行う。

また、変動加工費の低減には、賃金格差を活用しての海外生産の活用がある。日本に比べて1/10の賃金レベルの国ならば変動加工費はほぼ1/10になる。

Q 原価のポートフォリオ分析をして製品のタイプを分類する

問　下記は品目別の年間売上高と製造原価の内訳である。

①売上高のABC分析を行い、売上高の約60%を占める製品について

②付加価値・付加価値率と限界利益・限界利益率を計算し

③ポートフォリオ分析を行って製品のタイプ分類をせよ。

原価低減分析表

（単位：千円）

品目	売上			製造原価の内訳					付加価値		限界利益	
	金額	%	累計%	材料費	直接労務費	間接労務費	変動経費	固定経費	金額	%	金額	%
A	144,000	6		96,000	25,000	17,500	22,400	20,160				
B	72,000	3		48,000	12,458	8,721	12,147	10,932				
C	89,400	4		60,000	8,320	5,824	11,000	9,900				
D	220,500	10		79,485	67,360	47,152	22,940	20,646				
E	199,500	9		74,956	54,670	38,269	31,969	28,772				
F	28,350	1		3,059	15,470	10,829	8,680	7,812				
G	551,742	24		155,504	76,800	53,760	42,005	37,805				
H	103,669	5		41,468	34,500	24,150	10,762	9,686				
I	250,569	11		134,770	45,606	31,924	21,120	19,008				
J	206,250	9		126,562	10,750	7,525	11,000	9,900				
K	212,625	9		136,563	13,450	9,415	8,824	7,942				
L	196,875	9		112,500	14,820	10,374	6,555	5,900				
計	2,275,480	100		1,068,867	379,204	265,443	209,402	188,463				

原価のポートフォリオ分析

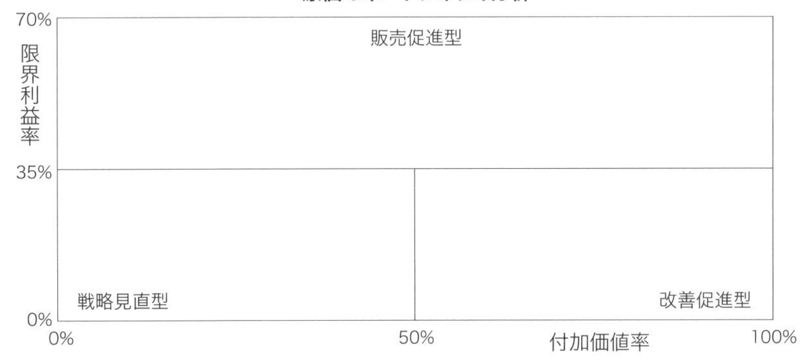

A

計算順	①売上高		材料費		②付加価値			付加価値率	②		直接労務費		変動経費		限界利益		限界利益率
G	551,742	−	155,504	=	396,238	÷ ①	=	72%	396,238	−	76,800	−	42,005	=	277,433	÷①	= 50%
I	250,569	−	134,700	=	115,799	÷ ①	=	46%	115,799	−	45,606	−	21,120	=	49,073	÷①	= 20%
D	220,500	−	79,485	=	141,015	÷ ①	=	64%	141,015	−	67,360	−	22,940	=	50,715	÷①	= 23%
K	212,625	−	135,563	=	76,062	÷ ①	=	36%	76,062	−	13,450	−	8.824	=	53,788	÷①	= 25%

※上記の品目順に売上高の約60％まで計算する。

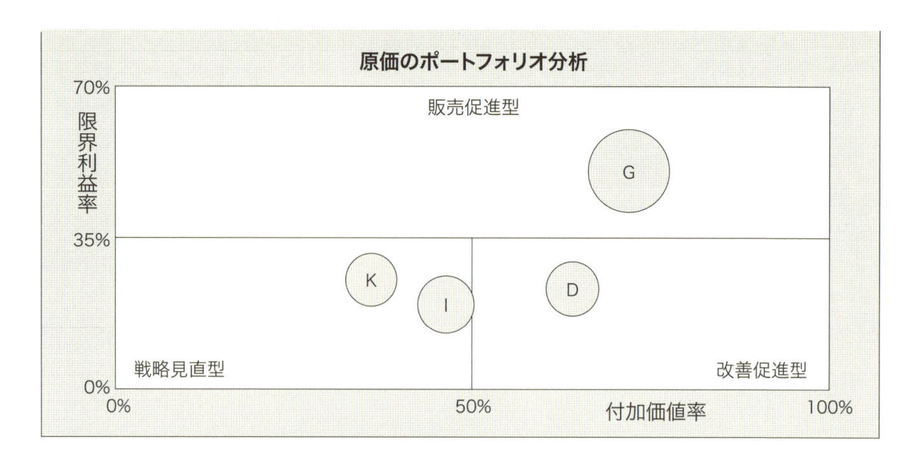

(3) 材料費はどれくらい改善できるか

改善によるコストダウン目的の原価計算では、標準原価を構成する材料費・加工費をさらに、改善のやりやすさから基本、補助、ロスの原価に細分する。

■理想材料費とその改善余地

図表7・14　標準材料費の構成と理想材料費

<table>
<tr><td colspan="3">標準材料費＝標準投入材料</td></tr>
<tr><td colspan="2">完成材料</td><td>技術歩留ロス</td></tr>
<tr><td>基本機能
製品の設計上不可欠な機能を有する材料</td><td>補助機能
基本機能を補助する材料</td><td>・設計技術上発生する歩留ロス
・生産技術上発生する歩留ロス</td></tr>
<tr><td>基本機能材料費</td><td></td><td></td></tr>
<tr><td colspan="2">←理想材料費→
基本機能＋補助機能1/2</td><td>←改善余地→</td></tr>
</table>

原価のポートフォリオで、戦略見直製品は材料費低減の方向で検討する。図表7・14は標準材料費＝標準投入材料で決まる材料費を改善のやりやすさから基本機能、補助機能、技術歩留ロスに区分したものである。基本機能は、製品の設計上不可欠な機能を有する材料、補助機能は、基本機能を補助する材料である。ロスは、設計上と生産技術上発生する技術歩留ロスである。

あるべき姿の理想材料費は、基本機能＋補助機能×1/2、改善余地は実際材料費から理想材料費を引いたものである。改善がやりにくい基本機能の改善余地は0%、やりやすいロスの改善余地は100%、中間にある補助機能の改善余地は50%と推定するからである。

投入材料費に占める基本機能以外の材料が大きなものは改善のねらい目である。

■材料費の基本機能

図表7・15　使い捨てライターの機能分析

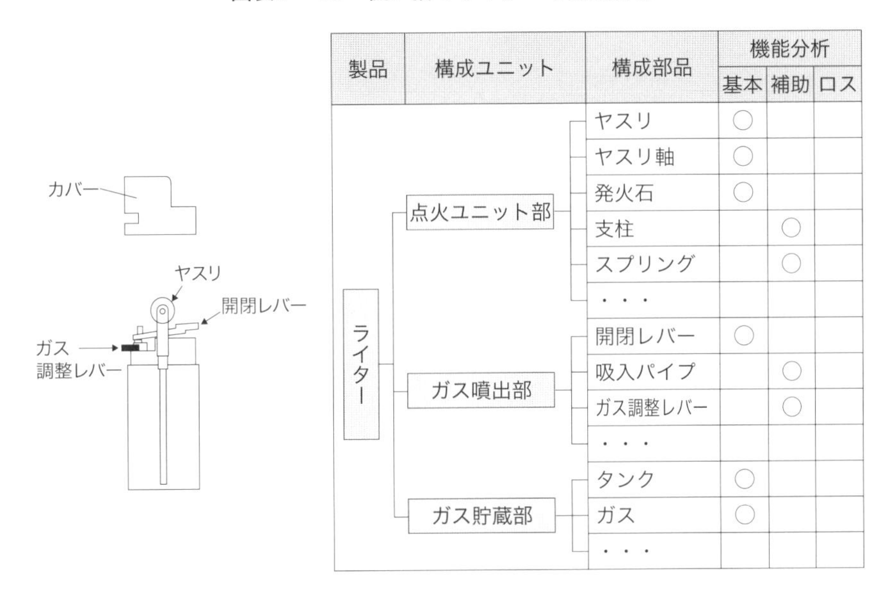

製品	構成ユニット	構成部品	機能分析		
			基本	補助	ロス
ライター	点火ユニット部	ヤスリ	○		
		ヤスリ軸	○		
		発火石	○		
		支柱		○	
		スプリング		○	
		・・・			
	ガス噴出部	開閉レバー	○		
		吸入パイプ		○	
		ガス調整レバー		○	
		・・・			
	ガス貯蔵部	タンク	○		
		ガス	○		
		・・・			

図表7・15は、使い捨てライターの材料を基本と補助に機能分析したもので、点火ユニット部、ガス貯蔵部、ガス噴出部のユニットに分かれる。さらに「ガス噴出部ユニット」は、ガスを出す「開閉レバー」は基本機能であるが、炎を調整する「ガス調整レバー」やガスを吸入する「吸入パイプ」は補助機能である。

こうして、自社で設計している最末端の部品レベルで機能分析を行い、それぞれの材料費を算定して、基本、補助、ロスとして使われている材料費比率を計算する。ユニット別に比べると「ガス噴出部」は基本機能比率が低くなり、改善のねらい目であることがわかる。

■技術歩留ロス（設計・生産技術上発生する歩留ロス）

① 送り・ピッチ間隔によるロス：生産技術歩留ロスの中で、金型設計により改善できるのが送り・ピッチ間隔による投入材料ロスである。

② つかみ代・先端・後端によるロス：設備仕様により製品とならない投入材料ロスである。つかみ代は機械に固定するのに必要な長さであり、後端は材料を製品・部品に必要な長さに切断した残りの端材である。

③ 気化・液化・減耗ロス：製造上で不可避的に発生する気化・液化により製品とならない投入材料ロスがある。鋳造工程では、金型に注湯するために地金を溶解するが、この段階で約3～5%の地金が煤となり減耗する。また、塗装工程では塗料の気化によって、付着率の低下による投入材料ロスが発生する。

④ 設備付着ロス：製造上、設備に付着することで製品とならない投入材料ロスがある。押出し金型に付着する材料、印刷機に付着するインキ、皮膜処理工程の段取り替時に発生する処理漕の残液ロスなどである。

いずれのロスも機械、材料寸法・取り数、型・治工具などの生産要素の変更を行って、最小の端材になるよう改善する。

（4）加工費はどれくらい改善できるか

■理想加工費とその改善余地

図表7・16は、標準加工費＝標準加工時間を改善のやりやすさから基本機能、補助機能、ロスに分けたものである。加工時間でいう基本機能は、切ったり、削ったり、組み立てたりして、加工、変形、変質を伴う作業である。補助機能は、取置き、運搬、治具セット、検査などの手段として基本機能を補助している作業である。図表7・16にある付帯作業と段取作業比率は補助機能であるが、実質的には小さい時間比である。ロスは、同期生産で各工程のサイクルタイムが均一でないために発生するバランスロスと、複数の人や機械の作業が干渉し合って発生する干渉ロスがある。

あるべき姿の理想加工費は「基本機能＋補助機能×1/2」、改善余地は「ロス＋補助機能×1/2」で求める。材料費と同様に、改善がやりにくい基本機能の改善余地は0%、やりやすいロスの改善余地は100%、中間にある補助機能

図表7・16　加工費の構成と理想加工費

標準加工費＝標準加工時間				
主体作業		付帯作業	段取作業	メソッドロス
基本機能 **製品の加工・変形・変質等を伴う作業**	補助機能 基本機能を補助する作業	非サイクル作業	準備・後始末作業	バランスロス 干渉ロス
基本機能加工費				
←　理想加工費　→ 基本機能＋補助機能1/2		←　改善余地　→		

の改善余地は50％と推定する。

加工時間に占める基本機能以外の時間が大きなものは改善のねらい目である。

■基本機能：加工、変形、変質を伴う作業とは何か

図表7・17に示すように、工場に材料がインプットされてから製品として工場からアウトプットされるまでのプロセスを、小物ライン、箱詰めラインのように、いくつかの活動単位に分ける。この活動単位を1つの改善対象とし、

図表7・17　基本機能はどれか

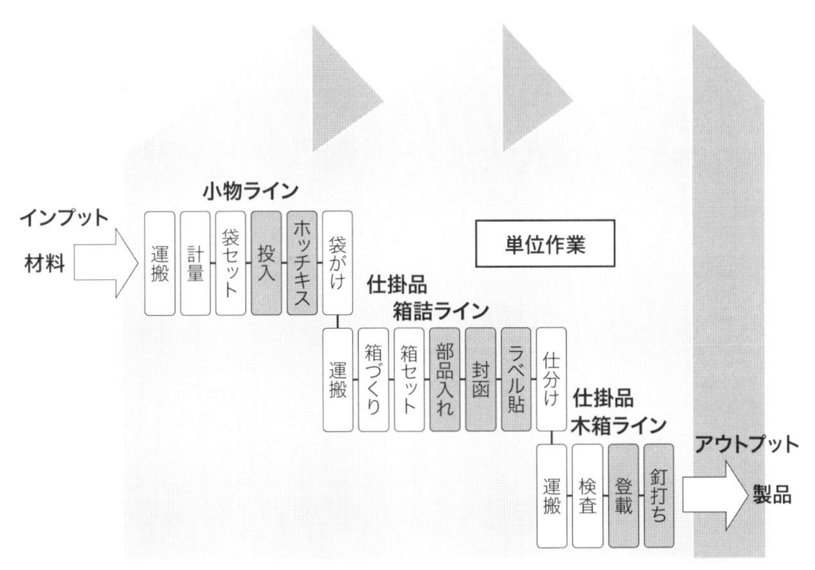

そこにインプットされた材料が製品としてアウトプットされるまでの一連の処理プロセスを分析する。

処理プロセスをあまり細かい作業レベルに分けると基本機能の比率が小さくなるので、通常は単位作業レベルに分け、インプットされた材料がアウトプットされる製品の形に直結する加工、組立、変形、変質を伴う作業を基本機能とする。そして、基本機能を補助する作業を補助機能、バランスロスと干渉ロスをロスとして分析する。

図表7・17の箱詰ラインでは、部品入れ、封函、ラベル貼りが基本機能の単位作業である。

■機能分析は直接時間研究またはワークサンプリングで

機能分析の結果、定義された単位作業レベルで直接時間研究またはワークサンプリングの手法を用いて、基本機能、補助機能、ロスの比率を算定する。ワークサンプリングとは、人が行っている仕事の種類、機械の稼働状態などを瞬間的に観測し、それらの観測の積重ねによって、各観測項目の時間構成や、推移状況などを統計的に推測する方法である。

図表7・18　ワークサンプリングによる機能分析

作業＼観測時間	8:07	8:12	8:27	8:45	9:07	9:19		合計度数	度数%	人数
箱づくり	///	//		//	///	//		30	16.7	1.5
箱セット			/					4	2.2	0.2
部品入れ	卌	///	////	//	/	//		76	42.2	3.8
封函	/	//	/	//	/	//		20	11.1	1.0
ラベル貼り			/	/		/		12	6.7	0.6
仕分		//	/	//	/	//		20	11.1	1.0
その他			/		///			18	10.0	0.9
合計	9	9	9	9	9	9		180	100.0	9.0

図表7・18はワークサンプリングの結果、それぞれの単位作業の構成比率を算定した。8時07分に現場に行って、9人の作業員の単位作業を見ると、箱づくりに3人、部品入れに5人、封函に1人の作業員が作業していた。このような観測を複数回繰り返し、観測回数180回の中で108回（76＋20＋12）が基本機能で、基本機能60%、補助機能40%を算定する。

■バランスロスと干渉ロス

バランスロスは生産ラインを構成する各工程間の作業量（作業時間）のバランスが取れていないために発生するロスである。ライン作業ではネック工程(工程の中でもっとも時間を要する工程）の作業量により製品の出来高が決まるため、作業時間の少ない工程には「待ち」、バランスロスが生じる。図表７・19左のピッチダイヤグラムでは、ネック工程の５分に満たない各工程のバランスロス合計は５分（1.5＋1.0＋1.5＋1.0）あり、20％（５分÷25分）のバランスロス率になる。

人－機械、または複数の人からなる連合作業において、作業量のアンバランス、作業者または機械相互間のタイミングのズレによって発生するロスを干渉ロスという。図表７・19右は連合作業分析表で、人の干渉ロス率は60％、設備干渉ロス率は40％ある。

バランスロスと干渉ロスはワークサンプリングでもわかるが、人を対象にしてワークサンプリングを行うと、これらのロスが少なく観測されることがある。それは、人がラインスピードに合わせて自らの作業ペースを調整するからであ

図表７・19　バランスロスと干渉ロス率

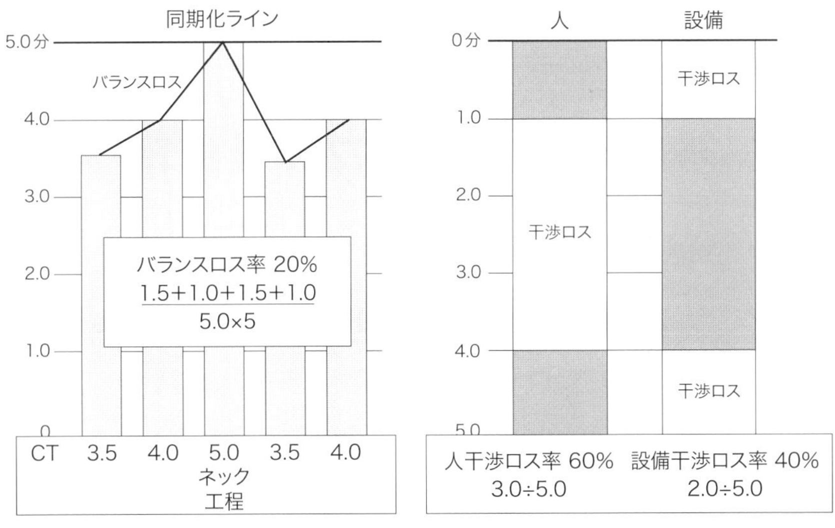

同期化ライン
5.0分
バランスロス
4.0
3.0
2.0
1.0
0
バランスロス率 20%
1.5+1.0+1.5+1.0
5.0×5
CT　3.5　4.0　5.0　3.5　4.0
ネック
工程

人　設備
0分
1.0
2.0
3.0
4.0
5.0
干渉ロス
干渉ロス
干渉ロス
人干渉ロス率 60%　設備干渉ロス率 40%
3.0÷5.0　2.0÷5.0

る。この現象が見られる工程には、直接時間研究やVTR分析の結果から、より確かな機能比率を算定する。

Q 基本機能だけでできるラインを設計する

問3　先の茄子ラインの作業の中で、インプットは茄子、アウトプットは5kg封函茄子とすると10個の作業の中で基本機能に該当する作業はいくつあるかを挙げなさい。

問4　基本機能だけでできる改善後のレイアウトと配置人員を描きなさい。

A

問3

このケースでI/Oを考えると、インプットは入荷された茄子で、アウトプットは5kg入りのダンボールに梱包された茄子である。基本機能は下記の5つである。
② 洗浄、③ ヘタ取り、⑥ 冷凍、⑨ ダンボール詰めと重量測定、⑩ 封函

問4

理想的なラインは、インプットしたものがアウトプットをするのに必要不可欠な人・資材・情報、設備・エネルギーを使って、基本機能だけでできる作業を設計する。理想の工程は② 洗浄 → ③ ヘタ取り → ⑥ 冷凍 → ⑨ ダンボール詰めと5kgの重量測定 → ⑩ 封函である。どうしても必要な補助機能の作業は後で付加する。

台車とトレーを廃止して、コンベヤ上で3人の作業員がヘタ取りを95%の製造

歩留率で行い、冷凍後の茄子をダンボール詰めして5kgの重量測定、自動封函機で封函する。

コンベヤ長さ半減、冷凍容量半減の改善後の理想的なラインができあがる。

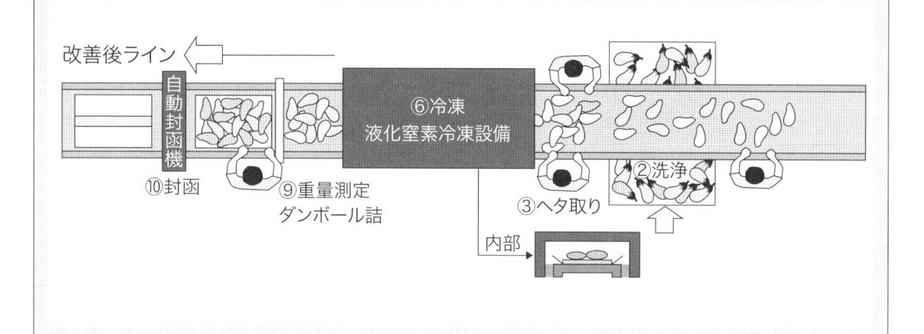

以上の製造方式を標準作業方法とし、標準時間、標準原価を設定して実績を管理する標準原価管理を行う。

■デザインアプローチを推奨する

上記問題を実施してみると、問1と問2のリサーチアプローチでロスを発見する問題では、2～3分ほどの時間がかかり、発見できるロスは3個程度である。しかし、問3のデザインアプローチで基本機能を見つけるやり方では、わずか20秒ほどで正解の5個が見つかる。基本機能以外はすべてロスであるとすればロスの発見も速い。

問4の基本機能だけでできるレイアウトの作成問題では、ほとんどの人は一直線のラインを描き、配置人員は3～4人になる。このように、デザインアプローチを採用することによって速く正解を見つけ出すことができる。

(5) 改善余地の分析結果

加工費の改善対象は変動加工費である。変動加工費の多くは直接労務費であり、直接作業員の多いラインを改善対象に選定することができる。

図表7・20は加工費の基本機能、補助機能、ロス比率を改善モジュール別にまとめたものである。Aラインで理想加工費を求めると、基本機能＋補助機能×1/2が49%なので、改善の可能性は51%とした。Aラインの改善対象人

図表7・20 加工費の改善余地分析のアウトプット

事業部	モジュール	基本機能%	補助機能%	付帯作業%	段取作業%	ロス バランス%	ロス 干渉%	改善可能性	対象人員	改善後人員	効果予想 生産性向上率	効果予想 月額改善効果千円	改善の方向性
コンクリート二次製品	Aライン	33	32	23	2	9	1	51	7	4	175	1,825	
	Bライン	41	22	17	9	11	0	48	4	2	200	982	
	Cライン	21	29	30	10	10	0	64	4	2	200	1,319	・付帯作業（型枠替え）の改善
	Dライン	40	12	34	5	9	0	54	6	3	200	1,394	・バランスロス改善
	Eライン	44	11	14	8	13	10	50	6	3	200	1,566	・バランスロス改善
	Fライン	35	24	4	7	22	8	53	6	3	200	1.371	・バランスロス改善
	Gライン	15	41	8	22	14	0	64	3	2	150	989	・バランスロス改善
	Hライン	24	33	27	6	10	0	59	8	4	200	2,048	・バランスロス改善
	Iライン	25	34	24	7	10	0	58	7	3	233	1,751	・運搬作業の改善
	1　班	50	6	31	13	0	0	47	3	2	150	721	・段取作業改善
	3　班	12	32	19	30	0	6	71	2	1	200	1,009	・運搬作業の改善
	4　班	38	26	2	24	0	10	49	4	2	200	736	
	5　班	14	19	11	42	0	14	76	2	2	200	788	
	6　班	21	25	10	29	0	15	66	2	1	200	685	
その他	第一成型	8	35	3	1	9	45	75	4	2	200	1,147	・干渉ロス改善
	第二成型	7	24	4	6	5	54	81	5	1	500	1,553	・干渉ロス改善
	加工仕上	59	15	8	3	0	15	33	24	16	150	3,064	・補助機能
	乾燥ライン	49	26	0	17	8	0	38	18	11	164	2,100	・乾燥工程up
	1　班	45	40	0	15	0	0	35	2	2	100	241	・段取と運搬作業改善
	2　班	62	20	0	15	0	3	28	6	5	120	578	

員は7人なので、改善後の人員は4人となり、生産性向上率は175%、月額の改善効果は1,825千円と予測し、それを具体化する改善方向迄を検討した。

削減人員（対象人員－改善後人員）の多い改善対象から取り上げると、効率のよい業績向上成果が期待できる。

Q 改善対象製品はどれか

問 改善目標を開発設計部門5千万円、生産技術部門5千万円とすると、優先的改善対象となる製品を選択せよ。

① 売上高のABC分析を行い、

② 売上金額の大きい順に、付加価値率と限界利益率を見て戦略見直・改善促進型に区分し、

③ 基本・補助機能・ロスの機能比率を用いて、原価低減余地金額を算定する。

④ さらに、廃止検討対象製品を選択せよ。

ABC分析	品目	売上		付加価値		限界利益		機能比率 %				材料費低減余地 加工費低減余地
		金額	%	金額	%	金額	%	区分	基本	補助	ロス	
	A	144,000	7.0%	48,000	33.3%	600	0.4%	材料	70	20	10	
								加工	60	25	15	
	B	72,000	3.5%	24,000	33.3%	-605	-0.8%	材料	85	10	5	
								加工	80	15	5	
	C	89,400	4.3%	29,400	32.9%	10,080	11.3%	材料	70	15	15	
								加工	70	20	10	
	D	220,500	10.7%	141,015	64.0%	50,715	23.0%	材料	65	15	20	
								加工	50	30	20	
	E	199,500	9.7%	124,544	62.4%	37,905	19.0%	材料	50	30	20	
								加工	50	40	10	
	F	28,350	1.4%	25,291	89.2%	1,141	4.0%	材料	65	15	20	
								加工	55	30	15	
	G	331,742	16.1%	176,238	53.1%	57,433	17.3%	材料	70	20	10	
								加工	40	40	20	
	H	103,669	5.0%	62,201	60.0%	16,939	16.3%	材料	75	15	10	
								加工	50	35	15	
	I	250,569	12.2%	115,799	46.2%	49,073	19.6%	材料	70	20	10	
								加工	60	25	15	
	J	206,250	10.0%	79,688	38.6%	57,938	28.1%	材料	60	20	20	
								加工	60	30	10	
	K	212,625	10.3%	86,062	40.5%	63,788	30.0%	材料	70	25	5	
								加工	65	30	5	
	L	196,875	9.6%	84,375	42.9%	63,000	32.0%	材料	60	25	15	
								加工	60	30	10	
計	計	2,055,480	100.0%	996,613	48.5%	408,007	19.8%					

A

	開発設計	生産技術
① G：（176,238 － 57,433）× 0.40 ＝		47,522千円
② I：（250,569 － 115,799）× 0.20 ＝	26,954千円	
③ D：（141,015 － 50,715）× 0.35 ＝		31,605
④ K：（212,625 － 86,062）× 0.175 ＝	22,149	
⑤ J：（206,250 － 79,688）× 0.30 ＝	37,969	

※　売上高の大きいG、I、D、K、Jの順に計算し、それぞれ原価低減余地が５千万円に到達したら計算を止め、アクションに移る。

開発設計改善対象製品			生産技術改善対象製品			廃止検討対象製品		
No.	製品	改善金額	No.	製品	改善金額	No.	製品	改善金額
⑤	J	37,969	①	G	47,522		B	
②	I	26,954	③	D	31,605			

※限界利益マイナス製品

7-5　管理余地はどれくらいあるか

(1) 管理のあるべき姿は理論値・理想標準原価の追求

管理活動によるコストダウン余地を予測することは改善余地の予測よりやさしい。標準原価管理の実施段階では部門別の標準原価と実際原価の原価差異を物量値を使って分析する。その原価差異（管理ロス）を事前に予測するにはサンプリングで実績値を入手し、それを理論値と対比する方法で推定すればよい。

それはコストのマクロとミクロデータ分析により行う。マクロデータとは、経理で把握する費目別実際原価や製造で把握する実際材料消費量、就業工数、人員など、実際に発生しているコストである。ミクロデータとは、1製品を生産するのに必要な材料消費量、工数、機械時間などの理論値である。

両者のデータには差異があり、そこにコストダウン余地の発見がある。つまり、理論値である「あるべき姿」の理想標準原価とあるがままの実際原価とを比較することによってコストダウン余地を分析する。先の500mlのペットボトルの水を30万本生産すれば150百万mlとミクロデータで取り、マクロデータから取った実際払出量153百万mlとの差額を求めた例である。

ここに、理想標準原価とは「技術的に達成可能な最大操業度のもとで、最高能率を表す最低の原価を言い、減損、仕損、遊休時間などに対する余裕率を許容しない理想的水準における原価」である。技術的に達成可能な最大操業度とは80％から100％の間、最高能率とは、歩留率100％、不良0、能率100％、稼働率100％の状態である。

(2) 製造段階は原価のバラツキに挑戦

製造・管理段階でのロスを見つける際のもう1つは、相対比較によりバラツキの大きさを分析する方法である。

「バラツキあるところ、コストダウン余地」に基づき、購入価格の低減余地の分析などに適用する。「原価は何かに比例する」ので、購入価格とそれを決めている変動要因との相関分析を行ってみる。モーターの購入価格は馬力数、電球の購入価格はワット数に比例するなど、購入価格と比例関係のある変動要因との相関をグラフに示すとバラツキがあることがわかる。購入価格の最大の低減余地はその平均値と最低値の差で求めることができるが、すべてを最低値で購入することは難しい。そこで、（平均値－最低値）×1/2までを低減余地として算定する。つまり、購入価格を現状の半分のバラツキの範囲までは抑えることはできると分析して、購買ロス金額を推定する。

（3）管理余地の分析結果

図表7・21はゴム製品製造業での原価ロス分析結果を部門別・管理項目別に月額の原価ロスで示したものである。これによれば、ロス金額は242,200千円／月で、総製造原価の24％がロスとして抽出された。ちなみに、？は少

図表7・21　部門・管理項目別原価ロス分析結果

原価責任	原価ロス項目	ロス金額	内　容
工場長	操業度差異	千円 13,735	正常操業度と実際操業度との固定負担額の差異
製造部長	賃率構成差異	36,954	女子・パート化などの適材適所の人員配置
	予算差異	？	賞与引当金・退職引当金繰入 支払保険料・事業税・特許使用料 経費振替
技術課長	標準歩留差異	38,387	製品設計上発生する材料歩留ロス （通常は原価管理の対象外項目）
	予算差異	2,563	製造経費の消費ロス
業務課長	標準外作業 余剰工数 過勤賃率	？ 3,477	標準設備が使用できない工数ロス 工数の余剰 残業・休出による割増賃金支払額
	予算差異	1,728	製造経費の消費ロス
製造課長	不良差異	5,409	不良による材料および工数ロス
	歩留差異	24,798 2,512	製造上発生する材料歩留ロスおよび前工程 返却による工数ロス
	工数稼働率差異	38,251	工数稼働率の低下による工数ロス
	能率差異	43,484	作業能率低下による工数ロス
生産技術部長	予算差異	9,862	製造経費の消費ロス
購買部長	仕入価格差異	？	材料および外注費の標準価格以上の価格で 購入したことによるロス
	計	242,200	総製造原価（1,014,203千円）の24％

額と考えて分析していない。

ロス金額のトップは能率差異43,484千円で、代表的な目で見て見えないロスである。また、歩留ロスは技術段階の38,387千円と製造段階の24,798千円があるが、前者はスクラップとして目に見えるロス、後者は製造上発生する過量製品重量となる目に見えないロスである。ゴム会社なので、加硫後の端材が技術歩留ロスとして多額なことは認知されていたが、製造歩留ロスがこれほどのロス金額になることは想定外であった。

以上を踏まえて、標準設定とシステムの粗さを決め、標準原価管理システムの構築に進むことになる。

7-6 「誰・何・どれくらい」でまとめる

(1) 改善余地、管理余地の大きいテーマは何か

図表7・23　標準は役割を分ける

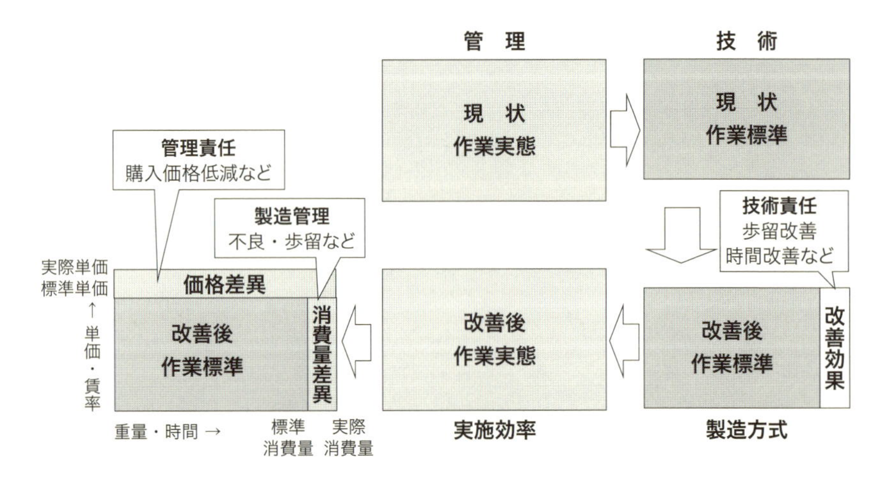

■改善と管理のロスに分けてみる

改善とは「現状の姿を改善後の姿に変えること」と考えがちであるが、現状の姿はあるがままの姿であり、現状の標準を明確にしてから改善に入らなければならない。図表7・22の4つの四角は、改善と管理の違いを示したものである。

現状作業方法は常に現状作業標準からは逸れるのが実態であり、これを現状の作業標準に置き直す。そして、改善とは「現状の作業標準を改善後の作業標準に換えること」である。こうして、改善後の作業標準ができても、実施段階では再びバラツキが出る。実態はそれほど標準からは逸れるものである。だから管理が必要なのだ。

標準作業方法は、決められたアウトプットをつくり出す、最良の方法・手順である。それを時間で測定すると標準時間、お金で測定すると標準原価である。

■単価と消費量は役割が違う

改善後の実態が標準原価から逸れるのであれば、その差異を製造と管理の役割に分けて管理する。図表7・22左は標準原価と実際原価を比較したものである。標準原価は「標準単価×標準消費量」なので、同じ材料費でも、標準単価より高い単価で購入した価格差異は資材管理部門、標準消費量より余分に使った消費量差異は製造部門で管理可能である。

こうして、あらゆる原価を誰かの責任に区分し、しかるべきアクションを期待する。原価責任とは、アクション主体の責任区分である。

標準原価は標準消費量の改善が行われれば、つどの改定・メンテナンスして改善成果を評価するが、標準単価の改定は通常年1度ベースアップ時期に合わせて行う。もともと、標準原価は消費量の管理効果を算定するのに単価の影響を排除し、固定単価で評価しようとする消費量重視の考え方がある。消費量はほぼ100%企業内部努力で管理できるが、単価は外部環境による影響も受けるため100%内部努力という評価はできないからである。

(2) 基本機能だけでできるラインを考える

原価計算から原価管理に入ると難しく感じたであろうが、原価計算と原価分類に戻って実際原価から理想原価までを解説すると図表7・23のようになる。

原価計算では実際製造原価100%を実際材料費65%と実際加工費35%に分け、それぞれを標準材料費、標準加工費と対比して練習問題問2の下記・管理余地を見つけてきた。

・材料費の管理余地…ヘタ取りの歩留ロス、過量出荷

・加工費の管理余地…ヘタ取りの標準作業ロス、トレーの間隔、入り数など

さらに、標準材料費と標準加工費を基本、補助、ロスに区分し、「基本機能＋補助機能×1/2」までを理想材料費、理想加工費として問1の下記・改善余地を見つけてきた。

・材料費の改善余地…5%のヘタ部分、トレー

・加工費の改善余地…台車運搬、搭載・取出、コンベヤ長、冷凍設備空間など
　問3の基本機能だけでできるラインが、問4の改善後のラインである。

・② 洗浄、③ ヘタ取り、⑥ 冷凍、⑨ 重量・箱詰め、⑩ 封函の5つの基本機能＋α

図表7・24　標準材料費と標準加工費は基本、補助、ロスから成る

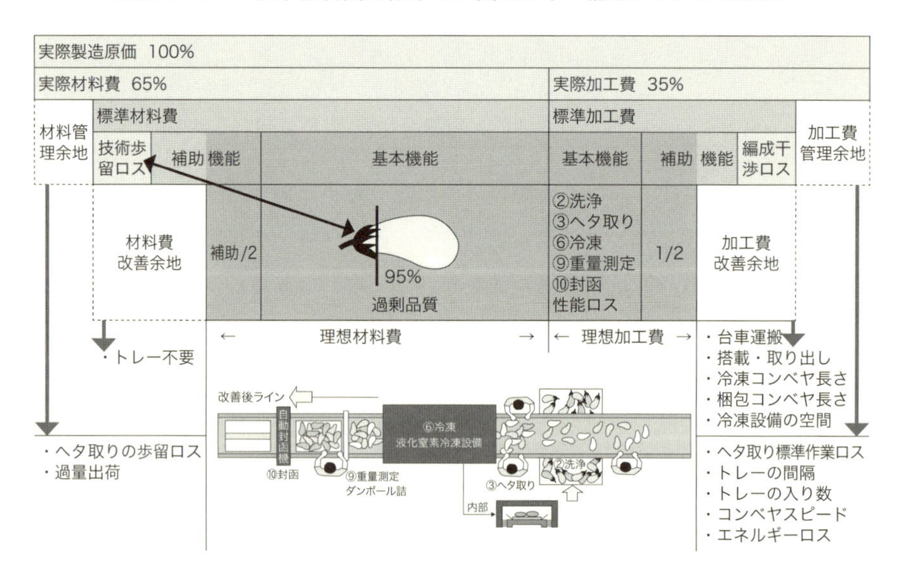

以上のように、原価計算から原価管理に進んで、コストダウン目的に原価情報を活用しようとすると、より詳細な原価分析が必要になる。

(3) 改善余地と管理余地のまとめ

図表7・24は原価低減余地を責任者別にまとめたものである。縦軸に誰：役割を改善と管理に、さらに改善は設計技術と生産技術に、管理は購買と製造作業員と管理者に区分した。横軸には実際原価、その下に標準原価、さらにその下に理想原価（もっとも色の濃い部分）の範囲を示した。理想原価は標準原

図表7・24　原価低減余地まとめ

誰：役割		何：課題		どれくらい　実際製造原価				
				標準原価				原価差異
				理想原価		改善余地		管理余地
改善	設計技術	材料費	VE改善	過剰品質（機能・余裕） 基本機能	補助	機能	技術歩留ロス	設計上発生する端材
改善	生産技術	材料費	IE改善					設備上発生する端材
改善	生産技術	加工費	IE改善	性能ロス（容量・寸法）	取り置き	段取り	バランスロス	同期ライン編成に発生
改善	生産技術	加工費	IE改善				干渉ロス	連合作業に発生
管理	購　買	材料費	単　価		高い資材の購入・・・・・・・・・			仕入価格ロス
管理	製造　作業員	材料費	消費量		液体・気体・粉体材に発生・・・			製造歩留ロス
管理	製造　作業員	材料費	消費量		仕様不適合による不良・・・・・			不良ロス
管理	製造　作業員	加工費	時　間	チョコ停	作業・稼働中の時間ロス・・・・			作業ロス（速度ロス）
管理	製造　管理者	加工費	時　間	ドカ停	手待ち等による非稼働時間・・・			稼働ロス（停止ロス）
管理	製造　管理者	加工費	時　間	設備休止	操業度低下による固定費・・・・			操業ロス（計画停止）
管理	製造　管理者	加工費	賃　率		賃率構成・過勤賃率・・・・・・			賃率ロス

価を基本機能、補助機能、ロスに分けると、「基本機能＋補助機能×1/2」のレベルの原価である。

実際原価と標準原価の差異は管理余地、理想原価と標準原価の差異は改善余地である。

■改善余地は技術部門がコストリダクションによる原価低減の可能性を意味する

設計技術の対象は主に材料費であり、VE（Value Engineering）などの手法を使って材料費の低減改善を、生産技術の対象は主に加工費であり、IE（Industrial Engineering）などの手法を使って生産要素の最適組合わせによる加工費の低減改善を行う。

改善余地の中で見えるロスは設計技術と生産技術段階で発生する技術歩留ロスと同期ラインに発生するバランスロス、連合作業に発生する干渉ロスである。見えないロスは基本機能に含まれる材料の過剰品質（過剰機能・過剰品質余裕）や設備の性能ロス（過剰容量と過剰寸法）である。その中間に補助機能に含まれる取置きや段取りなどのロスがある。

■管理余地は製造・管理部門がコストコントロールによる原価低減の可能性を意味する

管理余地の中で、見えるロスは不良、非稼働、操業度、賃率ロスで、見えないロスは仕入価格、製造歩留、作業ロスなどである。

以上を測定してみると、改善では基本機能の中に含まれる過剰品質や性能ロス、管理では作業中に発生する製造歩留ロスや作業ロスなどに多くのロスがある。誰でも気付くトラブルや非稼働より、順調と考える材料や加工費の中に多くの原価ロスの発見がある。大きな原価ロス項目が原価低減アクションの優先順序になるのは当然である。

第7章のまとめ

■ポイント

・誰が　役割の明確化

　・改善によるコストダウンは設計技術、生産技術の役割

　・管理によるコストダウンは製造、購買、生産管理、品質管理などの役割

・何を　課題の明確化

　・見えるロスより見えないロスに注目する

　・アウトプットを規定してからインプットを攻める

　・生産要素の最適組合わせを考える

　・ネックを攻める

・どれくらい　あるべき姿

　・量的分析から質的分析へ

　・デザインアプローチで理想原価を追求

　・改善活動の理想目標原価は基本機能の追求

　・管理活動の理想標準原価は理論値の追求

・改善余地、管理余地を明確にしてからコストダウンを実践する

第8章

2つの原価管理とコストダウン

―原価企画と標準原価管理（原価差異分析）―

目的別の原価・原価計算分類

手段／目的		会計領域	財務会計	⇐過去	（現在）⇐	管理会計	⇒（未来）	原価レベル		
		原価計算種類	事後原価計算	事前原価計算				実力値A	達成可能値B	理想値C
			実際原価計算	予定原価計算	見積原価計算		標準原価計算			
		原価種類	期間原価		製品原価（製品・部品・工程別）					
			実際原価A	**予定原価B**	**見積原価A**	**目標原価B**	**標準原価C**			
誰：評価	社長・経理	損益計算書	棚卸資産原価	（予想決算書）				○		
	事業部長	事業別原価計算	総原価	**事業戦略業績管理**					○	
	部門長	部門別原価計算							○	
何：アクション	営業	顧客別原価計算	販売費・管理費	（販売予算）	**価格見積**			○		
	設計技術	製品別原価計算	売上原価	**製造予算管理**	原価見積	**原価企画 コストリダクション**	（標準消費量）			○
	生産技術	工程別　〃			（コストテーブル）		（標準時間）			○
	購買	実際原価計算	仕入原価				**標準原価管理 コストコントロール**			○
	製造	・個別原価計算	製造原価							○
		・総合原価計算	材料・労務・経費							○
管理可能性による分類 ⇒			埋没原価・機会原価	管理可能・不能費	増分原価	ライフサイクルコスト	管理可能・不能費			
原単位による分類 ⇒			単価×消費量	材料単価×消費量		加工費レート×時間		標準原価に一元化		
製品との関連分類 ⇒			直接費・間接費	材料費		加工費				
操業度との関連分類 ⇒				限界原価＝変動費			固定費			
原価の集計範囲分類 ⇒			全部原価	部分原価・直接原価計算			損益分岐点			

CONTENTS

技術段階の原価企画と製造段階の標準原価管理によるコストダウンがある。前者は理想目標原価に、後者は理想標準原価にチャレンジすると革新的成果に繋がる。

製造・管理段階は時々刻々動いているので標準原価から常にかい離があるが、不良や稼働率といったトラブル時ではなく、順調に稼働していると考えているところのロスが大きい。現場の物量と原価が一体化したシステムを構築して管理面のロスを見える化すると大きなコストダウン成果につながる。

8-1　原価企画のねらいと手順

(1) 原価企画の定義と手順

原価企画とは
① 中・長期利益計画で必要とされる目標利益を所与の市場環境条件の中で達成するために、
② 顧客の要求を満たす品質・機能・価格・納期などの目標並びに目標原価を決定し、
③ 対象製品の環境負荷低減・要求品質・納期を満たしながら、
④ 企画段階から始まるライフサイクルの全活動にわたって、目標を達成するようにとりはからう全社的活動である。

1960年代に日本の自動車業界で実践されていた原価企画活動は、既存品を対象にしたVE (Value Engineering) による材料費低減活動が中心であった。その後、開発・設計段階で製品の目標原価を設定し、それを達成するマネジメントシステムに発展する。

製品開発のステージは、製品企画、構想設計、基本設計、詳細設計、製造準備へと進んでいくが、図表8・1に示す原価企画は各ステージでPLAN–DO–SEEのマネジメントサイクルを回す。PLANは「目標売価の設定から始まる目標原価の設定活動」、DOは「目標原価を達成する製品・工程設計」、SEEは「コストダウン成果のチェック」である。

最近では、原価企画を原価管理のみならず、利益管理の一環として捉える傾向がみられる。ライフサイクルコストまでを対象にすると、製品を生むコストもさることながら、環境問題も含めた製品の使用時のコスト・循環コストへのウエイトが増大し、原価企画も自ずとこれに合わせた範囲が必要になる。

図表8・1　原価企画の手順

(2) PLAN：目標売価から目標原価の設定まで

図表8・2の制御モーターの例を参照しながら、原価企画の計画段階のStep1：目標売価の設定 ～ Step6：目標原価の割当までを実施し、最後に改善計画書をまとめてみよう。

Step1　目標売価の設定

図表8・2では、目標売価を80,000円に設定している。従来、価格は原価、需要、競争によって決定すべきことは広く認められてきた。しかし、生産者より顧客の立場が強くなると、原価は価格決定の重要な要素ではなくなり、需要と競争、さらには指値による方式に広がっている。

需要・競争・指値による価格決定機構を具現化したものが、市場価格、類似価格、希望価格である。市場価格は、需要と供給の関係で決まる価格、類似価格は、自社または他社の類似品を参考にして決まる価格である。そして希望価格とは、得意先の予算または指値による価格である。

また、価格が売上を左右する重要なファクターである場合、価格戦略のウエイトが高まる。この場合は3つの価格決定要因の他に、価格政策というもう1つのハードルを超えて目標売価が決定する。

図表8・2　目標原価の設定

□見積原価設定 □機能余地分析	目標売価	見積原価	粗利益	限界利益	付加価値	タイプ	コストダウン金額	目標原価
□目標原価設定	80,000	81,944	-2.4%		53%	□戦略見直型		
□目標原価割当	80,000		30.0%		66%	□改善促進型	25,944	56,000

品番 MTA100 品名 制御モーター	見積原価	機能分析			理想原価	改善余地	特定	責任	目標原価
		基本	補助	ロス					
材料費 加工費	37,364 44,580	64% 56%	19% 20%	17% 24%	27,407 29,313	9,957 15,267			27,000 29,000
MTA100 制御モーター	2,900	55%	20%	25%	1,885	1,015	○	AY	1,450
MTA110 ロータユニット部	2,400	60%	20%	20%	1,680	720	○	AY	1,200
MTA111 スピンドル軸	3,570 11,400	38% 60%	0% 20%	62% 20%	1,357 7,980	2,213 3,420	○ ○	SS AY	2,036 7,980
MTA112 ベアリング押え	4,300 6,430	45% 60%	35% 20%	20% 20%	2,688 4,501	1,613 1,929	○ ○	SS AY	2,580 4,410
MTA113 ベアリング	2,400	50%	50%	0%	1,800	600		SS	2,400
MTA114 オイルシール	310	0%	100%	0%	155	155		SS	310
MTA120 モーターケース	5,000 10,000	65% 50%	5% 20%	30% 30%	3,375 6,000	1,625 4,000	○ ○	SS AY	3,500 6,000
MTA121 ナット	4		100%	0%	2	2		SS	4
MTA130 ステータスユニット部	2,000	40%	20%	40%	1,000	1,000	○	AY	1,000

Step2　目標利益率の設定（第一次目標原価の設定）

目標利益率の水準は、企業の利益計画（予算）によって決まるが、一律というわけにはいかない。その際、価格政策を高価格政策、価格維持政策、低価格政策、戦略見直しの4つのタイプに分けて利益率のガイドラインを設定する。たとえば、高価格政策を35%、戦略見直しを−10%の粗利益率の範囲を15%の間隔で設定するなどである。なお、売価と利益率の設定については、第9章「9–3価格決定要素が変わった」で詳述する。

図表8・2の目標利益率は粗利率で30%を見込んでいるので、第1次の目標原価は56,000円（80,000×（100%−30%））になる。目標利益率を算定するときには、限界利益率、付加価値率をも合わせて設定しておく。限界利益率は変動費と固定費の構成、付加価値率は付加価値の高い製品か否かの判断指標に用いる。

Step1の目標売価とStep2の目標利益率の設定で目標売価×（100%−目標

利益率)、第一次の目標原価が算定できる。しかし、この原価でできるかどうかは次の見積原価で検証する。

Step3　見積原価の設定

原価の見積方法には経験見積法、比較見積法、相関分析法、積算見積法の4つがある。

① 経験見積法：見積のベテランが経験とカンで見積価格を算定する方法である。これは実務的には多く使われているが、科学的根拠がないのでこれからの見積方法としては不適当である。

② 比較見積法（類似見積法）：すでに一般的に適正と認められている前例を基準にして、同じまたは類似なものを類推し、必要に応じて修正を加えて見積価格を算定する方法である。過去の実際原価や購入価格の実績から現在見積ろうとしている原価や購入価格を査定する実績法または前値法と呼ばれる方法も、比較見積法の一種である。

③ 相関分析法（コストテーブル）：原価を構成する各要素について、科学的に分析して合理性のある要因によって見積原価を算定する方法である。過去の実際原価や購入価格と原価の変動要因との関係を相関分析したコストテーブルを整備すると、迅速かつ正確な見積とシミュレーションができるのでもっとも推奨する方法である。

④ 積算見積法：図面仕様書などをベースにして、材料費（単価×消費量）、加工費（加工費レート・賃率×時間）を見積もる方法である。詳細見積とも呼ばれ、もっとも正確な見積ができるが、見積に時間がかかる。

新製品を扱う原価企画では、比較見積法か相関分析法がもっとも使用頻度が高い。しかし、新製品であるがゆえに前例がなく「エイヤー」の経験見積法を使用するときもある。原価の集約レベルには概算見積、基本見積、詳細見積がある。原価企画は新製品に対する原価見積なので詳細見積は難しく、通常は基本見積のレベル（材料費、加工費、設計・型費）であるが、標準部品・ユニットには積算見積法を使う。

見積結果の信頼度は、概算見積で信頼度85%、基本見積で信頼度90%、詳細見積で信頼度95%をガイドラインとしている。

図表8・2の現状の実力値（見積原価）は、ユニットに展開した後、材料

費と加工費に分けて見積もっている。見積原価の合計は81,944円（材料費37,364円＋加工費44,580円）になる。

Step4　機能・余地分析

材料費と加工費の内訳を基本、補助、ロスに分ける機能分析を行って、理想目標原価を求める。機能分析は目標原価を理想目標に導く羅針盤であり、デザインアプローチによるあるべき姿の原価を設計段階に織り込むことができる。

しかし、図面もできていない新製品に対して機能分析を行うことは難しいため、類似製品より類推してそれぞれの比率を求める。そして、理想目標原価を「基本機能＋補助機能×1/2」で算定すると、図表8・3に示す3つのパターンのいずれかになる。

Ⓐ 第一次目標原価＞理想目標原価：理想目標原価を目標原価とする。このタイプになるのがもっとも望ましい。

Ⓑ 第一次目標原価＜理想目標原価：理想目標原価を目標原価とする。最初の目標原価ではきつすぎるので、理想目標原価を用いる。

Ⓒ 目　標　売　価＜理想目標原価：理想目標原価は達成不可能であり、付加価値をつけ売価を上げること考える。

図表8・3　目標売価と目標原価の関係

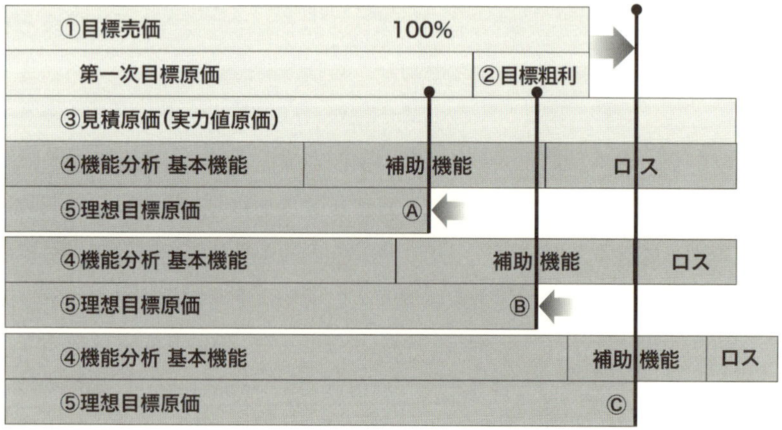

①目標売価　100%
第一次目標原価　②目標粗利
③見積原価（実力値原価）
④機能分析 基本機能　補助機能　ロス
⑤理想目標原価　Ⓐ
④機能分析 基本機能　補助機能　ロス
⑤理想目標原価　Ⓑ
④機能分析 基本機能　補助機能　ロス
⑤理想目標原価　Ⓒ

図表8・2では、機能分析は構造展開の最末端で行い、製品レベルに集計すると、材料費の基本機能64％、補助機能19％、ロス17％、加工費の基本機能56％、補助機能20％、ロス24％が分析される。その結果、「基本機能＋補助機能×1/2」のレベルで理想材料費27,407円、理想加工費29,313円を設定する。

なお、機能分析は時間がかかるので、金額の大きいものや重点ユニットに絞り込んで行うのが実務的である。

Step5　目標原価の設定

目標原価は、理想原価と改善方針をにらみながら、あるべき姿のレベルで設定するが、理想原価に近い値になることは間違いない。図表8・2では、材料費の27,000円は設計者、加工費の29,000円が生産技術者に与えられる目標原価になった。

新製品開発時と既存製品改良時の原価企画活動の手順はどちらも同じであるが、目標原価設定の粗さ、コストダウン着眼点などに違いがある。

Step6　目標原価の設定と割当て

製品レベルの目標原価を責任者別に割り当てるステップである。図表8・2の責任欄にイニシャルを付与しているのは割り当てた設計・生産技術者を指し、特定の○印に絞り込んで目標原価を展開している。過小な金額や重要性の薄いユニットは目標原価設定の対象から外しているため、MTA113 ベアリングのように見積原価がそのまま目標原価になっているものもある。

Step7　コストダウン計画書の作成

図表8・4は原価企画活動を実践する改善計画表で、担当者別にアウトプットする。イニシャルSSは設計担当者で、見積材料費33,084円に対して目標材料費は24,400円で、8,684円（26.2％）のコストダウン目標が与えられている。

そして、その明細は自身が担当するユニットの構成部品別の見積原価、目標原価を示されている。図表8・4では代表例でローターユニットとそれを構成するサブユニットの明細を示した。各人は与えられた設計改善方針に基づいき、達成目標・担当・クリティカルポイントをまとめ、計画書とする。「誰が、何を、どれくらい」の原価情報である。

以降、目標原価を達成する製品設計、工程設計に入る。

図表8・4　改善計画書

総括表	品番	MTA100	生涯生産量	年間生産量	作成年月日	納期年月日
	品名	制御モニター	1,000	500	XXXX 年 1 月 1 日	XXXX 年 3 月 1 日

	見　積		目　標		改善金額	
	金額	%	金額	%	単位当り	年間
売　　価	80,000	100%	80,000	100%	円	千円
材　料　費	37,364	47%	27,000	34%	10,364	5,182
変動加工費	26,100	33%	20,002	25%	6,098	3,049
限 界 利 益	16,536	21%	32,998	41%		
固定加工費	10,250	13%	6,668	8%	3,582	1,791
開　発　費	8,230	110%	2,330	3%	5,900	2,950
製 造 原 価	81,944	102%	56,000	70%	25,944	12,972
粗　利　益	-1,944	-2%	24,000	30%		

損益分岐点売上高	¥10,907,328
損益分岐点売上数量	136

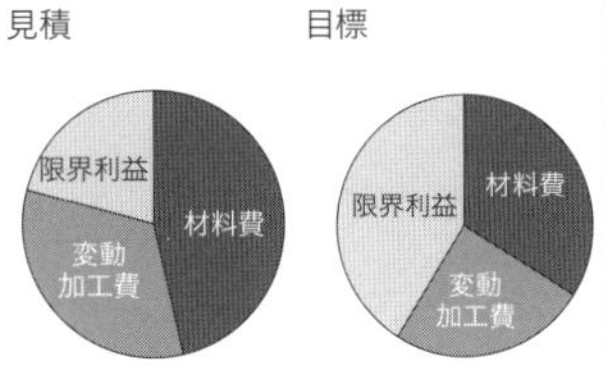

見積　目標

限界利益
材料費
変動加工費

責任者別合計		
表示する責任者		SS
1. 材料費・2. 加工費		1
合計	見積材料費	33,084
	目標材料費	24,400
	コストダウン目標	8,684
	コストダウン率	26.2%

グ　ラ　フ

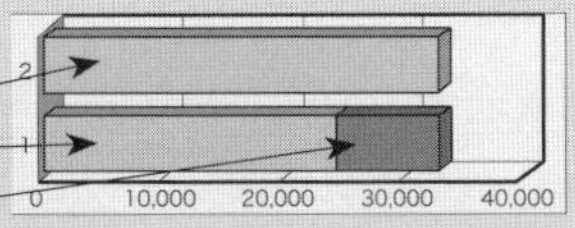

2
1
0　10,000　20,000　30,000　40,000

改善方針

ユニット別内訳		
品番	MTA110	
品名	ローターユニット	
1 内訳 2	見積材料費	10,580
	目標材料費	6,500
	コストダウン目標	4,080
	コストダウン率	39%
品番	MTA150	
品名	ブレーキ	

サブユニット品番	CD%	見積	目標
MTA110		0	0
MTA111	62%	3,570	1,350
MTA112	26%	4,300	3,200
MTA113	25%	2,400	1,800
MTA114	52%	310	150

改善内容

(3) DO：目標原価を達成する製品・工程設計

■目標原価の実行ステップ

図表8・5は電気メーカーで実施している原価企画の実施フローである。この企業では外部より部品として購入する外購費の原価構成比率が高いことが特徴である。

原価企画のPLANに相当する目標原価の設定までを原価企画部門が行い、改善計画書の発行後に図表8・5の太枠内のDO実施段階に入る。

開発設計部門では、構想設計 → 基本設計 → 詳細設計（図面作成）までを

図表8・5　原価企画の実施フロー

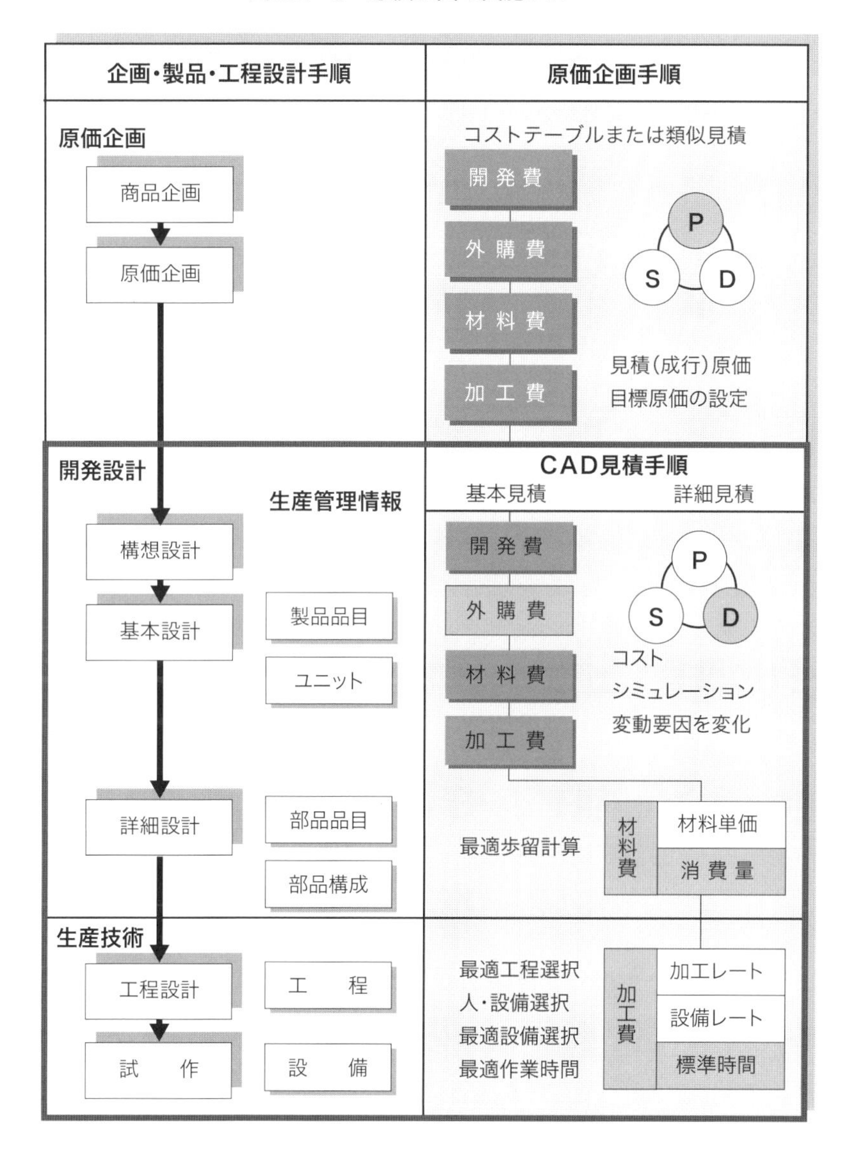

行い、目標材料費の実現までをフォローする。その後、生産技術部門で工程設計を行い、目標加工費の実現までをフォローする。

■CAD見積でコストシミュレーション

図表8・6　CADの見積画面

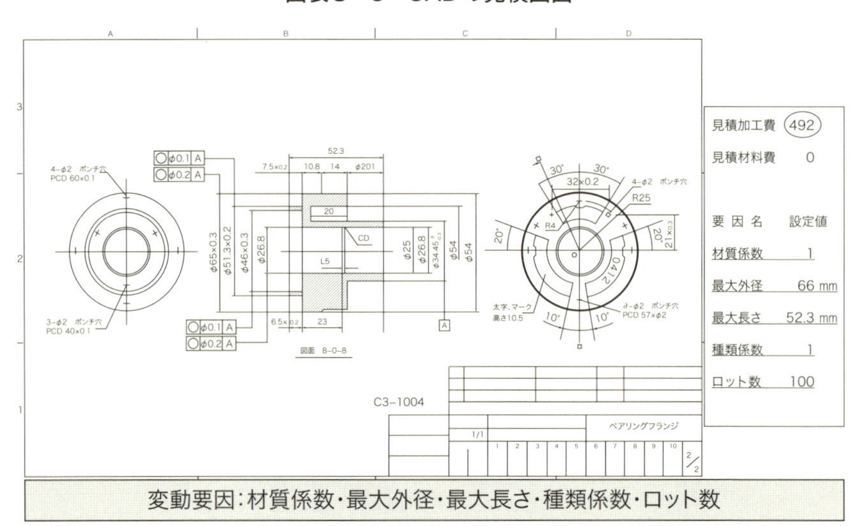

図表8・6はCAD（Computer Aided Design）の見積画面である。CADの画面上で製品設計を行うと同時に、目標原価の達成をシミュレーションしている。設計者は材料費の低減が狙い目であるが、図表8・6の例ではモーターのベアリングフランジの加工費の変動要因（材料係数、最大外形、最大長さ、種類係数、ロット数）が画面右に出ていて、最大外形や長さなどを変えるとどれだけのコストになるかを瞬時に計算してくれている。

生産技術者は加工費の低減がねらい目である。金型設計時の材料取りのシミュレーションなどはCADの画面上で行う。そして、工程設計時には最適工程、最適設備、最適時間の選択ができなければならない。最小工程、最小時間でできる工程が設計できると、それが標準時間、標準加工費になる。

（4）SEE：コストダウン成果の確認

■「目標原価達成率」と「コストダウン率」で評価する

製品設計、工程設計の終了後、原価企画はSEE：統制段階に入り、目標原価が達成されたか否か、どれくらいコストダウンが織り込まれたかをチェッ

図表8・7　目標原価達成率とコストダウン率

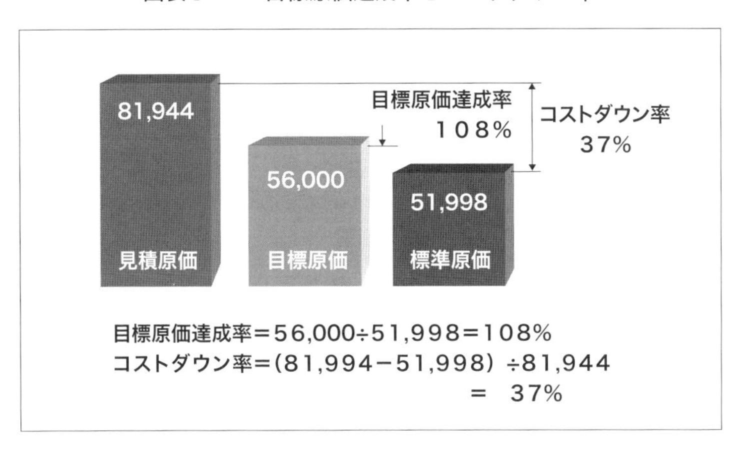

クする。

図表8・7には開発設計段階におけるコストダウン実施状況を、見積原価、目標原価、標準原価の3つの数値を使って2つの指標を示した。目標原価達成率は、目標原価と標準原価の差異で、108％（56,000円×100÷51,998円）、コストダウン率は見積原価と標準原価の差異で37％（29,946円×100÷81,944円）である。

目標原価の達成率にコストダウン率を加える理由は、目標原価を甘く設定しないためである。管理者にとっては目標原価は理想目標原価のあるべきレベルに設定したい。ところが、担当者は目標原価が超えやすいハードルであることを望む。そして目標原価を達成すると、それ以上の努力を惜しむのが常である。

余力を残して戦いに勝利しても成長は望めない。あくまでも「理想を目指すから理想の会社になる」との一貫した理念を貫きたいものである。

■達成率は人別に評価する

図表8・8は技術原価管理月報のサンプルである。数字を動かすのは「人」のアクションであり、評価は人別に行う。ここでは、技術部門全体、開発設計・生産技術課長別、担当者別にブレークダウンするよう月次レポートしている。

もちろん、目標原価は製品別に設定されているので、デザインレビューを行うタイミングに合わせてコストレビューも行い、担当者別に問題点の検討を行っている。

図表8・8　技術原価管理月報のサンプル

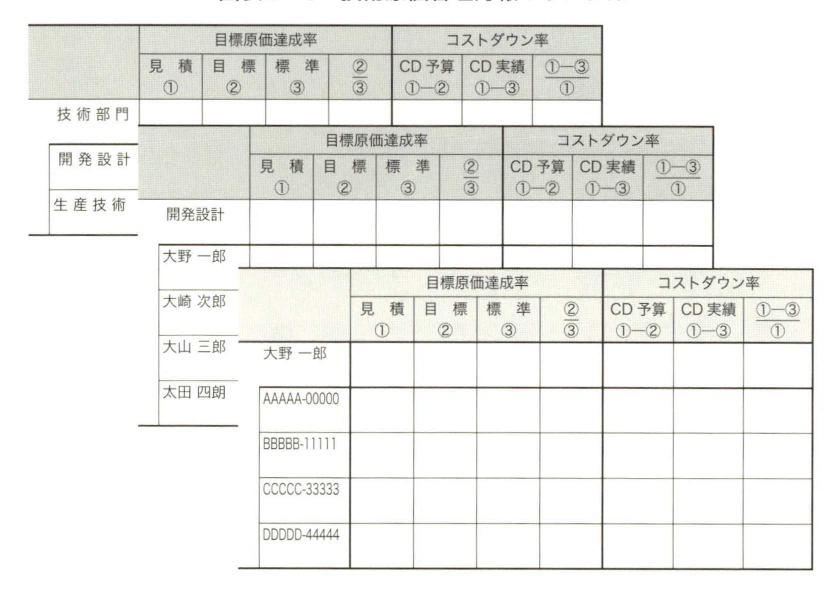

8-2　標準原価管理のねらいと手順

(1) 標準原価管理の定義

原価計算基準では、原価管理を次のように定義している。この定義は、管理によるコストダウンであるコストコントロールを意味する。

> 原価管理とは、
> ① 原価の標準を設定してこれを指示し、
> ② 原価の実際の発生額を計算記録し、
> ③ これを標準と比較して、その差異の原因を分析し、
> ④ これに関する資料を経営管理者に報告し、
> ⑤ 原価能率を増進する措置を講ずることをいう。

①は標準原価の設定と標準原価計算を意味する

標準原価は理想標準原価「技術的に達成可能な最大操業度の下で、最高能率を表す最低の原価」で、財貨の消費における減損、仕損、遊休時間などに対する余裕率を許容しない理想的水準における原価である。技術的に達成可能な最

大操業度とは80～100％の間、最高能率とは、不良0、歩留率100％、能率100％、稼働率100％の状態である。

標準原価は「どうであるべきか」を示す原価で、現状の製造システム（仕事のやり方）を前提にして、高い原価能率（コストパフォーマンス）を発揮すれば達成が期待できる最低の原価である。標準原価は標準価格と標準消費量で決まる。

②は実際原価計算を意味する

標準原価計算と同じ集計単位（部門別）に実際に発生した原価を計算記録する部門別実際原価計算である。これは、製品別の実際原価計算ではない点に注意が必要である。

③は原価差異分析を意味する

標準原価と実際原価を比較し、差異が生じた場合にはその原因を分析する。これを原価差異分析と呼び、図表8・9に示すように原価差異を単価と消費量に分ける。

図表8・9　原価差異分析

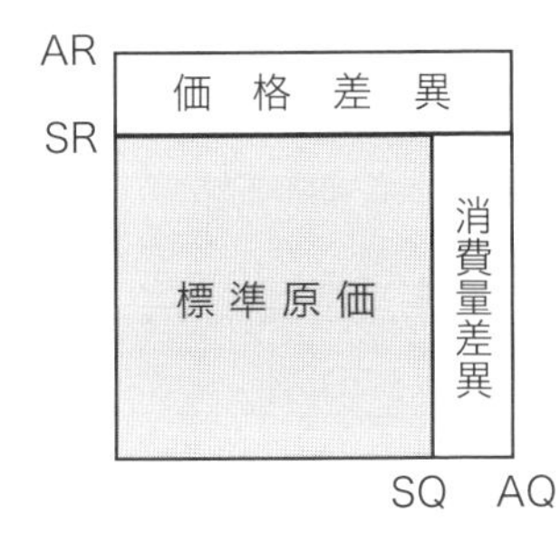

コストパフォーマンス＝購買パフォーマンス × 消費パフォーマンス

$$\frac{SR \times SQ}{AR \times AQ} = \frac{SR}{AR} \times \frac{SQ}{AQ}$$

原価差異　＝　価格差異　＋　消費量差異

(SR－AR) × AQ ＋ (SQ－AQ) × SR

材料費、労務費は標準と実際の差異を価格差異と消費量差異に分けて算定する。製造経費は内容が多岐にわたるので、一般的には価格差異を設けず、使いすぎのムダである消費差異（予算差異）と操業度の増減に伴い単位当たり固定費負担が増減することによる操業度差異に分ける。

図表8・10はそれぞれの原価費目で発生する原価差異が誰の責任、アクションによって低減できるかを一覧表にまとめたものである。標準原価管理では、各管理者が原価差異を低減し、原価能率・コストパフォーマンスを上げるアクションが期待されている。

(2) 原価責任はアクション主体に考える

図表8・10　原価差異と原価責任

原価費目	原価ロス項目と内容			工場長	技術部門長	品質管理部門長	生産管理部門長	資材管理部門長	製造部門長	第一線監督者
材料費	仕入価格ロス		高い価格で購入した材料費損失				○			
	消費量ロス	技術歩留ロス			○					
		製造歩留ロス	製造段階で発生する材料の歩留							○
		不良ロス	不良・クレーム損失		○	○	○	○		○
		デッドストックロス	仕掛品の長期滞留による廃却損				○			
労務費	賃率ロス	稼働日数ロス	稼働日数の変動による賃率の差	○						
		賃率構成ロス	賃率の低い作業員の活用損失						○	
		過勤賃率ロス	負荷と能力の調整のまずさによる直接作業員の異常残業				○			
	時間ロス	作業能率ロス 速度ロス	作業能率低下による工数損失 設備速度低下・チョコ停							○
		稼働率ロス	会議、教育訓練、作業手待など						○	○
		標準外作業	生管指示による工程変更､小ロット､資材不良による標準外の作業			○	○			
		余剰工数ロス	負荷と能力の調整のまずさによる直接作業員の余剰				○			
		間接能率ロス	保全・入出庫作業などの能率損失					○		○
		品質コスト	品質予防・評価コストの損失			○				
		不良手直ロス	不良・クレーム損失		○	○	○	○		○
製造経費	操業度ロス	操業度ロス	正常操業度と計画操業度との固定費負担額の差	○						
		計画操業度	計画操業度と実際操業度との固定費負担額の差				○			
	予算ロス	一般経費ロス	経費のムダ遣い	○	○	○	○	○	○	○
		試作費用ロス	設計・試作に使われた費用		○					
		物流コスト	調達・社内物流コストのロス							
		修繕費ロス	設備、金型、治工具の補修							

※製造歩留ロス、不良ロス、作業能率ロスなどは、物量値では作業員責任にまで下ろすが、原価管理（金額値）では、第一線監督者責任までとしている。

※原価差異金額を事前に予測すると図表7・22の部門・管理項目別原価ロス分析結果になる。

図表8・10は、標準原価と実際原価の原価差異を材料費、労務費、製造経費別に示し、それぞれの原価責任を記したものである。原価責任とは、各管理者が「いずれの原価を管理し得るか」のアクション主体の責任区分である。

同じ材料費でも、仕入価格差異（材料を標準価格より高い価格で購入したロス）は、資材管理部門で管理可能である。消費量差異（材料のムダ使い）はその使用部門で管理可能である。不良による材料ロスは、現場でしか発生しないが、現場では作業者の不注意や技量不足に起因する不良が管理可能ある。図面ミス、設備不調が原因であれば技術部門長に、原因不明の不良であれば、その原因を解析する品質管理部門長にそれぞれ責任を割り当てる。

工場長の責任に割り当てた操業度差異は、工場の操業度が正常操業度80%に満たない低操業状態における固定費負担の増加分である。操業度が低いときこそ、コストダウンが必要だからといって、現場に限度（標準）を越えた固定費の低減を強いることは得策ではない。操業度を上げる努力は工場長レベルの保留責任である。しかし、内外作の変更により操業度の調整が可能である場合には、その責任を生産管理部門長が持つこともある。
いずれにしても、あらゆる原価を誰かの管理責任に帰属するよう区分し、しかるべきアクションを期待する。

次の「Q　原価責任問題」は、日常現場で発生するロスをリストアップしたものである。これらのロスを低減する役割は誰にあるのかを問う問題であるが、はたして貴社ではこの役割が明確になっているだろうか。

原価責任とは役割区分である。材料切れによる手待ちが生じた際に、材料待ちを生じさせた資材部門の責任を問うのではなく、手待ちをなくすアクションを起こす役割は誰にあるのかを問うている。

原価責任はアクション主体に考えて解答されたい。

Q 原価責任問題

問 次の原価差異（標準原価－実際原価）であるロスは、誰が低減する役割があるかを下記の責任符号を（　　）に記入しなさい。

A 作業員	B 第一線監督者	C 製造課長
D 生産管理部門長	E 品質管理部門長	F 資材購買部門長
G 技術部門長	H 営業部門長	I 工場長

①（　）　作業能率ロス（作業中の時間増）
②（　）　余剰工数ロス（負荷＜能力による直接作業員の余剰）
③（　）　超過勤務賃率ロス
④（　）　材料切れによる手待ちロス
⑤（　）　賃率構成ロス（高賃率の作業員を使った賃率ロス）
⑥（　）　材料歩留ロス（標準長より長く切断）
⑦（　）　材料仕入価格ロス
⑧（　）　操業度ロス（操業度低下による固定費負担増）
⑨（　）　チョコ停による設備生産性のロス
⑩（　）　機械故障による手待ちロス
⑪（　）　市場クレームロス（一年前生産分）
⑫（　）　寸法不良ロス（社内発見）
⑬（　）　外注部品の数量不足ロス（受払在庫が現物と不一致）
⑭（　）　製品のデッドストックによる廃棄ロス
⑮（　）　新人作業員の教育訓練時間

A

①（A）作業能率ロス	②（D）余剰工数ロス	③（D）超過勤務賃率ロス
④（B）材料切れ手待ちロス	⑤（C）賃率構成ロス	⑥（A）材料歩留ロス
⑦（F）材料仕入価格ロス	⑧（I）操業度ロス	⑨（A）チョコ停
⑩（B）機械故障手待ちロス	⑪（G）市場クレームロス	⑫（A）寸法不良ロス
⑬（D）数量不足ロス	⑭（D）デッドストック	⑮（B）教育訓練時間

8-3　標準材料費追求と材料費差異分析

(1) 標準材料費を追求する

図表8・11は材料費ロスの体系である。縦軸は単価、横軸は消費量を示し、両者の掛け算した面積は実際材料費を示している。実際材料費は標準単価と標準消費量を乗じた標準材料費を上回り、単価と消費量にロスが出ている。縦軸の標準単価をオーバーする部分は、高い単価の材料を購入したことによる仕入価格ロスで、横軸の標準消費量をオーバーする部分は消費量ロスである。

標準材料消費量は不良ゼロ、製造歩留100％（規格どおりの製品ができた状態）で設定しているので、Σ（製品別の標準消費量／個×良品生産量）で算定した値より、実際消費量が上回れば、標準どおり生産できなかった消費量ロスを示している。内訳は製造歩留ロスまたは不良ロスである。

図表8・11の標準消費量の下にある完成材料は、製品について顧客に引き渡す材料である。完成材料と標準材料の差異は技術歩留ロスである。標準材料消費量には現在の設計上、製法上必要な材料は技術歩留ロスが含まれる。技術歩留ロスは設計改善または製法改善を行うことによって低減するものだから…。

図表8・11　実際材料費の差異・ロス

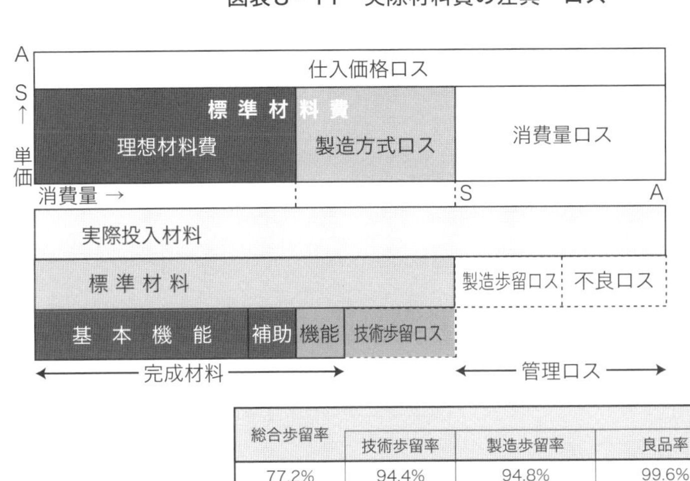

総合歩留率	技術歩留率	製造歩留率	良品率
77.2%	94.4%	94.8%	99.6%
完成重量／投入重量	＝ 完成重量／標準重量	× 標準重量／投入－不良重量	× 投入－不良重量／投入重量

(2) 材料費の差異分析

・価　格　差　異

【仕入価格ロス】　より安い価格の材料購入ロス
＝(実際単価－標準単価)×実際購入量 → 資材部門長

・消 費 量 差 異＝標準単価×（標準消費量－実際消費量）

【不　良　ロ　ス】　規格を外れる製品、デッドストック
＝標準単価×不良重量（不良数×標準重量／個）→責任部門別に不良を分類

【製造歩留ロス】　製品公差のバラツキによる材料付着ロス、図面仕様どおりに製造しなかったロス、限定損（良品の余り）など
＝標準単価×製造歩留ロス重量（ロス重量を正確に把握していた場合）
＝消費量ロス－不良廃棄ロス → 責任部門別に歩留を分類

【技術歩留ロス】　設計技術上の歩留ロス、生産技術上の歩留ロスで標準に含む
＝標準単価×技術歩留ロス重量

・在　庫　差　異　通常、材料の仕入量と消費量には差があるので、前月と今月の材料在庫の増減分を在庫差異として算定しておかなければならない。
＝標準単価×（実際購入量－実際消費量）→ 資材または生産管理部門長

Q 材料費の差異分析

問　材料の実際単価が500/kg、標準単価が480/kgで、実際消費量105kg（その内不良廃却が2kg)、標準消費量 100kgのとき、次の計算をしなさい。

適　用	答	算　　式
実際材料費		
標準材料費		
仕入価格ロス		
不良廃棄ロス		
製造歩留ロス		

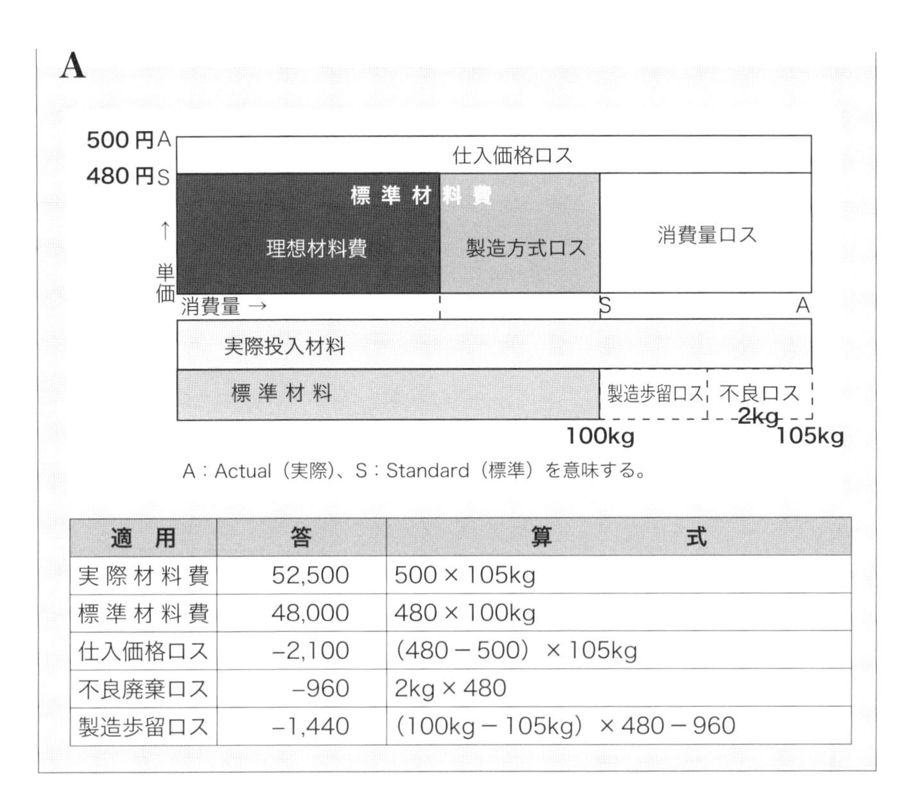

A：Actual（実際）、S：Standard（標準）を意味する。

適　用	答	算　　式
実際材料費	52,500	500 × 105kg
標準材料費	48,000	480 × 100kg
仕入価格ロス	−2,100	(480 − 500) × 105kg
不良廃棄ロス	−960	2kg × 480
製造歩留ロス	−1,440	(100kg − 105kg) × 480 − 960

(3) 購買効率管理と仕入価格の低減

■購買部門のコストダウン評価の見える化

図表8・12の購買効率月報は仕入価格ロスを管理するサブシステムである。購買効率は「Σ（標準単価×購入量）÷Σ（実際単価×購入量）」で測定する。分子の標準単価はあるべき姿の購入単価で、分母の実際単価は実際に購入した単価である。購買効率を使って購入レベルを測定し、購買効率の低いサプライヤーの工程・部品に対しては、仕入価格低減アクションによって、購買効率を向上する。

購買効率月報は、管理責任別、サプライヤー別に今月の購買効率と前月に対する向上率を記載している。図表8・12の購買効率合計は89.5%で、向上率は前月より1.5%向上している。

図表8・12　購買効率月報

REPORTNO:AB2502　　　＊　6月度　第1購買　購買効率月報　＊

07.05 発行
【単位：千円】

	<	合		計	>	<	材	料	費	>	<	加	工	費	>
	購買効率 今月	% 向上率	実際 金額	標準 金額	ロス 金額	購買効率 今月	% 向上率	実際 金額	標準 金額	ロス 金額	購買効率 今月	% 向上率	実際 金額	標準 金額	ロス 金額
合　計	89.5	1.5	739,391	661,755	77,636	94.0	2.1	201,284	189,207	12,077	87.8	0.1	538,107	472,548	65,55
石井係長	92.0	2.4	325,287	299,264	26,023	97.3	3.0	57,521	55,968	1,553	90.9	2.8	267,766	243,296	24,470
伊藤金型	90.1	-0.9	122,802	110,645	12,157	96.5	1.7	20,349	19,637	712	88.8	-0.8	102,453	91,008	11,445
北川産業	94.2	1.2	85,117	80,180	4,937	98.1	0.3	15,718	15,419	299	93.3	1.0	69,399	64,761	4,638
山田鉄工	89.5	-0.5	60,093	53,783	6,310	0.0	0.0	0	0	0	89.5	-0.2	60,093	53,783	6,310
今井精密	95.1	2.4	44,725	42,533	2,192	97.0	2.8	15,375	14,914	461	94.1	2.5	29,350	27,619	1,731
高田工業	96.6	2.0	12,550	12,123	427	98.7	1.7	6,079	5,998	81	94.7	0.9	6,471	6,125	346
丹野係長	91.1	-0.3	112,678	102,650	10,028	91.1	-0.3	112,678	102,650	10,028	0.0	0.0	0	0	0
石川鋼材	90.3	1.5	40,925	36,955	3,970	90.3	1.5	40,925	36,955	3,970	0.0	0.0	0	0	0
ＩＥＣ	92.4	0.5	27,251	25,180	2,071	92.4	0.5	27,251	25,180	2,071	0.0	0.0	0	0	0
東京ゴム	93.2	0.2	18,574	17,311	1,263	93.2	0.2	18,574	17,311	2,123	0.0	0.0	0	0	0
加藤樹脂	86.7	-4.2	15,908	13,785	2,123	86.7	-4.2	15,908	13,785	2,123	0.0	0.0	0	0	0
鈴木産業	94.0	2.1	10,020	9,419	601	94.0	2.1	10,020	9,419	601	0.0	0.0	0	0	0
田中係長	86.2	-1.5	301,426	259,841	41,585	98.4	3.2	31,085	30,589	496	84.8	-2.5	270,341	229,252	41,089

■購入価格の低減

図表8・13は3社の購買効率を1つの表にしたものである。たとえば、食品会社であるAS社は1.2年で、19.2%の購入価格低減である。

図表8・13下に示すように、購買効率向上アクションには諸々の手が使われるが、既存品から新規品へ、管理購買から技術購買へ、の上流思考（フロントローディング）が方向性である。

購買効率向上策の具体例としては下記のようなものがある。

・相場品には、相場情報の迅速な入手と購入ロットの変更を行う。
・国内調達では新規業者の開拓選定効果が大きい。
・購入先を複数にすることによって、買い手市場の条件を作り出す。
・海外現地調達では半成品として購入するなどグローバル購買への拡大効果。
　半成品にするまでは現地の安い人件費で、歩留ロス分を社内に持ち込まない。

しかし、購入価格は購入先と購入側の利益を分ける分岐点であり、一時的、一方的な利益追求に走ることなく、共存共栄の精神で長期的な視野に立った購買活動が望ましい。

図表8・13　3社の購買効率

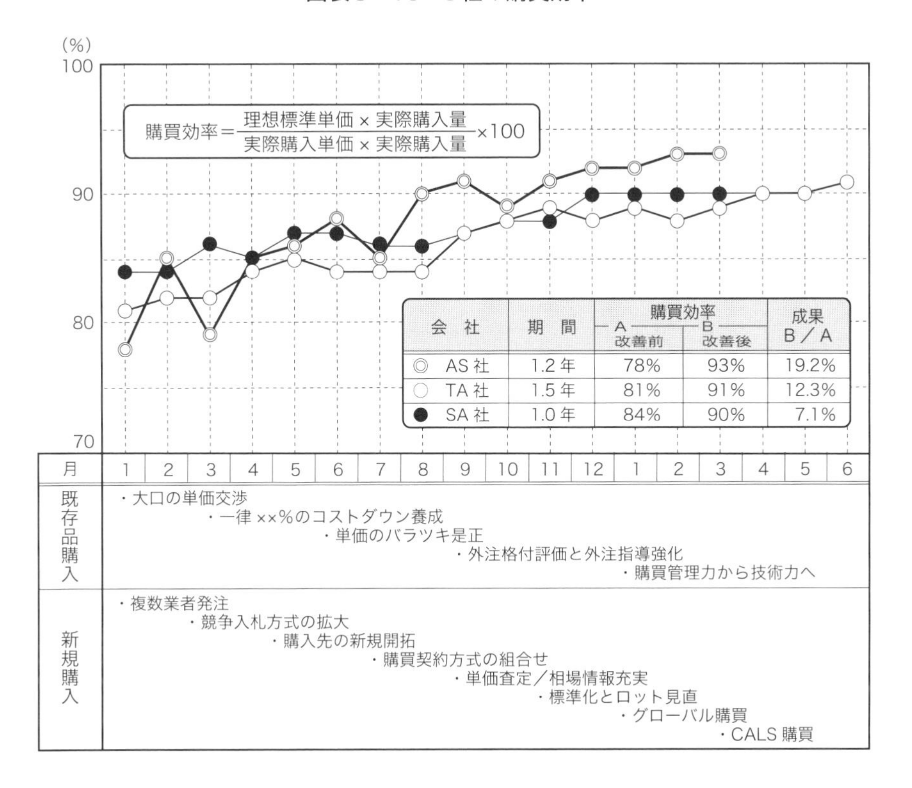

会　社	期　間	購買効率 A 改善前	購買効率 B 改善後	成果 B／A
◎ AS 社	1.2 年	78%	93%	19.2%
○ TA 社	1.5 年	81%	91%	12.3%
● SA 社	1.0 年	84%	90%	7.1%

(4) 歩留管理と製造歩留の向上

■総合歩留ロスは投入材料と完成材料の差

材料費管理のサブシステムとして物量による歩留管理がある。金額による原価管理と物量による歩留管理は一体化するよう、払出材料重量は経理で把握している「月初材料在庫＋仕入－月末材料在庫」と一致させる。完成材料は良品完成数から材料重量に換算して計算し、実際材料払出重量との差を総合歩留ロスとして把握する。その明細の材料消費量データは日々把握して歩留向上アクションに繋げる。

図表8・14の歩留管理に示す総合歩留ロスは、投入（払出）から完成を差し引いた重量である。「完成重量÷投入重量」で総合歩留率を計算すると、投入した材料の何%が売上から回収できたかがわかり、回収されなかったものはすべて材料消費量ロスになる。

図表8・14　歩留と不良を一体的に見えるように

工場全体総合歩留率

総合歩留率	技術歩留率	製造歩留率	良品率
77.2%	94.4%	94.8%	99.6%
$\frac{\text{完成重量}}{\text{投入重量}}$	$= \frac{\text{完成重量}}{\text{標準重量}}$	$\times \frac{\text{標準重量}}{\text{投入－不良重量}}$	$\times \frac{\text{投入－不良重量}}{\text{投入重量}}$
$\frac{844,058}{1,093,765}$	$= \frac{844,058}{1,032,082}$	$\times \frac{1,032,082}{1,088,912}$	$\times \frac{1,088,912}{1,093,765}$

製造2課　1係　渡辺係長

総合歩留率	製造歩留率	良品率
94.2%	94.9%	99.2%
$\frac{\text{完成重量}}{\text{投入重量}}$	$= \frac{\text{標準重量}}{\text{投入－不良重量}}$	$\times \frac{\text{投入－不良重量}}{\text{投入重量}}$
$\frac{120,692}{128,124}$	$= \frac{120,692}{127,144}$	$\times \frac{127,144}{128,124}$

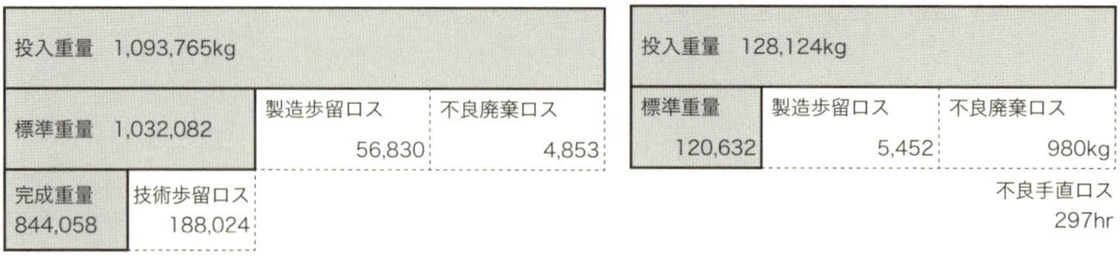

投入重量　1,093,765kg

標準重量　1,032,082　｜　製造歩留ロス　56,830　｜　不良廃棄ロス　4,853

完成重量　844,058　｜　技術歩留ロス　188,024

投入重量　128,124kg

標準重量　120,632　｜　製造歩留ロス　5,452　｜　不良廃棄ロス　980kg

不良手直ロス　297hr

■技術歩留ロスは技術責任（標準重量＝完成重量＋技術歩留ロス）

既存製品の投入重量または完成重量がないと材料発注ができないので、すでに製品別の標準重量／個は登録済みの会社が多い。原価管理上必要なデータは、完成重量に技術歩留ロスをプラスした標準重量／個のデータである。

技術歩留ロスは、標準重量と完成重量の差であり、現在の設計・製造方式では避けられない歩留ロスである。それは、設計責任歩留ロス（製品機能上発生するロス、削り代、端材ロス）と生産技術責任歩留ロス（製造上不可避的に発生するロス、つかみ代、突切代、たんざく代、ピッチ間隔、気化、液化ロス）がある。どちらも、技術的改善がないと低減できないので、日々の管理ではなく、せいぜい月次レベルに集計報告する。

■製造歩留ロス、不良ロスは製造・管理責任

投入重量と標準重量（個々の製品の標準重量×良品完成数）に差が出るとすれば、製造管理上発生した製造歩留ロスか不良ロスになる。

さらに、製造歩留ロスが多く発生する工程で重量測定をすると、製造歩留ロスを責任者別に分けることができる。管理の粗さを考えて、製造歩留率を管理する責任者（第一線監督者）ごとに計算し、責任の所在を明らかにする。

■歩留向上アクションと成果

製造歩留管理は食品・医薬品のように流体、液体、粉体材料を使用する会社、または固体製品になる前工程の調合、鋳造、成形でも同様に重点管理テーマである。

容量、重量、製品厚などを製造工程で測定している会社には必須の管理である。

図表8・15は、3社の製造歩留率の向上グラフである。歩留管理導入時（改善前）は90%強だった製造歩留率が歩留向上推進後は96～99%まで向上している。

図表8・15　製造歩留率

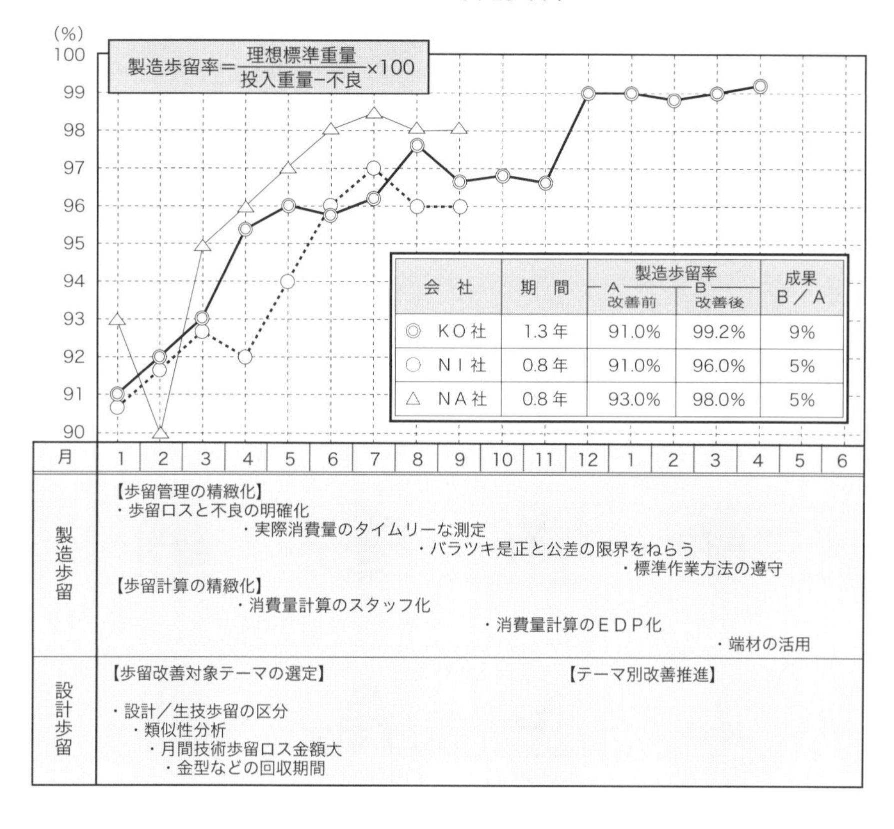

会　社	期　間	製造歩留率 A 改善前	製造歩留率 B 改善後	成果 B／A
◎　KO社	1.3年	91.0%	99.2%	9%
○　NI社	0.8年	91.0%	96.0%	5%
△　NA社	0.8年	93.0%	98.0%	5%

（5）品質管理と不良の低減

■TQCからTQMへ

投入材料重量と標準材料重量の差のもう1つは不良ロスである。日本では小集団による改善活動（TQC：Total Quality Control：総合的品質管理）が活発に行われた時代があったが、その後TQM（Total Quality Management：総合的品質経営）に変わり、経営に組み込まれたマネジメントスタイルの活動へと展開した。QCサークルで使われてきたQC七つ道具の中の4道具をマネジ

図表8・16　QC七つ道具の活用

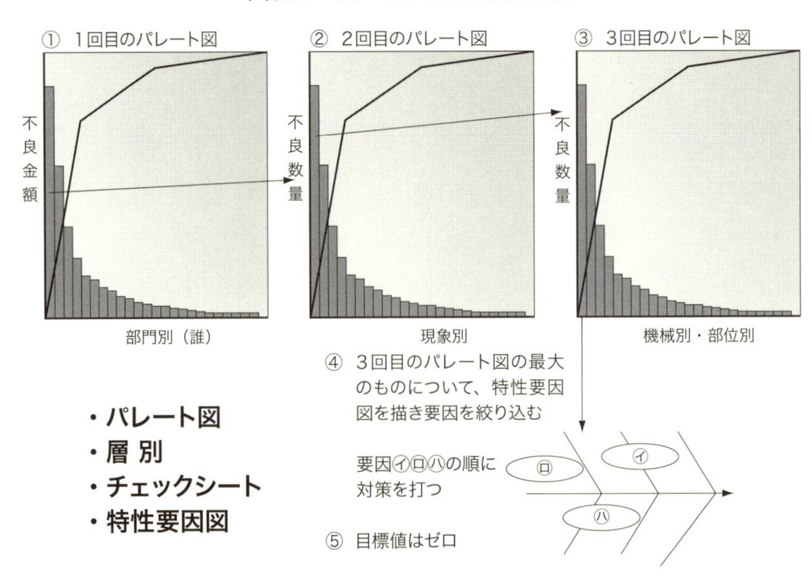

メントスタイルで使ってみよう。**図表8・16**に示す順にしたがって、不良データを「誰が、何を、どれくらい（不良は0があるべき姿）」の順に計画し、不良低減アクションに結びつける。

① 全社の不良データをパレート図に描く。1回目のパレート図の縦軸は不良金額、横軸は部門「誰」で描くが、部門をできるだけ工程別、人別に細分化する。

② 人別に展開して2回目のパレート図を描く。そのときの縦軸は数量・重量、横軸は現象である。すると「私の出した不良で何の不良（現象）が大きいか」がわかる。

③ 最大の現象を展開して3回目の部位別パレート図のように描く。データ不足の場合はチェックシートを使ってデータを集める。このように問題が絞り込まれるように層別する。これを100人に展開すれば、100テーマになる。

④「どのように」の不良対策には特性要因図（魚の骨）を用いる。三現主義（現場、現物、現実）で犯人の手かがりとなる事実を集めたら犯人像を推定してみる。そして、犯人と思われる1人ひとりのアリバイや事実関係を調べ、白か黒かを確かめていく。白と判定されたものから消去していくと最後には犯人逮捕につながる。

⑤ 目標は「ゼロ」をねらう。「寸法不良の××部位についてはゼロ」のように対象を絞り込み、1日達成されたら1週間、1ヵ月と記録が伸びるようにチャレンジしていく。

以上がマネジメントスタイルの不良低減活動で、使用ツールはパレート図、層別、チェックシート、特性要因図の4道具だけである。

■管理のイロハを実践

図表8・17は3社の不良低減グラフである。不良ロスが1/2～1/7へ低減しているが、最初の3～4ヵ月で激減している。いずれもライン・個人別に不良ロスを個数・重量で毎日測定し、グラフにして見える化した結果である。管理には「誰」である役割（責任）を明確化することの大切さがわかる。

不良ロスは品質コスト（失敗・評価・予防コスト）の中の失敗コストの範疇である。当初は失敗コストを下げるために上記のような管理が有効であるが、次のステップでは評価コストや予防コストにお金をかける。そして、工程能力

図表8・17　3社の不良低減グラフ

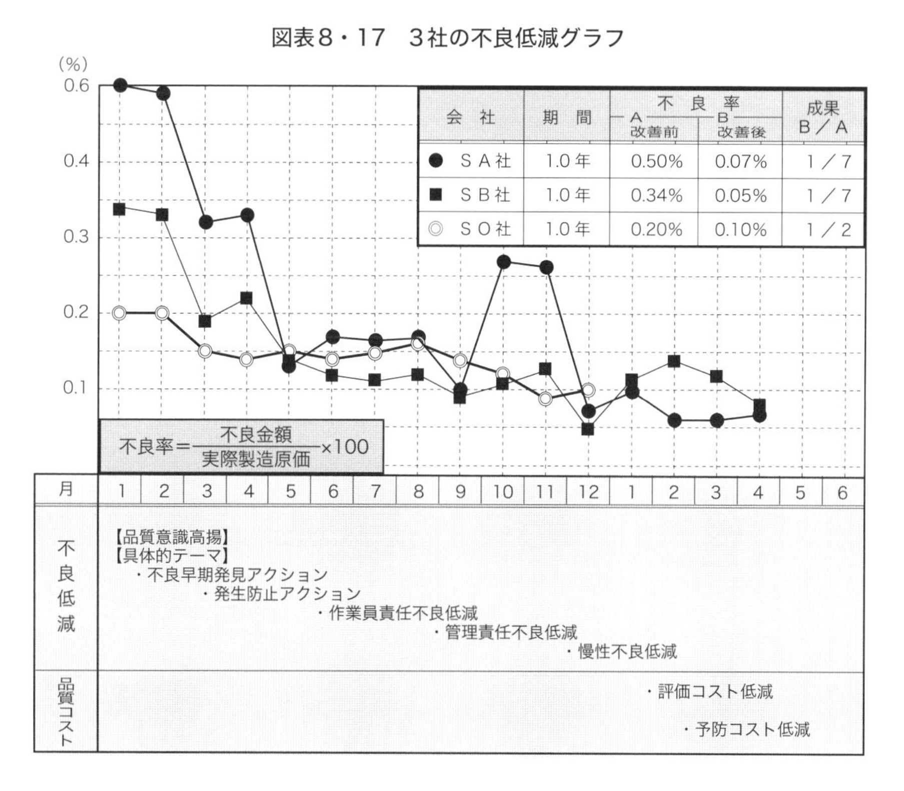

の把握や品質工学の手法を使って、不良の出ない活動へ展開することである。

8-4　標準労務費追求と労務費差異分析

(1) 標準労務費を追求する

図表8・18は労務費のロスの体系である。縦軸は賃率、横軸は時間を示し、両者の掛け算である面積は実際労務費を示している。そして、標準賃率と標準時間を乗じて標準労務費に対して、それを上回る実際労務費が出ている。

縦軸の標準賃率をオーバーする部分は、割増による過勤賃率、稼働日数減による賃率アップ、高い賃率の作業員による労務費ロスである。横軸の時間は、右端までの時間がタイムカードで把握した実際の就業工数で、給与支払いの対象工数である。

Σ（製品別工程別の標準時間／個×良品生産量）で算定した標準工数より就業工数に多くの時間を費やした時間ロスがある。時間ロスは作業できなかった稼動ロスと作業中に発生している作業ロスがある。稼動ロスは目で見てわかるが、作業ロスは標準時間で測ってみないと気づかない。

なお、標準時間は現在の作業方法では必要な時間であり、バランスロスや干渉ロス、段取り、運搬、歩行、取り置きなどの補助機能が含まれている。

図表8・18　実際労務費の差異・ロス

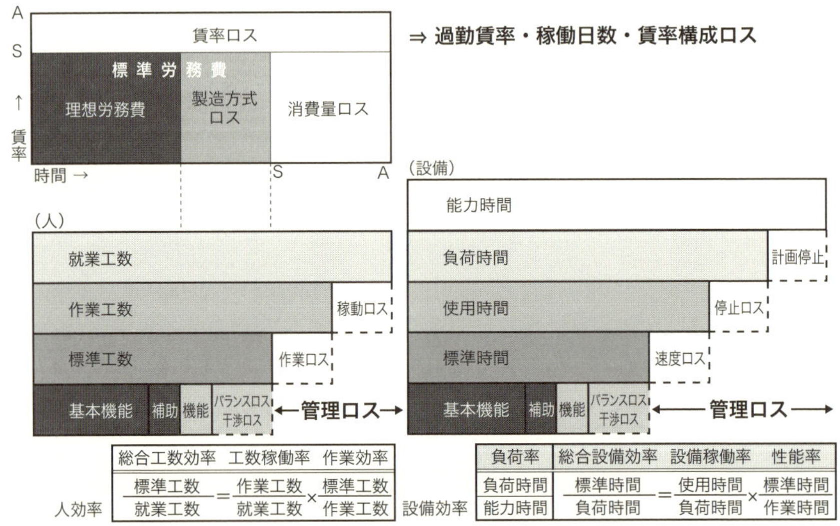

A
S
↑
賃率
賃率ロス
⇒ 過勤賃率・稼働日数・賃率構成ロス
標準労務費
理想労務費
製造方式ロス
消費量ロス
時間 →　S　A

(人)
就業工数
作業工数　稼動ロス
標準工数　作業ロス
基本機能　補助　機能　バランスロス 干渉ロス　←管理ロス→

(設備)
能力時間
負荷時間　計画停止
使用時間　停止ロス
標準時間　速度ロス
基本機能　補助　機能　バランスロス 干渉ロス　←管理ロス→

人効率

総合工数効率		工数稼働率		作業効率
標準工数／就業工数	＝	作業工数／就業工数	×	標準工数／作業工数

設備効率

負荷率	総合設備効率		設備稼働率		性能率
負荷時間／能力時間	標準時間／負荷時間	＝	使用時間／負荷時間	×	標準時間／作業時間

(2) 労務費の差異分析

・賃　率　差　異＝実際直接労務費－（標準賃率×就業工数）

【過勤賃率ロス】　残業・公出による賃金割増分

＝残業支払額×割増比率

【稼働日数差異】　月々の稼働日数の変動による賃率差異

＝標準労務費÷平均月稼働日×（当月稼働日－平均稼働日）

【賃率構成ロス】　適材適所の人員配置ロス、派遣・アルバイト・パート化の促進ロス

＝賃率差異－過勤賃率差異－稼働日数差異

・時　間　差　異＝（標準賃率－実際賃率）×就業工数

【稼　働　ロ　ス】　材料、機械故障手待などの非稼働ロス → 第一線監督者、製造課長、会社責任がある

＝標準賃率×稼働ロス工数

【作　業　ロ　ス】　標準作業方法無視、作業ペース、微少な作業中断によるロス → 作業員責任

＝標準賃率×作業ロス工数

【不良手直ロス】　標準作業方法の無視、作業ペース、微少な作業中断によるロス

＝標準賃率×不良手直工数

図表8・18では作業ロスに含まれる。

Q 労務費の差異分析

問　実際給料が￥2,700,000、標準賃率が￥2,600で、就業工数1,000hr 標準工数 800hrのとき、次の計算をしなさい。なお、稼動ロスは50hr生じている。

適　用	答	算　　式
実際労務費		
標準労務費		
賃率ロス		
稼働ロス		
作業ロス		

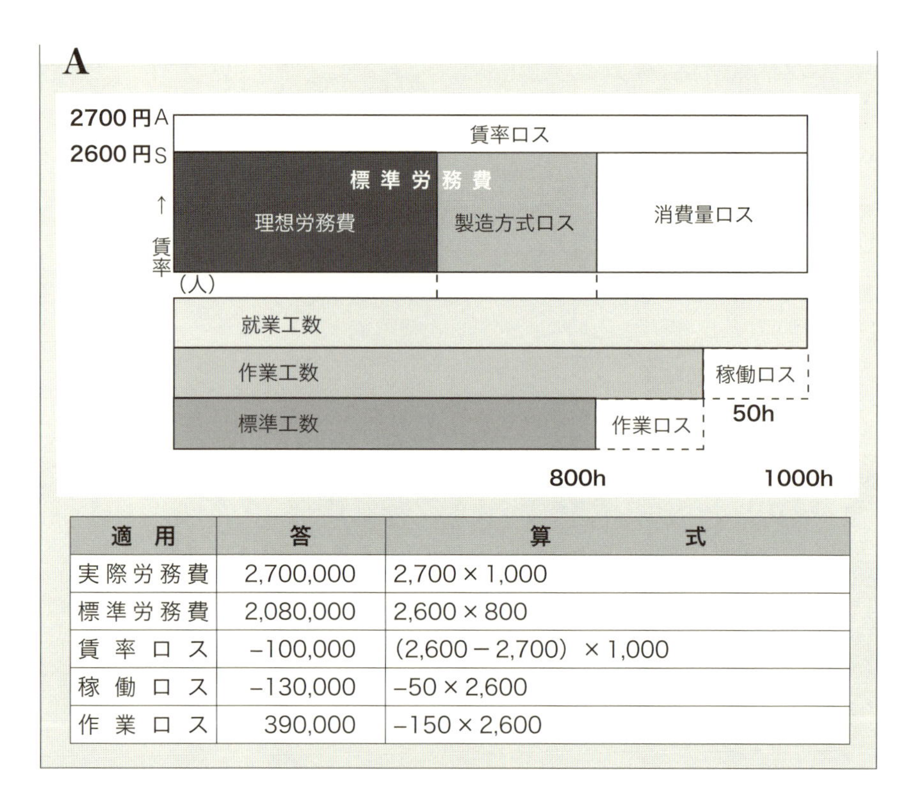

適　用	答	算　　式
実際労務費	2,700,000	2,700 × 1,000
標準労務費	2,080,000	2,600 × 800
賃率ロス	−100,000	(2,600 − 2,700) × 1,000
稼働ロス	−130,000	−50 × 2,600
作業ロス	390,000	−150 × 2,600

(3) 工数・設備効率管理と人と設備生産性の向上

■人と設備生産性を一体的に見えるようにする

労務費管理のサブシステムとして生産性を測定するシステムと一体的に運用する。図表8・18では、人効率は図左のように測定する。就業工数から管理者責任の稼働ロス工数を差し引いた作業工数と標準工数（標準時間／個×生産数量）を求め、全体の工数の効率は総合工数効率、作業員の働きぶりは作業能率、管理者の効率は工数稼働率で測定する。

設備効率も図右のように測定する。人と設備の違いは、人は出勤した工数の効率を測定するが、設備の出勤率は常に100％である。したがって、設備は仕事がない手余り状態の設備の効率を上げてもコストダウンには繋がらない。そこで設備では、仕事が負荷されている状態を負荷率で測定し、手余りか手不足かを知ることが重要である。

標準時間を使った人と設備の一体的生産性測定システムでは、「作業能率＝

性能率」「工数稼働率＝設備稼働率」になる。しかし「作業能率≠性能率」にならないのは配置人員の違いであり、標準配員より少ない人員で作業すると作業能率は向上するが、性能率は低下する傾向にある。また、「工数稼働率≠設備稼働率」にならないのは、設備の不稼働時に、人を有効活用したか否かである。

配員率と工数活用率を算式に入れると、人効率と設備効率は一体的に測定することができる。そして、人効率でコストが決まる点が重要である。以上の算式に基づいて、図表8・19の生産性月報・週報を作成する。

■生産性月報からアクションを読み取る

図表8・19は、人・設備の生産性月報であり、アクションミーティングに使用する。縦軸に管理者、横軸に総合効率と、その内訳として人効率と設備効率を示している。総合効率が向上するとコストダウンになる。左端にある負荷率が低い場合は人効率を、負荷率が高い場合は設備効率を重点管理する。

図表8・19　人・設備の生産性月報

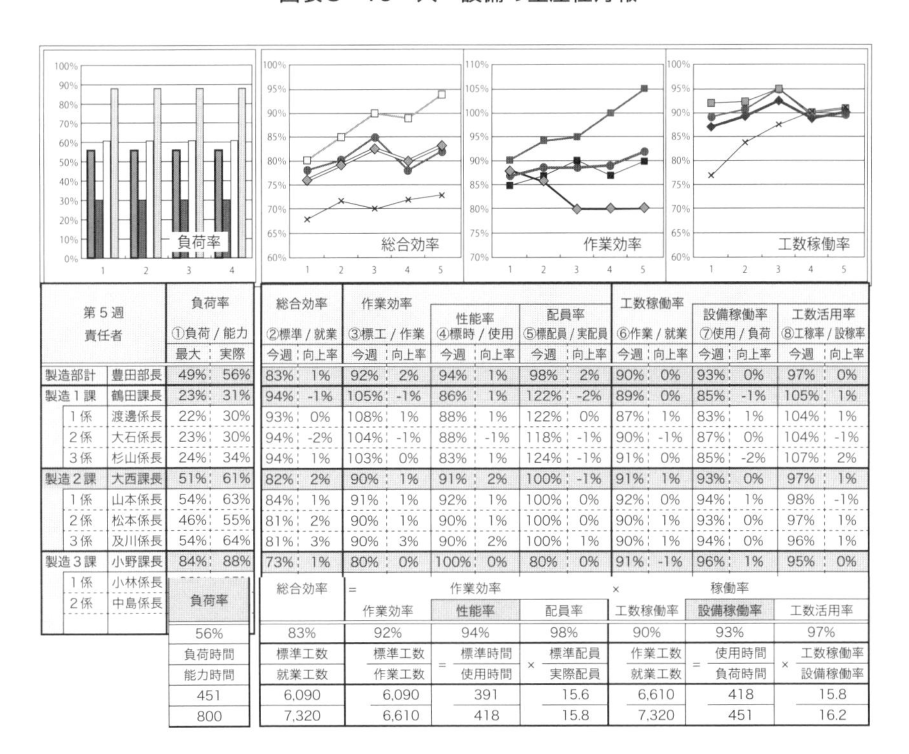

第5週 責任者		負荷率 ①負荷/能力 最大	実際	総合効率 ②標準/就業 今週	向上率	作業効率 ③標工/作業 今週	向上率	性能率 ④標時/使用 今週	向上率	配員率 ⑤標配員/実配員 今週	向上率	工数稼働率 ⑥作業/就業 今週	向上率	設備稼働率 ⑦使用/負荷 今週	向上率	工数活用率 ⑧工稼率/設稼率 今週	向上率
製造部計	豊田部長	49%	56%	83%	1%	92%	2%	94%	1%	98%	2%	90%	0%	93%	0%	97%	0%
製造1課	鶴田課長	23%	31%	94%	-1%	105%	-1%	86%	1%	122%	-2%	89%	0%	85%	-1%	105%	1%
1係	渡邊係長	22%	30%	93%	0%	108%	1%	88%	1%	122%	0%	87%	1%	83%	1%	104%	1%
2係	大石係長	23%	30%	94%	-2%	104%	-1%	88%	-1%	118%	-1%	90%	-1%	87%	0%	104%	-1%
3係	杉山係長	24%	34%	94%	1%	103%	0%	83%	1%	124%	-1%	91%	0%	85%	-2%	107%	2%
製造2課	大西課長	51%	61%	82%	2%	90%	1%	91%	2%	100%	-1%	91%	1%	93%	0%	97%	1%
1係	山本係長	54%	63%	84%	1%	91%	1%	92%	1%	100%	0%	92%	0%	94%	1%	98%	-1%
2係	松本係長	46%	55%	81%	2%	90%	1%	90%	1%	100%	0%	90%	1%	93%	0%	97%	1%
3係	及川係長	54%	64%	81%	3%	90%	3%	90%	2%	100%	1%	90%	1%	94%	0%	96%	1%
製造3課	小野課長	84%	88%	73%	1%	80%	0%	100%	0%	80%	0%	91%	-1%	96%	1%	95%	0%
1係	小林係長																
2係	中島係長																

負荷率
56%
負荷時間/能力時間
451/800

総合効率	＝ 作業効率			× 稼働率		
	作業効率	性能率	配員率	工数稼働率	設備稼働率	工数活用率
83%	92%	94%	98%	90%	93%	97%
標準工数/就業工数	標準工数/作業工数	＝ 標準時間/使用時間	× 標準配員/実際配員	作業工数/就業工数	＝ 使用時間/負荷時間	× 工数稼働率/設備稼働率
6,090/7,320	6,090/6,610	391/418	15.6/15.8	6,610/7,320	418/451	15.8/16.2

現在、負荷率は56％であり、設備効率の向上がなくても、あと44％、ほぼ倍の仕事が入る。工場全体の豊田部長の総合効率は83％で、先週に比較して1％の向上である。この中で製造2課の大西課長の2％の向上が、その中でも及川係長の3％の向上が貢献している。

それぞれ、どのような生産性向上活動をしているかを課別に見てみよう。製造1課の鶴田課長は負荷率が31％と低いので、人効率を重点に活動している。それは、配員率を向上（設備の配員を少なくして人効率を上げる）させて作業効率を上げる努力をしている。反対に、製造3課の小野課長は負荷率が88％と高いので、設備効率を重点に設備の性能率と設備稼働率の向上に努力している。このように、負荷率によって人か設備のいずれを重点に生産性向上アクションを取るかを計画し、工数総合効率の向上によるコストダウンをねらう。

(4) 工数効率向上アクションと成果

図表8・20は3社の生産性向上実践例である。当初の工数総合効率（標準工数に対する就業工数）は43％、36％、59％と低い状態から出発している。あるべき姿の標準時間を追求すると、これほど実際とはかい離がある。これが1～1.5年後には1.4倍から2.3倍の生産性向上となった。その内訳は作業能率と稼働率の向上であるが、前者の作業中の時間に発生する作業ロス・速度ロスの低減効果が大きい。作業時間中の作業ロスや機械運転中の速度ロスは目に見えないロスの代表的なロスである。

■作業能率向上活動

作業効率向上推進は次のようなステップで行われる。作業効率が低い状態のときは「仕事のけじめ」や「標準作業を意識して守ること」を重点的に推進する。つまり、始業就業時刻を守ることや、目で見てわかるロスの中からアクションの容易なものを、作業員に徹底していく。

次に作業ペースを標準の作業ペースで作業ができるような作業指導を強化する。作業ペースの大部分は作業員の努力によって向上し、作業意欲がその源である。

最後に細かい動作指導や能率の低い人への指導を重点的に行う。作業効率向上の過程は作業員の作業意欲発揮の軌跡であり、これを引き出すには第一線監

図表8・20　3社の生産性向上実践例

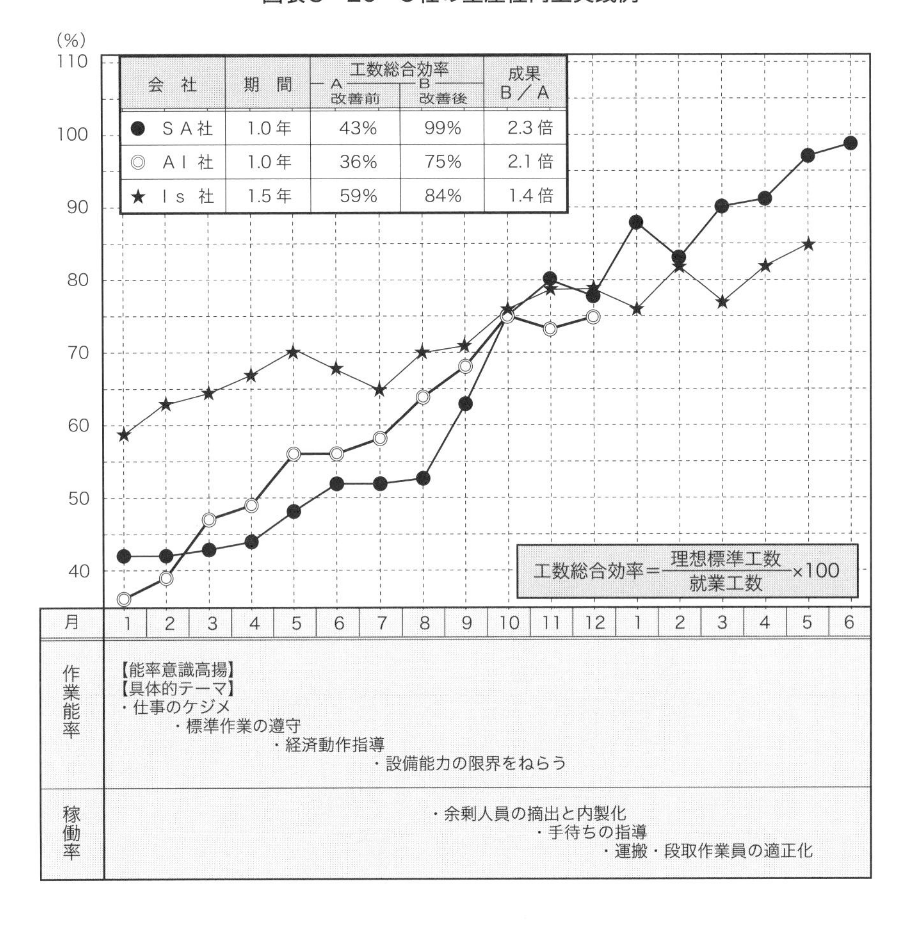

督者の監督指導力に大きく依存している。

■稼働率向上活動

通常、稼働率は80～90%で、稼働率ロスは就業工数の10～20%ほどである。図表8・21の生産性倍増事例のほとんどは作業能率にあることがわかる。稼働率のロスは第一線監督者責任の手待ち（材料切れ、機械故障、指示待ち）がほとんどである。第一線監督者の作業員の手待ちに対する的確な指示が稼働率を向上に導く。手待ちは発生してからではなく、計画段階の行動に切り替えることである。

このように、改善ではなく管理だけで生産性が倍になる事例を目の当たりにすると、第一線監督者の監督指導力、マネジメント力の強化の重要性がわかる。

8-5　標準経費追求と経費差異分析

（1）製造経費の差異分析

製造経費は変動費と固定費の2つの要素が含まれ、内容が多岐にわたり、1つひとつの原価要素は金額的に少額である。そのため、価格と消費量とを区分せず、一括して標準経費と実際経費とのロスを扱う。

図表8・21　製造経費の差異分析

三分法による経費分析
実際製造経費
予算ロス
変動費
能率ロス
操業度ロス
標準製造経費
固定費
標準工数
就業工数
正常操業標準工数

二分法による経費分析
実際製造経費
予算ロス・能率ロス
標準経費
操業度ロス
標準工数
正常操業標準工数

■三分法の場合

【予 算 ロ ス】　経費のムダ使い → 各部門責任
＝（固定費＋就業工数×標準変動費レート）－実際製造経費

【能 率 ロ ス】　能率が悪いことで経費が余分にかかるロス → 各部門責任
＝（固定費＋標準工数×標準変動費レート）－（固定費＋就業工数×標準変動費レート）

【操業度ロス】　操業度が低下したことによる単位固定費の増加分 → 工場長
＝標準製造経費－（固定費＋標準工数×標準変動費レート）

■二分法の場合

【操業度ロス】　操業度が低下したことによる単位固定費の増加分 → 工場長
＝標準製造経費－（固定費＋標準工数×標準変動費レート）

【消 費 ロ ス】　標準製造経費－実際製造経費－操業度ロス → 各部門責任

Q 製造経費の差異分析

問　次の資料に基づき製造経費差異分析をしなさい。

実際製造経費 ￥300,000	標準固定費　￥90,000	正常操業度	1,200hr
	標準固定費レート　75/hr	就業工数	1,000
	標準変動費レート　225/hr	標準工数	800
	標準製造経費レート 300/hr		

適　用	答	算　　式
実際製造経費		
標準製造経費		
予 算 ロ ス		
能 率 ロ ス		
操業度ロス		

A

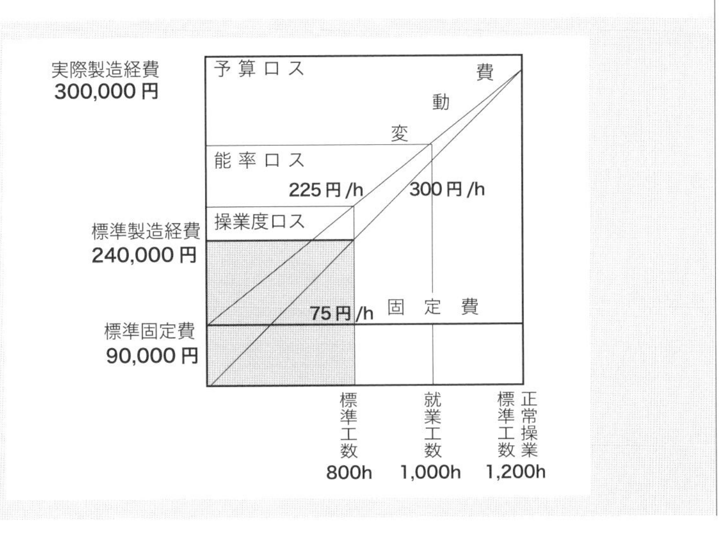

適　用	答	算　　　式
実際製造経費	300,000	500 × 105kg
標準製造経費	240,000	800 × 300
予 算 ロ ス	＋15,000	(90,000＋1,000 × 225) − 300,000
能 率 ロ ス	−45,000	(90,000＋800 × 225) − 315,000
操業度ロス	−30,000	(800 × 300) − 270,000

(2) 製造経費の種類と低減策

製造経費には、以下に示す4分類ある。この中で支払経費、測定経費には変動費が多く、月割経費はほとんど固定費である。

① 支払経費：外注加工費、福利施設負担額、厚生費、修繕費、運賃、旅費交通費、保管料など、その原価計算期間の負担に属する支払額で計算するもの。

② 測定経費：電力料、ガス代、水道料など消費量を計算できる経費。月次発生額をその実際消費量に基づいて計算する。

③ 発生経費：棚卸減耗費のように、原価計算期間の実際発生額で計算するもの。

④ 月割経費：減価償却費、賃借料、保険料、租税公課など数ヵ月分をまとめて計算または支払うもの。月次の発生額は、その期間で月割計算を行う。

■支払経費の低減

予算管理を実施している会社では、月初めに前月の予実績表が経理から回ってくる。予実績表を開いてみて予算を下回ればホッとし、上回れば会議での報告用に原因を調べ始める。

こうしたやり方でコストが下がるであろうか。この中でもっとも悪い点は、通信簿を開けなければ自身の成績がわからないことである。

経費を下げようとするならば、途中経過をカウントする。図表8・22の消耗品要求表は、金額が大きく、かつ経常的に発生する消耗品の標準金額の進捗達成を見える化したものである。そして、実際経費が標準をオーバーした際には低減アクションを取る。

図表8・22　消耗品要求表

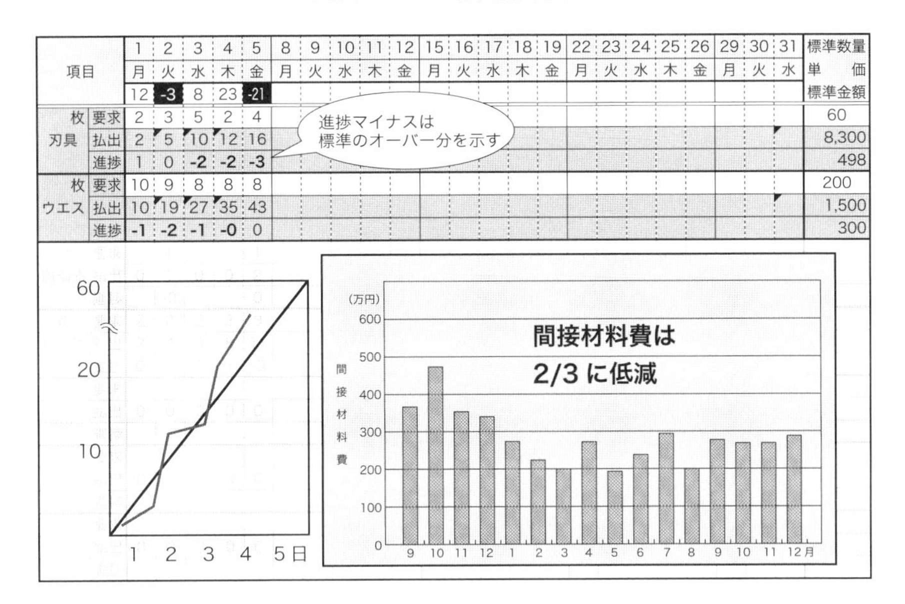

項目		1	2	3	4	5	8	9	10	11	12	15	16	17	18	19	22	23	24	25	26	29	30	31	標準数量
		月	火	水	木	金	月	火	水	木	金	月	火	水	木	金	月	火	水	木	金	月	火	水	単価
		12	-3	8	23	-21																			標準金額
枚 刃具	要求	2	3	5	2	4																			60
	払出	2	5	10	12	16																			8,300
	進捗	1	0	-2	-2	-3																			498
枚 ウエス	要求	10	9	8	8	8																			200
	払出	10	19	27	35	43																			1,500
	進捗	-1	-2	-1	-0	0																			300

図表8・22右下は消耗品費の月額金額推移である。研磨剤の原価ロスが多かった仕上係では、研磨剤の屑を溶かして再生するところ、実際には大部分廃却していた。

そこでさっそく、屑回収箱を設置して作業のアイドル時間を利用して再生活動を進め、間接材料費を節約した。間接材料の中でウェイトの高い研磨剤にしてこういう状態であった。その後、各係も間接材料に目を向けるようになり、間接材料費は約2/3に低減した。

■操業度の管理の重要性が増す

日本の工場はおしなべて過大設備で、現有設備をフル稼働すれば、現状の2～3倍の生産能力があることなど珍しくない。3直体制を取っている装置系の会社で操業度を管理していないところはないが、固定費が大きいにも関わらず、操業度を意識していない会社の操業度ロスはとくに大きい。

今後、日本の製造業は自動化好きも相まって、設備集約型の産業へシフトしていく中で、操業度の管理の重要性が増すことになる。

8-6　コストダウンの推進活動

(1) 原価管理情報の出し方と使い方

■管理者の評価のための原価情報

図表8・23の原価管理月報は管理（コストコントロール）主体のレポートであるが、改善（コストリダクション）に関する情報も併記し、各管理者のコスト業績を評価する。管理者への動機付けは上司の適切な評価にあり、レベル評価と努力度評価がある。レベル評価は、標準原価に対する実際原価の差異・ロスで行い、努力度の評価は、コストパフォーマンス：CP（標準原価÷実際原価）の推移で行う。

今月は標準原価28億円に対して実際原価は32億円かかり、その差異である原価ロス金額は4億円である。標準原価の達成率であるコストパフォーマンスは87％で、先月に比較して1.3％向上し、48百万円のコストダウンができた。

図表8・23　原価管理月報

部課長用　**原価管理月報**　単位：千円

		標準原価管理			今月コストダウン			累計コストダウン		
		標準原価	実際原価	ロス金額	ＣＰ	向上率	金額	予算CD	実績CD	差異
工場合計		2,755,467	3,166,251	410,784	87%	1.3%	48,366	48,000	48,366	366
生産本部	豊田部長	1,151,237	1,418,195	266,958	81%	1.3%	23,081	23,300	23,082	**-218**
保 留 責任			8,045	8,045			**-1,002**		**-1,002**	**-1,002**
第１製造課	鶴田課長	356,492	416,463	59,971	86%	0.6%	2,940	2,800	2,940	140
第２製造課	大西課長	223,721	291,303	67,582	77%	2.2%	8,591	8,200	8,591	391
第３製造課	小野課長	277,723	376,856	99,133	74%	1.7%	8,899	8,700	8,899	199
第４製造課	中島課長	293,301	325,528	32,227	90%	1.0%	3,654	3,600	3,654	54

係長用　**原価管理月報**　単位：千円

		標準原価管理			今月コストダウン			累計コストダウン		
		標準原価	実際原価	ロス金額	ＣＰ	向上率	金額	予算CD	実績CD	差異
第２製造課	大西課長	223,721	291,303	67,582	77%	2.2%	8,591	8,200	8,591	391
保 留 責任			8,020	8,020			604	0	604	604
第１係	渡邊係長	35,284	42,460	7,176	83%	5.6%	3,068	2,400	3,068	668
第２係	大石係長	68,340	83,450	15,110	82%	3.4%	3,615	3,200	3,615	415
第３係	杉山係長	59,997	74,980	14,983	80%	2.5%	2,418	1,900	2,418	518
第４係	佐藤係長	60,100	82,393	22,293	73%	**-1.0%**	**-1,114**	700	**-1,114**	**-1,814**

もっとも貢献したのは、第3製造課・小野課長の8.9百万円で1.7%の向上、続いて第2製造課・大西課長の8.6百万で2.2%の向上である。しかし、コストパフォーマンスレベルは、第3製造課は74%、第2製造課は77%で、来月はさらなる努力が期待される。続いて第2製造課・大西課長のコストダウンにもっとも貢献したのは、第2係・大石係長の3615千円である。このように、会社全体のコストダウン数値を部長 → 課長 → 係長と人別に絞り込んで見る。

■アクションのための原価情報

図表8・24は第2製造課第1係の渡邊係長に配られた原価管理月報明細表である。最初の行のロス金額で、最大限の努力をすれば7.2百万円のコストダウンが可能とされている。この7.2百万円は何によって発生し、どういうアクションを打てばよいのかを分析してみよう。

大きいものは、工数・設備効率で2.4百万円、品質・不良で1.0百万円、歩留で1.6百万円、工数・設備効率の向上が課題であることがわかる（図表8・24の丸印）。金額値と併記してある物量値を見ると、工数・設備効率は76%で、標準100%まで後24%向上すると2.4百万円のコストダウンになる。1%の向上は10万円の節約に相当する。

週や日々のサイクルでは、この物量値を用いて工数・設備効率の向上アクションをフォローしていく。このように、それぞれのアクション項目を金額比較すると、どのアクションがコストダウンに貢献するかが見える。

■予算管理との関係

しばしば、予算管理と原価管理の混同がある。予算管理は決算利益のコントロールが目的であり、原価管理はコストダウンが目的である。

予算はある程度のロスを含んだ達成可能レベルが、原価管理はあるべき姿の理想原価レベルが基準である。レベルの違いはあれ、製造予算と標準原価管理は同じ管理可能費を部門別に集計する。そこで、図8・23のような原価管理月報の予算コストダウン（期の初めに立てたコストダウン予算）の達成を実績コストダウンでチェックしている（図表8・23の右辺）。

予算コストダウンを達成しないと決算書の利益が未達に終わるため、原価管理月報では予算コストダウンは必達のコストダウン目標である。しかし予算コストダウンが達成されても、原価管理上にはロス金額があるので、さらなるコ

図表8・24　原価管理明細表

係長用　**原価管理明細表**　単位：千円

第1係 渡辺係長	標準原価管理 標準原価	 実際原価	 ロス金額	今月 CD金額	累計コストダウン 予算CD	 実績CD	 差異
合　計	35,284	42,460	7,176	3,068	2,400	3,068	668
作業改善							0
工数設備効率向上	(100%)	(76%)	2,429	830	800	830	30
作業能率	(100%)	(82%)	1,825	520	500	520	20
稼働率	(100%)	(93%)	604	310	300	310	10
品質・不良低減	(0%)	(0.8%)	968	687	500	687	187
不良廃却	(0kg)	(980kg)	373	200	200	200	0
不良手直	(0hr)	(297hr)	595	487	300	487	187
製造歩留向上	(100%)	(94.9%)	1,578	400	400	400	0
経費予算低減	12,046	14,252	2,206	1,151	700	1,151	451
消耗品費	2,982	3,528	546	100	100	100	0
修繕費	4,781	5,716	935	851	400	851	451
電力料	4,283	5,005	722	200	200	200	0

※（　　）は物量値を示す

ストダウン努力をしなければならない。これが、予算と標準との違いであり、標準原価管理が予算管理にとって代わるものではないし、その逆もしかりである。

(2) 原価低減アクションと成果（SA社は2年で24%のコストダウン）

原価情報が出ても、コストダウンに繋がらなければ意味がない。図表8・25は、理想標準原価と実際原価との差異を低減する管理面のコストダウン活動を推進したものである。理想原価管理の成果をコストパフォーマンスの月別推移で示す。コストパフォーマンスは、標準原価÷実際原価で示される標準原価の達成度である。

SA社では、2年の間にコストパフォーマンスは71%から88%に向上し、総製造原価の24%を節約した。また、KO社は1年間では76%から87%に向上し、総製造原価の14%を節約した。AS社はわずか6ヵ月で、同じく77%から84%に向上し、総製造原価の7%を節約した。

SA社のコストパフォーマンスの推移グラフから改善前後の数字を比較し、24%の節約金額の内訳を管理項目別と部門別に分析してみる。成果のもっと

図表8・25　理想標準原価・実際原価の差異を低減する管理

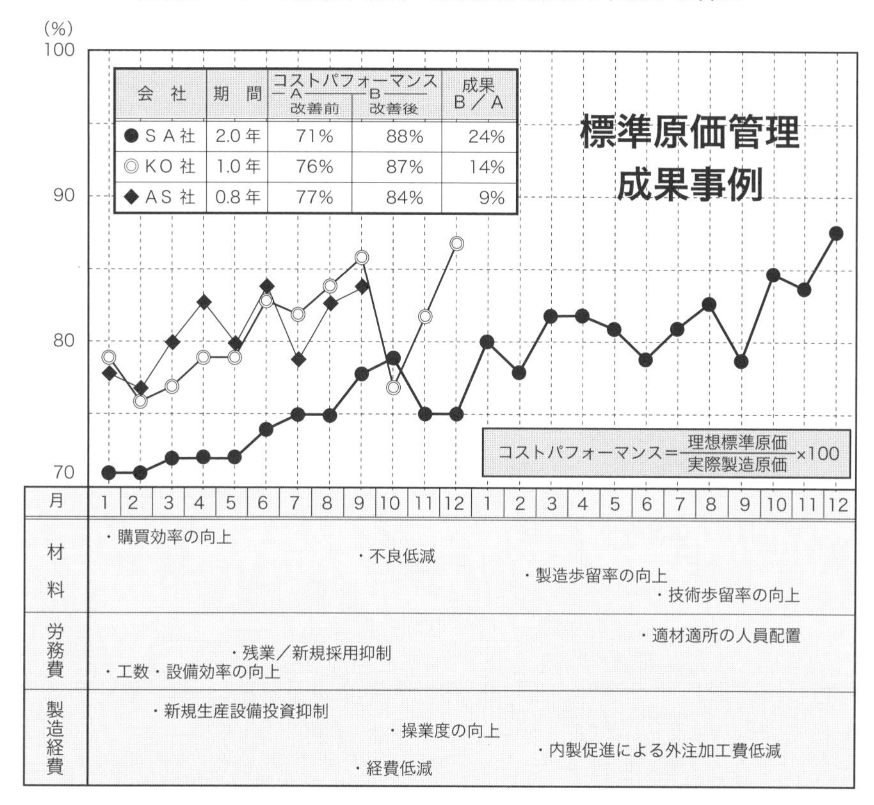

会　社	期　間	コストパフォーマンス ―A― 改善前	―B― 改善後	成果 B／A
●ＳＡ社	2.0年	71%	88%	24%
◎ＫＯ社	1.0年	76%	87%	14%
◆ＡＳ社	0.8年	77%	84%	9%

原価項目別原価ロス

時間ロスの低減 総合パフォーマンスの向上 42%
仕入価格ロスの低減 25%
不良ロスの低減 13%
運賃の低減 10%
間接材料費の低減 8%
その他 3%

部門別原価ロス

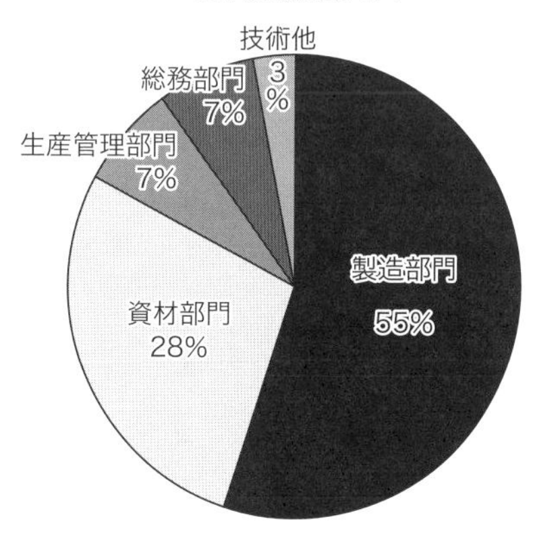

も大きかった項目は、工数総合効率の向上による時間ロスの低減である。外注仕入価格は、厳密な標準価格を持つことにより、大幅な低減に寄与した。品質管理はアウトプットの面ばかりでなく、品質をつくり出すコストという面から追求することによって、コストダウンを可能にした。製造経費は、単なる経費節減というかけ声だけに終わらず、運賃車両費や間接材料費の徹底したコストダウンの追求が効果を上げた。

また部門別に見ると、製造部門の成果が55%、資材部門の成果が28%と両部門で83%を占めた。これは、標準原価管理が管理中心のコストダウン活動であることを示すものである。

(3) 原価管理会議・アクションミーティングの進め方

部課長レベルは月、第一線監督者である係長レベルは週が管理サイクルである。原価管理は月次の部課長レベルの金額管理であるが、週次の係長レベルの物量管理とも連動している。ここでは、係長レベルの会議を例にして管理のやり方を説明しよう。

アクションミーティング（週会議の総称）は、毎週月曜の午後1～2時までの定例会議とし、取り立てて開催通知は行わない。出席者は課長を議長とした係長レベル、そこに推進スタッフが参加する。人数は、5～8人であるが、メンバーが少ないと刺激がないため2課合同会議になる。

内容は、① 先週の業績の評価、② 今週のテーマの決定、③ 目標値の決定であり、何をすべきかを決め（Plan）、決まったことを実行し（Do）、実施結果を評価する（See）。連絡会議や生産実績の報告会議ではない。

■今週のテーマの決定：何をやるかの計画が大事

PLAN

今週のテーマの決定（Plan）は課題の明確化である。どのようなアクションを打って業績を向上していくかを、具体的テーマにしていく。「がんばります」だけでなく「誰が、何を、どれくらい」がんばるかの具体性がほしい。アクションテーマは、係長自ら考えて会議に出席するが、当初はそれができないことが多い。

・そこで、上司やフォロー担当が「こんなテーマが良いのでは」とアドバイスをして、係長をガイドする。
・これができるようになると、リストされたテーマの中から係長自らが選択する。
・次の段階では、係長にテーマを言わせ、上司がアドバイスする。
・最後には、係長にテーマ選定をまかせる。
という順にレベルアップしていく。

テーマは、実行したか否かがわかり、1週間でできる内容で、大きすぎても小さすぎてもいけない。テーマがふさわしくないときはアドバイスが必要なので、上司は先行してテーマをストックしておく。テーマは定性的なものであるが、目標値として定量化する。定量化はアクションの大きさであり、実行意思が反映するので「数字を維持する」といった消極的な目標値では成果に結びつかない。

DO

実行は日1日と延びるのが人のさがであり、今日やるべきことを今日やる習慣をつけることはなかなか難しい。そこで、上司やフォロー担当が進捗状況を確認し、できていなければ「いつやるか、結果がどうなったのか」を聞くようにしたい。アクションの弱い係長には、上司のフォローアップが欠かせない。

■業績評価：SEEには努力度評価

SEE

アクションミーティングの役割の半分は評価である。評価には努力度評価とレベル評価がある。努力度評価は過去との比較、レベル評価はあるべき姿との比較である。

既に終わったことに対しての努力度評価は次のアクションへの動機付けとなる。F・ハーズバーグの衛生理論では、満足要因と不満足要因は別物であるとする。給与や職場環境などの不満足要因は解消されても満足は得られない。満足要因は達成、承認など仕事そのものの中にある。重い責任を任された仕事を達成し、上司にその成果を認められることで人は動機付けられるというものである。

したがって、上司による各第一線監督者の公正な業績評価に刺激を受け、次のアクションにつながる。アクションミーティングでは、1時間の会議時間を有効に使うために重点評価を行う。いつも係順に行うのではなく、成績の良かった係長、反対に成績の悪かった係長から始めるのもよい。成果の大きい係長を最初に持ってくる主旨は、成果に結びついたアクションを引き出して、他の出席者にマネてもらいたいからである。成績の悪い人を最初に持ってくる主旨は叱咤激励である。

業績が向上したアクションこそ評価の対象であり、それに結び付かないアクションは評価しない。「なぜ成果が出ないか」などの問いかけは、わざわざ言い訳を引き出すようなものなので慎まなければならない。言い訳を聞いていても何の参考にもならないので、再度どのようなアクションを打ったかを問う。アクションがなければなしで話を打ち切り、今週のテーマに時間をかけるよう心がけたい。

■PLANにはレベル評価を使う

今週のテーマと目標設定時に使われるのがレベル評価である。レベルの高い目標はその人の高い志であり、どれだけのアクションを打とうとしているかの意思が見える。

努力度評価とレベル評価を誤って使うと、その効果は半減する。立てた高い目標が達成できないときに悪い評価をされると、次からは達成できそうな低い目標を掲げ、目標を達成すればそれ以上に努力しない悪癖が生まれる。

以上のような会議を毎週続けていると、次第に管理のやり方を習得する。5Sであろうと生産性、品質であろうとテーマが変わっても管理のやり方は同じであることがわかると、第一線監督者は次々に成果を上げ始めるものである。

第8章のまとめ

■ポイント

・原価企画は技術部門が行う改善活動による製品別のコストダウンである
・標準原価管理は製造部門が行う管理活動によるプロセス別のコストダウンである
・2つの原価管理を分けるのは標準原価で、技術段階で製品設計・工程設計終了後に計算する原価である
・標準原価管理は標準原価と実際原価の原価差異に対してアクションを打つ
・材料費の差異は価格差異、不良差異、歩留差異に分析し、歩留・不良の物量管理システムと連動する
・労務費の差異は賃率差異、時間差異に分析し、工数・設備効率管理システムと連動する
・経費は予算差異・能率差異・操業度差異に分析する三分法と予算差異・操業度差異に分析する二分法があるが後者が実務的である
・原価差異は原価管理月報で「誰、何、どれくらい」の情報が提唱されるが、それを使った、評価とアクションのための原価管理会議の推進が重要である

原価・価格見積と採算判断

—原価を使った意思決定と利益管理—

目的別の原価・原価計算分類

目的＼手段		会計領域	財務会計	⇐過去	（現在）⇐	管理会計	⇒（未来）	原価レベル		
		原価計算種類	事後原価計算	事前原価計算				実力値A	達成可能値B	理想値C
			実際原価計算	予定原価計算	見積原価計算		標準原価計算			
		原価種類	期間原価		製品原価（製品・部品・工程別）					
			実際原価A	予定原価B	見積原価A	目標原価B	標準原価C			
誰：評価	社長・経理	損益計算書	棚卸資産原価	（予想決算書）				○		
	事業部長	事業別原価計算	総原価	事業戦略 業績管理					○	
	部門長	部門別原価計算							○	
何：アクション	営業	顧客別原価計算	販売費・管理費	（販売予算）	価格見積			○		
	設計技術	製品別原価計算	売上原価	製造予算管理	原価見積	原価企画 コストリダクション	（標準消費量）			○
	生産技術	工程別 〃			（コストテーブル）		（標準時間）			○
	購買	実際原価計算	仕入原価				標準原価管理 コストコントロール			○
	製造	・個別原価計算	製造原価							○
		・総合原価計算	材料・労務・経費							○
管理可能性による分類 ⇒			埋没原価・機会原価	管理可能・不能費	増分原価	ライフサイクルコスト	管理可能・不能費	標準原価に一元化		
原単位による分類 ⇒			単価×消費量	材料単価×消費量		加工費レート×時間				
製品との関連分類 ⇒			直接費・間接費	材料費		加工費				
操業度との関連分類 ⇒				限界原価＝変動費			固定費			
原価の集計範囲分類 ⇒			全部原価	部分原価・直接原価計算			損益分岐点			

CONTENTS

価格見積は受注目的であるが、原価見積は受注可否の判断資料であり、実力値の原価を見積もる。そして「見積原価＋利益」を積み上げた基準販売価格に対し、市場価格、類似価格、希望価格と比較して価格を決定する。限界利益がマイナスになる価格はない。

本章では価格決定、原価計算結果を利益獲得に導く正しい意思決定を学ぶ。その原則は、① 変わるところだけを考え、② これから発生する収入と支出だけを計算することで、日常の意思決定は、「収入－支出＝現金」は「売上－変動費＝限界利益」で判断すればよい。最後に原価管理から利益管理へ展開する管理会計の重要性をまとめてみたい。

9-1 総原価の見積とABC原価計算

(1) 受注段階で利益を知る

原価見積と価格見積は目的が違う。原価見積は、価格決定にあたりどれほどの利益を生むかの判断資料である。原価見積なしでは利益がわからないため、受注段階では実質的な価格交渉はできない。一方、価格見積の目的は受注である。

営業には文系出身者が多く、価格見積は自身でできても原価見積は技術や製造に依頼するケースが多い。すると製造技術が行った原価見積に対して営業からは「高い。これでは受注できない」などのクレームがつく。製造技術も「もう少し安くならないか」との検討はするが、営業に安値受注されたくないため、意図的に高めの原価見積をするなど社内での軋轢がある。原価見積と価格見積の混同である。

営業が決めるのは価格であって、原価が高ければ赤字覚悟で受注するか否かの判断をする。その判断基準は意図的に操作されることのない実力値を示す見積原価であることが大切で、判断基準が曖昧では利益がわからなくなる。

また、原価見積は事務的な計算業務であるが、価格見積は自社と得意先との適正利益配分を考慮した受注可否の判断業務である。営業は価格見積にこそ時間をかけなければならない。原価見積を製造技術が行っている会社では、第4章に沿って実力値の原価を見積もることである。

(2) 営業で原価見積と価格見積を行う

■原価見積・価格見積のステップ

図表9・1は得意先の受注検討依頼に始まって、見積書を提出するまでのステップを示したものである。このステップは、見積対象が生産財でも消費財でも適用できるが、客先から見積依頼があって見積もりをするケースは生産財に多い。生産財とは部品や工場で使う機械のような生産手段として使われる財で、主な得意先はメーカーである。生産財の価格見積は得意先が限定されるが、得意先ごとに製品や仕様が違い、仮に同じでも消費財に比べて見積書を書く頻度が圧倒的に多い。

図表9・1　見積書提出までのステップ

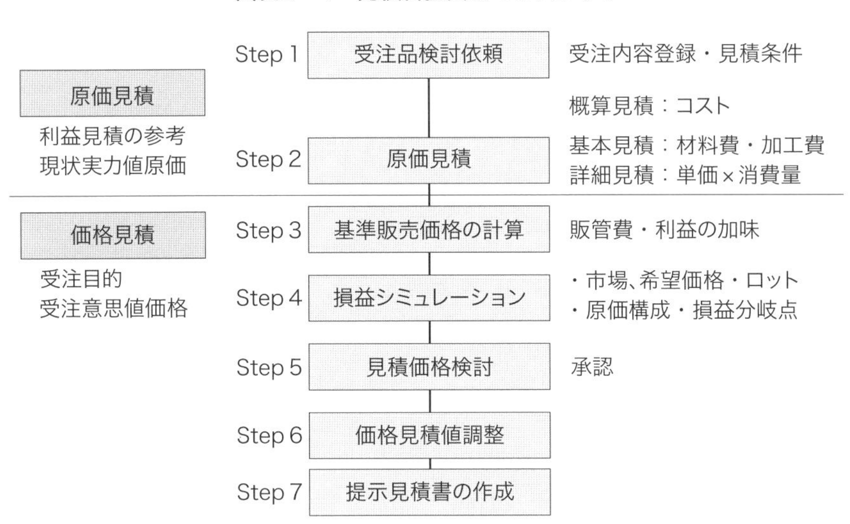

Step1

Step1の受注品検討依頼では価格見積に必要な見積条件の情報を得る。客先から得られる情報は仕様レベルを口頭で依頼されるときもあれば、詳細図面を受け取るときもある。できるだけ詳細仕様を入手することはトラブル防止のみならず、適正価格の見積にも重要である。そこで、見積書の提出までに多くの情報を取り、客先ニーズを探るようにしたい。最後的に見積書が通って受注できるか否かは、事前情報の量と質によるところが大きい。

受注の確度が高まり見積依頼が出ると、Step2からの原価見積業務がスタートする。

■迅速な見積のために

価格見積には迅速性が要求される。ところが、原価見積段階で営業と製造技術が反目し合って原価見積業務に時間を取られ、得意先への価格見積が遅れては受注可否にも影響する。その解決策は、原価を含めたすべての見積業務を営業で行うことである。それには、製造技術の見積ノウハウをコストテーブルというデータベースに蓄積することである。すると、営業で行う原価見積は得意先の仕様条件を引き出すだけになり、原価見積業務のほとんどは計算業務なので、コンピュータに任せることができる。

図表9・2 価格見積検討表1

顧客工場	01	01	株式会社ME	大森工場	
得意先品番			品番	製品コード	
親	A		A		
子1					
子2					
客先希望価格					

	提示価格		基準見積価格		シミュレーション		相場見積価格	
売価								
付加価値								
限界利益								
粗利益								
営業利益								
月売上高								
付加価値								
限界利益								
粗利益								
営業利益								
生産ﾛｯﾄ								
月生産量								

類似価格	顧客	工場	形状	重量	品番	Kg単価	価格/W

利益率	ランク	商品力	成長性	競合	シェア	購買力
	ウェイト	20%	20%	20%	20%	20%
	2.1.0					

費目		kg当り	1個当り	%	営業利益率
					総原価
梱包費	1円	2円			製造原価
					83.24

材料径	巾mm	長さmm	切断長	取り数	切断質量g
50.0		7,000	42.10	162	647.6
外形	内径	巾	肉厚	製品外形	仕上質量g
85.7	67.9	17.0	8.9	111.2	278.5
熱処理有無	鋼種		材料単価	歩留率	材料費
1	SUJ2		110.0	76.1%	41.08

標準原価達成率	
材料費	98%
加工費	71%
設備費	100%
材料費/kg	重量見積
加工費/kg	重量見積

順位	部署 工場	部	課	係	工程 工程	作業	設備	外注費 1個当り	金型費 1個当り	加工時間 機械時間個/秒	人時間個/秒	社内加工費 変動費	固定費	設備費	加工費 42.16
1	01	10	10	10	F	F	F01		4.00	1.98	5.39	14.89	4.79	4.01	27.69
2	01	10	30	10	A	M	A03			1.68	0.64	1.11	0.46	0.76	2.33
3	01	10	30	20	S	S	S02			0.82	0.59	1.03	0.43	0.09	1.54
4	01	10	20	20	C	R	C07		1.97	14.34	2.51	4.77	1.87	1.19	9.81
5	01	10	20	10	T	R	T10			0.86	0.50	0.53	0.08	0.18	0.78

①見積条件（変動要因）を入力すると材料費41.08円を自動計算

②工程順に設備を入力すると加工費42.16円を自動計算

③材料費41.08＋加工費42.16＝製造原価83.24円

こうして、営業は製造技術に原価見積を依頼することなく、自身で原価と利益がわかる受注活動を目指したい。**図表9・2の価格見積検討表を使って、見積書提出までのステップを検討してみよう。株式会社MEの大森工場からA製品の見積依頼があったとの想定である。**

■材料費の詳細材料費見積

Step2

Step2は製造原価見積である。図表9・2の太枠は変動要因を入力すると製造原価が計算できるしくみである。営業は客先より入手した図面から、材料径、幅、長さ、切断長、熱処理有無、鋼種を読み取り入力すると、下記算式で取り数、切断質量、仕上質量、歩留率を自動計算し、① 材料費41.08円（材料単価×投入質量－屑単価×屑質量）を計算している。

上記は、材料費計算の汎用算式であるが、投入質量や屑質量は扱う材料の種類や材料取りによって計算方法が違うので、独自のプログラムを作成して計算する。下記も副産物が出るケースで、ちなみに投入質量と屑質量は下記のように計算している。

投入質量／個	＝	材料径	断面積			× 材料長	÷g換算	×	比重	
107,839g	＝	50.0mm	（25.0mm×25.0mm×3.14）			×7,000mm	÷1,000	×7.85	（SUJ2）	
切断質量／個	＝	（投入質量	－ 屑 質 量）	÷	取り数	＝（材 料 長 － 屑 長 ）÷切断長				
647.6g	＝	（107,839	－ 2,927.8g）	÷	162個	＝（7,000mm－179.8mm）÷42.10mm				
仕上質量／個	＝	切断質量	－ 副産物質量	－	屑質量					
278.5g	＝	647.6g	－ 281.7g	－	87.4g					
歩留率	＝	仕上質量	÷ 投入質量	＝	（投入質量－屑質量）÷取り数－副産物質量					
76.1%	＝	278.5g	÷ 365.9g	＝	（107,839g－2,927.8g）÷162個－281.7g					
①材料費／個	＝	材料単価／g ×投入質量－屑単価／g× 屑質量 ÷達成率※								
41.08円	＝	（110円／kg×1,000×365.9g－10円／kg×1,000×87.4g）÷98%								

■時間テーブルを使った加工費見積

時間テーブルを事前に整備しておけば、その算式の「変動要因・パラメータ＝見積条件」を入力するだけで、迅速かつ正確な加工費見積ができる。

下記は、外径、内径、幅、肉厚、製品外径、熱処理条件、使用設備を工程順に入力すると、すでに登録されている標準時間資料から機械時間1.98秒を、それに配置人員2.72人を乗じた「人時間5.39秒×レート」を計算して、図表９・２の② 加工費42.16円を計算している。ポイントは標準時間を計算する算式である標準時間資料を独自に作成することである。これについては第５章を参照されたい。

機械時間／個	＝	段取時間	÷	ロット＋加工時間（加工時間は標準時間資料より算定）		
1.98秒	＝	8,550秒	÷	10,000 ＋ 1.12秒		
人 時 間／個	＝	機械時間	×	配員		
5.39秒	＝	1.98秒	×	2.72人		
変動加工費／個	＝	（標準時間	×	変動費レート）	÷	達成率※
14.89円	＝	5.39秒	×	1.961円／秒	÷	71.0%
固定加工費／個	＝	（標準時間	×	固定費レート）	÷	達成率※
4.79円	＝	5.39秒	×	0.631円／秒	÷	71.0%
設 備 費／個	＝	（標準時間	×	設備費レート）	÷	達成率※
4.01円	＝	1.98秒	×	2.025円／秒	÷	100.0%

※達成率は図表９・２の標準原価達成率を参照

F工程加工費／個	=	金型費	+	変動加工費＋固定加工費＋設備費
27.69円	=	4.00円	+	14.89円 ＋ 4.79円 ＋4.01円
②加工費計／個	=	F工程	+	A工程＋ S工程＋ C工程 ＋T工程
42.16円	=	27.69円	+	2.33円＋1.54円＋9.81円＋0.78円

図表9・2で計算している工程別の加工費は「加工費レート×見積時間」の詳細見積レベルまでは営業で行うが、工程・設備情報の入力が難しい受注が来た場合は、製造技術に問い合わせることにしている。

■標準原価を見積原価に置き直す

以上の計算に使うデータベースはあるべき姿の標準でできているので、標準原価が計算される。しかし、営業が価格見積に用いる原価は実際原価に近い実力値でなければならないので、材料不良・製造歩留ロス率と作業能率・稼働率を加味して実力値原価に置き直す。

図表9・2の太枠右の標準原価達成率がそれで、材料費98%、加工費71%、設備費100%は、昨年度の平均の標準原価達成率を持ってきている。この達成率は年一度の更新である。以上が製造原価見積の作業である。

材料費と加工費をプラスすると図表9・2の③ 見積製造原価83,24円が算定できる。

(3) 販売費・一般管理費も原価

■一律で見る販売費・一般管理費

販売費・一般管理費（以下に販管費と略す）の見積りをすると、「製造原価＋販管費」で総原価が計算できる。販管費の内訳費目は、販売員の給料・賞与・退職給与、営業所経費、広告宣伝費、販促費、荷造運賃など、一般管理費の内訳費目は、役員給与・給料・賞与・退職給与・福利厚生費・租税公課・賃借料・減価償却費などである。

製造原価に販管費と利益を積み上げて売価を決定する場合、多くの会社では販管費比率を一律に設定している。すると、「見積製造原価×（1＋販管費比率）」で見積総原価が計算できる。製造原価比率は対売上高の20%、販管費比率は対売上高の17%とすると、対製造原価に対する販管費比率は21.25%（17%÷0.8）になる。

製造業では売上高に占める販管費比率は売上高の17％超の大きな比率になった。すると製品別に一律の販管費がかかるとするのはおかしい。とくに販売費は顧客によって違うため、顧客別に直課しようとする考え方に至る。

図表9・2の例では、未だ販管費は運賃と梱包費に差をつけているだけであるが、販管費の比率が大きくなると、下記ABCを適用した顧客別原価計算を推奨する。

■個別に見る販売費・一般管理費

R・S・キャプランが1980年代に提唱した活動基準原価計算：ABC(Activity Based Costing) がある。ABCは膨らみ続ける間接費を多面的に管理するために生まれた原価計算手法で、アクティビティという活動単位に原価を集計した後、コストドライバーを通じて直接製品別・顧客別に原価を計算する方法である。

販管費は顧客別に異なり、同じ製品を売っても利益の出る顧客と出ない顧客がいる。そこで、ABCを販管費へ適用する顧客別原価計算が有効である。同じ工場で生産する製品の製造原価は同じであっても、どの顧客（量販店、スーパー、小売店など）に売るかによって、販理費を含めた総原価に違いが出る。その要因は下記のようなものである。

・見積成約率の大小：顧客が複数業者に見積依頼をすると成約率が低下する。2社発注では成約率50％になり見積コストの半分はムダになる。

・注文ロットの大小：顧客が小ロットで発注すると注文処理や出荷処理にかかるコストが増える。生産ロットに影響すれば製造の段取りコストが増える。

・顧客への訪問回数：仕様がなかなか決まらず顧客へ何度も訪問すればコストがかかる。

■顧客別損益の見方

図表9・3はNO1製品をA～P社の顧客別に原価計算後の損益を示したものである。1個当たりの売価573円(希望卸売価格)も製造原価319円も同じで、全体の営業利益は2,780千円であるが、利益の1/4はA社で稼いでいる。B、C、E社からの稼ぎも大きい。

図表9・3　製品別・顧客別原価計算

製品 得意先	販売数	売価 円	販売変動費			限界利益		販売固定費		営業利益		
			値引	販促	運賃	@	%	営業	受注	@	%	絶対額
製品	製造原価	319	製造変動費		237			製造固定費	46			円
NO1	46,976	573	52	10	29	209	36.6%	68	36	59	10.3%	2,780,583
A社	8,319	573	85	10	29	176	30.8%	17	29	84	14.7%	700,390
B社	4,188	573	103	10	29	158	27.7%	20	5	87	15.2%	365,158
C社	3,009	573	143	10	29	118	20.7%	4	7	61	10.7%	184,125
D社	2,352	573	258	10	29	3	0.6%	20	18	-80	-14.1%	-190,061
E社	1,743	573	24	10	29	237	41.4%	22	56	113	19.8%	197,293
F社	750	573	103	10	29	158	27.7%	45	35	32	5.6%	24,144
G社	435	573	103	10	29	158	27.7%	23	27	62	10.9%	27,053
H社	279	573	132	10	29	129	22.6%	23	27	33	5.8%	9,260
I社	276	573	112	10	29	149	26.1%	21	14	68	11.9%	18,821
J社	213	573	109	10	29	152	26.6%	715	7	-616	-107.5%	-131,167
K社	102	573	167	10	29	94	16.5%	34	23	-8	-1.5%	-898
L社	99	573	109	10	29	152	26.6%	77	113	-83	-14.6%	-8,297
M社	48	573	174	10	29	87	15.3%	34	23	-15	-2.8%	-759
N社	45	573	16	10	29	245	42.8%	20	113	66	11.6%	2,979
O社	45	573	103	10	29	158	27.7%	35	7	70	12.2%	3,159
P社	30	573	174	10	29	87	15.3%	34	23	-15	-2.8%	-474

ところが、販管費が顧客別に違うため、儲かる顧客と損する顧客が存在する。とくにD、J、L社は赤字顧客である。赤字原因を分析すると図表9・3のハッチ部分にあることがわかる。

・D社の値引き　258円：希望卸売価格はあっても値引きが常態化していて、D社の赤字は極端な値引きが要因である。

・J社の営業固定費715円：営業固定費は営業マンの訪問回数が多いことが要因である。

・L社の受注固定費113円：受注固定費は小ロットの受注による受注、出荷処理増大が要因である。

上記ABCの販管費への適用例では、営業活動、受注活動というアクティビティ単位に原価を集計した後、営業活動は「訪問費用／回×訪問回数」、受注活動は「受注費用／回×受注回数」で直接顧客別に原価計算したものである。

販管費が顧客別にこれだけ異なることがわかると、顧客別に販売戦略を検討しなければならない。儲けさせてもらっている顧客に、赤字顧客にかかる販管費を負担してもらっていることがないだろうか。

以上は顧客別原価計算の解説であり、営業部門に見せる管理帳票は「誰、何、どれくらい」「営業担当別 ⇒ 顧客別 ⇒ どれくらい」の情報にして、営業担当者が顧客別にアクションを打つことになる。管理は「人」であることを忘れないようにしたい。

9-2　基準販売価格で売りたい価格を出す

(1) 原価の範囲からする利益の概念

■利益概念を復習する

図表9・4　財務と管理会計の利益概念

売　上　高(販売価格)　100%

財務会計
総　原　価 ｜ 営業利益 3%
製 造 原 価 ｜ 販売費 一般管理費
材　料　費 ｜ 労務費 ｜ 製造経費 ｜ 粗利益 全産業15% 製造業20%

管理会計
材　料　費 ｜ 加工費
変　動　費 ｜ 限界利益　35%
材　料　費 ｜ 付加価値　50%

※流通業は粗利、限界利益、付加価値がほぼ同じ

Step3

Step3は基準販売価格の決定である。基準販売価格とは積上げ式に見積った総原価に利益を乗せて計算した「売りたい価格」である。図表9・4でどのような利益概念があったかを復習しながら、基準販売価格計算までを例題で解いてみよう。

財務会計では製造原価を形態別に材料費、労務費、製造経費に分けるが、管理会計では製品別に材料費、加工費に分けて製造原価を見積る。売価から見積製造原価を引くと売上高総利益または粗利益が出る。さらに、営業などで販売活動に使われる費用と、人事・総務・経理の費用のように一般管理に使われる販売費・一般管理費がある。製造原価に販売費・一般管理費を加えると総原価になり、売価から総原価を引くと営業利益になる。

日本の全産業では、売上高に対する粗利率は約15%、営業利益率は約3%で、販売費・一般管理費比率は12%（15－3%）である。製造業では、売上高に対する粗利率は約20%、営業利益率は約3%で、販売費・一般管理費の比率は17%（20－3%）である（図表9・4参照)。

さらに、売上高から変動費を引いて限界利益、売上高から材料費を引いて付加価値と呼んだ。製造業の限界利益率は35%、付加価値率は50%ほどである。

■製造業と流通・サービス業の利益の違い

製造業の限界利益率、付加価値率は上記のとおりであるが、流通・サービス業の限界利益率、付加価値率は粗利率と同水準である。製造業の場合は、製造原価の内訳に材料費、変動加工費、固定加工費があるが、流通・サービス業の場合は仕入れたものを売るので、製造原価＝仕入原価（製造業でいう材料費）になる。

次に述べる例題は、製造業の品番100：自動車部品であるプーリー（図表4・18（材料費)、図表4・24（加工費)）の例であることを念頭において解答されたい。

Q 積み上げ式に販売価格（基準販売価格）を計算してみる

問1　下記の製造原価のとき、粗利率20%、営業利益率3%（販管費比率17%）を得たいとしたら、いくらの売価、販売費・一般管理費を取らなければならないか。

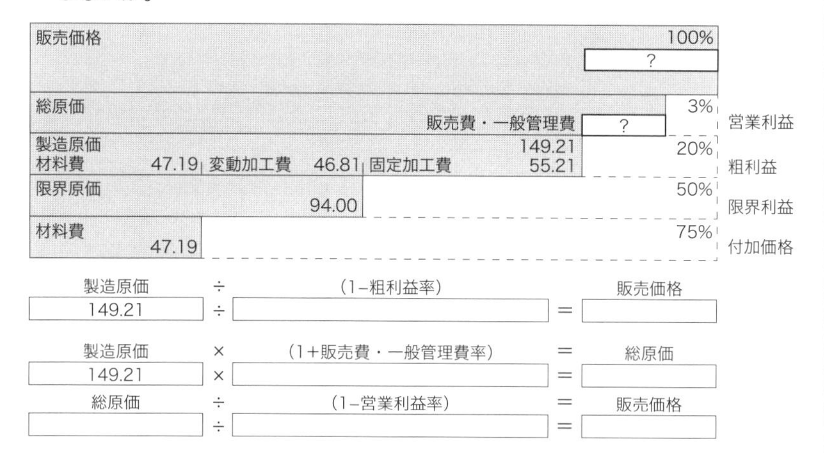

製造原価	÷	(1−粗利益率)		販売価格
149.21	÷		＝	

製造原価	×	(1＋販売費・一般管理費率)	＝	総原価
149.21	×		＝	
総原価	÷	(1−営業利益率)	＝	販売価格
	÷		＝	

A

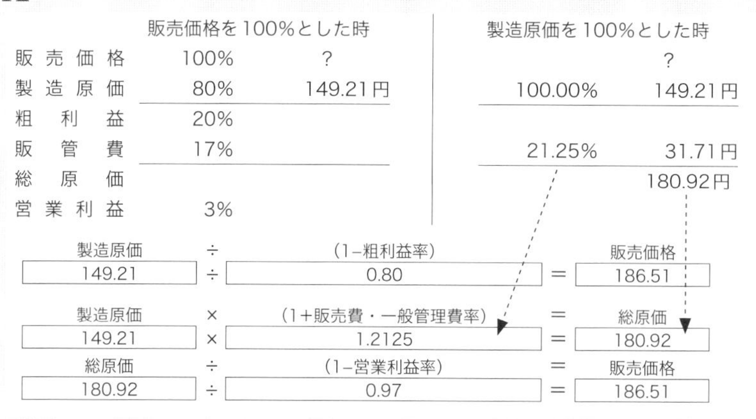

	販売価格を100%とした時		製造原価を100%とした時	
販売価格	100%	?		?
製造原価	80%	149.21円	100.00%	149.21円
粗利益	20%			
販管費	17%		21.25%	31.71円
総原価				180.92円
営業利益	3%			

製造原価	÷	(1−粗利益率)		販売価格
149.21	÷	0.80	＝	186.51

製造原価	×	(1＋販売費・一般管理費率)	＝	総原価
149.21	×	1.2125	＝	180.92
総原価	÷	(1−営業利益率)	＝	販売価格
180.92	÷	0.97	＝	186.51

見積製造原価×（1＋販管費比率）で、見積総原価が計算できる。販管費比率は対売上高の17%ではなく、対製造原価に対する比率21.25%（17%÷0.8）になり、製造原価に1.2125を乗ずると見積総原価が計算できる。

さらに、見積総原価に売上高に対する平均の営業利益率3%を加味すると、見積総原価÷0.97で販売価格が計算できる。売上高に対する粗利益の比率は20%なので、見積製造原価÷0.80で販売価格が計算できるとした方がわかりやすい。

> **問2** 上記計算の販売価格は基準販売価格であり、顧客から「140円の販売価格でやってもらえないだろうか」と指値されたとしたらあなたは？
> □受注する　□断る　（解答は314ページに掲載）

(2) どれくらい利益が得られるか

■価格政策には何か有利か

基準販売価格の最後に加味した営業利益率をどれくらい見込むかは価格政策である。価格は需要と供給の関係で決まるという経済学のセオリーがある。価格は「需要＞供給」のときには売手が有利に、「需要＜供給」のときには買手が有利に働く。需給関係の有利不利を、商品技術力・市場成長性・競合関係・自社シェア・顧客購買力に分けてみる。

・商品力：自社製品の性能、品質面での優位性。他者と比べて商品力に差があればあるほど有利に、なければ低価格勝負になる。

・成長性：成長力のある製品は需要か多いので価格的には有利であるが、新規参入があるので競合には不利に働く。

・競　合：自社と競合する他社または製品の有無。競合がなければ有利に、あれば不利になる。

・シェア：自社製品の顧客または市場規模に対するシェア。シェアが高いと信頼も大きく有利に、シェアが低いと不利になる。

・購買力：顧客が自社製品を購入したい動機の強さ。購買動機が強ければ有利に、競合の中のひとつ程度の位置づけであれば不利になる。

以上を特定の製品に当てはめ、いずれのレベルに該当するかを評価すると、高価格、価格維持、低価格、戦略見直の価格政策を導き出すことができる。

■価格政策を定量化した得点表をつくる

図表9・5　価格政策得点表

評価項目					合計得点		価格政策	営業利益率
商品力	成長性	競合	シェア	購買力				
強2	大2	無2	大2	強2		8-10点	高価格政策	10%
中1	中1	中1	中1	中1		5-7点	価格維持政策	5%
弱0	小0	有0	小0	弱0		2-4点	低価格政策	0%
						0-2点	戦略見直政策	－5%

図表9・5に示す価格政策得点表では、価格に影響を与える5つの要素ごとに優位性を2、1、0の得点で評価している。5項目ごとに得点を入れると合計は10点満点になる。合計点の大きい順に営業利益率を10～△5%に設定した。

これを特定の製品に当てはめた得点が8～10点に入れば高価格政策の10%、0～2点に入れば戦略見直の–5%の利益率を適用する。

価格決定に当たって5つの要素のウエイトがそれぞれ異なる場合は、その重みを変えたり、利益率の幅も変えてよい。たとえば、競合関係の有無が価格高低要因の50%を占めるのであれば、無：5点、中：2.5点、有：0点のように設定する。以上を価格見積検討表に織り込むと図表9・6の太枠のようになる。

図表9・6　価格見積検討表2

顧客工場			01	01	株式会社ＭＥ			大森工場			提示価格		基準見積価格		シミュレーション		相場見積価格	
	得意先品番				品番			製品コード		売価			97.14	100.0%				
親	A				A					付加価値			56.06	57.7%				
子1										限界利益			30.61	31.5%				
子2										粗利益			10.42	10.7%				
類似価格	客先希望価格									営業利益			8.16	8.4%				
	顧客	工場	形状	重量	品番			Kg単価	価格/W	月売上高			936,600					
										付加価値			525,759					
										限界利益			291,277					
										粗利益			104,171					
利益率	ランク		商品力		成長性		競合	シェア	購買力	営業利益			46,830					
	ウェイト		20%		20%		20%	20%	20%	生産ロット			10,000					
	2.1.0		2		1		1	2	2	月生産量			10,000					
販管費	費目						kg当り	1個当り	%	営業利益率	材料径	巾mm	長さmm	切断長	取り数	切断質量g	標準原価達成率	
	一般		四	名	北	東	16.61	2.63	3.5%	8.4%	50.0		7,000	42.10	162	647.6	材料費	98%
	運賃			＊						総原価	外形	内径	巾	肉厚	製品外形	仕上質量g	加工費	71%
			3	4	10	18	4.00	1.11	1.2%	88.98	85.7	67.9	17.0	8.9	111.2	278.5	設備費	100%
	梱包費		1円		2円					製造原価	熱処理有無	鋼種		材料単価	歩留率	材料費	材料費/kg	重量見積
						＊	7.18	2.00	2.2%	83.24	1	SUJ2		110.0	76.1%	41.08		
順位	部署				工程				外注費	金型費	加工時間		社内加工費			加工費	加工費/kg	重量見積
	工場	部	課	係	工程		作業	設備	1個当り	1個当り	機械時間個/秒	人時間個/秒	変動費	固定費	設備費	42.16		
1	01	10	10	10	F		F	F01		4.00	1.98	5.39	14.89	4.79	4.01	27.69		
2	01	10	30	10	A		M	A03			1.68	0.64	1.11	0.46	0.76	2.33		
3	01	10	30	20	S		S	S02			0.82	0.59	1.03	0.43	0.09	1.54		
4	01	10	20	20	C		R	C07		1.97	14.34	2.51	4.77	1.87	1.19	9.81		
5	01	10	20	10	T		R	T10			0.86	0.50	0.53	0.08	0.18	0.78		

(3) 基準販売価格の算定

図表9・6の例では、梱包費で2.00円：2.2%、運賃で1.11円：1.2%、一律で2.63円：3.5%、合計5.74円：6.9%の販管費を見込んで、総原価88.98円(83.24＋5.74)を計算している。総原価は例題にあるように、83.24×1.069＝88.98円で計算してもよい。

価格政策得点は5項目で8点、8.4%の営業利益率を見込んでいる。このケースでは商品力のウエイトを多く設定している。すると、基準販売価格は「総原価：88.98円÷（1-0.084）＝97.14円」が計算できる。
基準販売価格が出ると、図表9・7の利益が即計算できる。

図表9・7　1個当たりの利益

1個当たり円						利益率%					
付加価値	97.14円	－	41.08円	＝	56.06円	付加価値率	56.06円	÷	97.14円	＝	57.7%
限界利益	97.14	－	66.53	＝	30.61	限界利益率	30.61	÷	97.14	＝	31.5%
粗利益	97.14	－	86.74	＝	10.40	粗 利 益 率	10.40	÷	97.14	＝	10.7%

上記は1個当たりの金額であり、図表9・7 では受注量が10,000個なので、売上高は971,414円（97.14円×10,000個)、営業利益は81,599（8.16円×10,000個）になる。なお、ここでは端数計算までしている。

9-3　価格の決定要素が変わった

(1) 市場価格、類似価格、希望価格

従来、価格は原価、需要、競争の3つの要素で決まることが広く認められてきたが、伝統的な価格決定方式が崩れてきたのは「原価企画」の普及にある。原価企画は商品企画から製品設計・生産設計・試作までの技術段階の原価管理の手法である。原価企画では、目標とする売価を先に決め、適正利益を得るにはどれだけの原価でつくらなければならないかという目標原価を設定する。目標原価は設計・生産技術段階でコストダウン目標となる「つくり込む原価」である。

原価企画が普及すると、下請との取引に「指値」と言われる価格決定方式が幅を利かすようになる。指値方式とは、発注企業が価格を決定しておき、受注企業に対して指値をしようとするものである。そこで、今日の価格決定要素は、

図表9・8　戦略的な価格決定

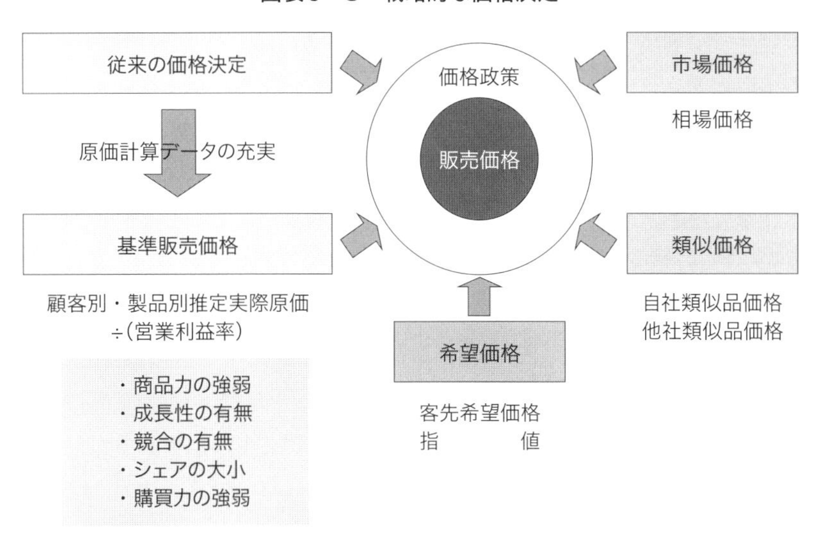

図表9・8に示すように原価から次第に需要・競争・指値に移行し、市場価格、類似価格、希望価格の3つになった。

・市場価格：需要と供給の関係で決まる価格である。顧客があまり価格に関する情報を持たないときは、需要と供給の関係で決まる市場価格が価格決定要因となる。

・類似価格：自社または他社の類似品の価格を参考にして決まる競争価格である。類似品・競合品との比較などによって顧客が価格に関する情報を持つにしたがって、競争の色彩が強い類似価格が価格決定要因となる。

・希望価格：得意先の予算または指値による価格である。需給関係で、顧客の立場が圧倒的に強くなると、顧客は予算の範囲で製品を選択したり、サプライヤーに対して指値である希望価格を提示するようになる。

さらに価格政策というもう1つのハードルを越えて販売価格が決定する。こうして決定した価格のもとで適正な利益を上げるには「いくらの原価でつくり込めるか」が要請されるようになった。

この場合でも、営業部門は製品別の見積原価計算を行って見積製造原価を算定し、販管費、営業利益を乗せた基準販売価格を算定する必要がある。基準販売価格は自社の内部環境からする適正価格である。もちろん、内部より外部環境の影響を強く受ける今日では、両者を考慮して最終的な価格を決めるが、それでも基準販売価格は販売価格決定のよりどころである。

(2) 価格が変わったら利益はどう変わるか

■価格を入力して利益をシミュレーション

Step4

Step4は損益シミュレーションである。図表9・9の類似価格、客先希望価格、相場見積価格欄を参照してみよう。基準見積価格は97.14円であるが、同一顧客の類似形状・重量が近い製品の類似価格を検索してみると64.00～89.45

図表9・9　価格見積検討表3

顧客工場	01	01	株式会社ＭＥ	大森工場
得意先品番			品番	製品コード
親	A		A	
子1				
子2				

	提示価格		基準見積価格		シミュレーション		相場見積価格	
売価	100.00	100.0%	97.14	100.0%	100.00	100.0%	107.26	100.0%
付加価値	58.92	58.9%	56.06	57.7%	58.92	58.9%	66.18	61.7%
限界利益	35.47	35.5%	30.61	31.5%	35.47	35.5%	42.73	39.8%
粗利益	16.76	16.8%	10.42	10.7%	16.76	16.8%	24.02	22.4%
営業利益	11.02	11.0%	8.16	8.4%	11.02	11.0%	18.28	17.0%
月売上高	1,000,000		971,414		1,000,000		1,072,631	
付加価値	589,159		560,572		589,159		661,790	
限界利益	354,677		306,091		354,677		427,308	
粗利益	167,571		104,171		167,571		240,202	
営業利益	110,185		81,599		110,185		182,816	
生産ﾛｯﾄ	10,000		10,000		10,000		10,000	
月生産量	10,000		10,000		10,000		10,000	

類似価格	客先希望価格				100.00		
	顧客	工場	形状	重量	品番	Kg単価	価格/W
	01	01	H	283	DAC12345	40.19	85.52
	01	01	H	300	3DA67890	44.03	89.45
	01	01	H	238	DAC12345	34.92	64.00

利益率	ランク	商品力	成長性	競合	シェア	購買力
	ウェイト	20%	20%	20%	20%	20%
	2.1.0	2	1	1	2	2

販管費	費目					kg当り	1個当り	%	営業利益率	材料径	巾mm	長さmm	切断長	取り数	切断質量g	標準原価達成率	
	一般	四	名	北	東	16.61	2.63	3.5%	8.4%	50.0		7,000	42.10	162	647.6	材料費	98%
	運賃		*						総原価	外形	内径	巾	肉厚	製品外形	仕上質量g	加工費	71%
		3	4	10	18	4.00	1.11	1.2%	88.98	85.7	67.9	17.0	8.9	111.2	278.5	設備費	100%
	梱包費	1円		2円					製造原価	熱処理有無	鋼種		材料単価	歩留率	材料費	材料費/kg	重量見積
				*		7.18	2.00	2.2%	83.24	1	SUJ2		110.0	76.1%	41.08		

順位	部署				工程			外注費	金型費	加工時間		社内加工費			加工費	加工費/kg	重量見積
	工場	部	課	係	工程	作業	設備	1個当り	1個当り	機械時間個/秒	人時間個/秒	変動費	固定費	設備費	42.16		
1	01	10	10	10	F	F	F01		4.00	1.98	5.39	14.89	4.79	4.01	27.69		
2	01	10	30	10	A	M	A03			1.68	0.64	1.11	0.46	0.76	2.33		
3	01	10	30	20	S	S	S02			0.82	0.59	1.03	0.43	0.09	1.54		
4	01	10	20	20	C	R	C07		1.97	14.34	2.51	4.77	1.87	1.19	9.81		
5	01	10	20	10	T	R	T10			0.86	0.50	0.53	0.08	0.18	0.78		

円、重量単価から相場価格を算定してみると107.26円であった。それにも関わらず客先の希望価格は100円なので、客先は相場見積価格を基準にして希望価格を出していると推察できる。

基準見積価格は97.14円より希望価格の方が高いので、100.00円で見積書を書くのは当然である。提示価格の欄では得意先に提示する正規の見積書に書く価格100.00円を選択している（このようなケースばかりではない）。

ほかにも下記のような原価に与える影響が大きい要素があるときは、その影響度をあらかじめ考慮しておく必要がある。

・金属業にはキロ当たり単価、建設業には坪単価などの相場価格がある場合

・印刷業のように受注量・ロットによって原価が変わる場合

・材料費率が高く相場や為替変動で材料費が変わる場合

■見積書の提示が上司の承認待ちで遅れる

Step5

Step5は見積価格検討である。正規の見積書を得意先に提示する前に上司の承認というプロセスを踏む。しかし、承認のプロセスで業務が停滞し、せっかく作成した見積書の提示が遅れるケースがある。これではいくら見積書の作成業務が速くなっても効果は半減である。まして、成約しない見積書（空見積）を含めて提出件数が多い場合は、すべてに上司の承認を求めることは得策ではない。

そこで、年百万以上は課長決済、1千万以上は部長決済というように取引金額を定めればよい。利益に与える影響の少ない見積書の提示は担当者の判断に任せ、一方で利益に与える影響が大きい見積書はしっかり検討するようにするのである。このように取引金額によって見積書の迅速性と正確性を使い分けるとよい。

決済は顧客に提示する見積書ではなく、これまで例示してきた価格見積検討表という内部資料で行う。そこには承認する人が価格決定の判断に必要な情報を記載するようにしたい。

(3) 売価からどこまでの原価を回収するか

■なぜ固定費を製品別に配賦するのか

製品1個の原価を計算するとき、変動費と固定費は計算のやり方に違いが

あった。変動費は生産量の増減に比例するので、製品が1個増えるといくらの材料費、加工費がかかるかという積上式で計算する。ところが、固定費は生産量との比例関係がないので、全体の固定費を時間（固定費レート／h）で割り振る計算をした。なぜ、そこまでして固定費を製品別に配賦するのであろうか。

通常、製造原価に含まれる固定加工費・設備費は、時間当たり固定費・設備費レートを製品別の加工時間に比例して製品へ配賦した。販管費に含まれる受注費用、営業費用は、ABCでは受注費用／回や訪問費用／回にしてロットや訪問回数に比例して顧客別製品別に配賦した。

変動費であれ固定費であれ、かかる原価はどこからか回収しなければならない。回収するのは売値しかないとすれば、全体の固定費は特定製品に掛けた時間分や回数分を当該製品の売値から回収することが合理的と考えるからである。

図表9・9で、受注量が10,000個のとき売上高は971,414円（97.14円×10,000個）、営業利益は81,599（8.16円×10,000個）になるとした理由も理解されよう。製品別に固定費を配賦する目的は売価決定にあった。

■変動費は積み上げ、固定費は割振り計算

図表9・10に示す水泳教室の授業料を決める例で説明しよう。個人レッスンの場合、コーチ代・設備費などの固定費を1人で負担すると、水着代・食事代の変動費と合わせて20,000円／人の原価になる。生徒が2人になれば、固定費は2人に8,000円ずつ割り振られるので、変動費と合わせて12,000円／人、さらに生徒が4人に増えれば8,000円／人になる。

ところで、1人のコーチが何人の生徒まで見ることができるだろうか。最大10人とすれば5,600円／人になるが、いつも最大数が集まるわけではないので、操業度80％に相当する8人で計算すると6,000円／人になる。そこで、7,000円／人の授業料にすれば、すべての原価を回収して1,000円／人の利益が出る。こうして正常操業度と呼ばれる80％操業を前提に授業料を決める。

このように、製品別原価に固定費を割り振る理由は売価決定にあった。しかし、この7,000円／人の基準販売価格で生徒が集まるかどうかはまた別である。近くにある水泳教室がもっと安い授業料で生徒を募集していれば、生徒を取られてしまうかもしれない。そうすると、市場価格、類似価格などを参考にしながら最終の授業料を決めることになる。

図表9・10　変動費と固定費の決め方

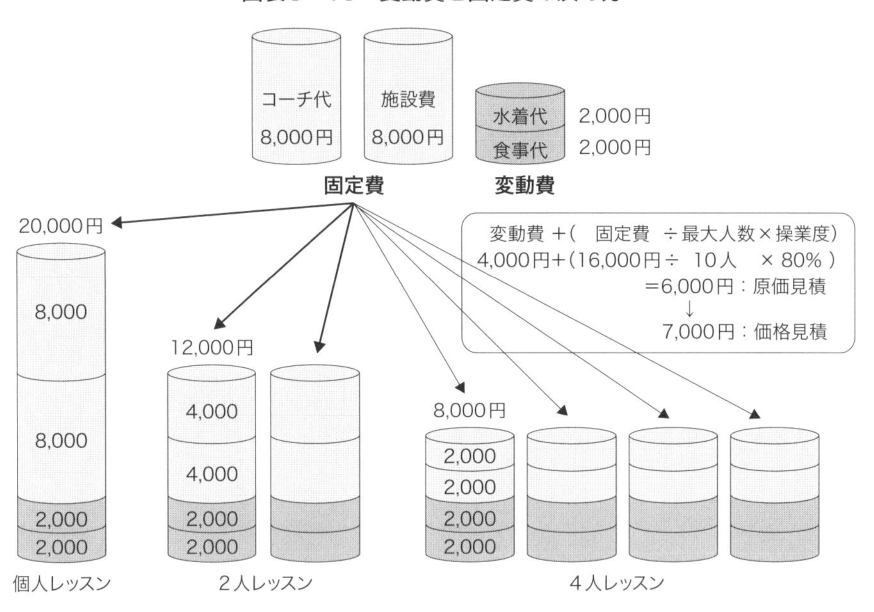

(4) 固定費はどの製品から回収してもよい

■すべての製品が黒字の会社はない

すべての製品で利益が出ている会社はない。ということは、売価決定には「かけた原価のどこまでを回収するか」という優先順序があるということである。

- ・真っ先に回収したいのは製品をつくるために使った材料代である。製造原価の中の材料費・変動加工費・運賃など変動性の高い原価も優先的に回収したい。
- ・次に回収するのは、努力すれば変動費化できる原価である。仕入業務、受注業務などの間接業務も受注があればかかる原価で、上手に管理すれば変動費化できそうである。この原価まで回収できれば粗利益が出る。
- ・さらに、本社費などの原価を最後に回収してはじめて営業利益が出る。

■価格戦略の幅が広がる

市場価格、類似価格、希望価格のいずれかで売価が決まる場合、期待する利益が取れないことがある。時として赤字覚悟の受注を強いられることもある。赤字受注はダメとしないで、どこまでの赤字であれば受注してよいかの検討があってよい。

図表9・11　売価決定時の損益の見方

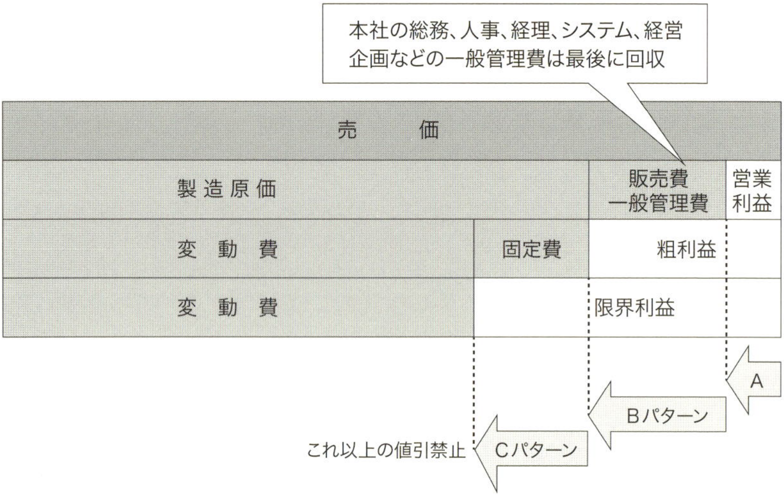

本社の総務、人事、経理、システム、経営
企画などの一般管理費は最後に回収
売　価
製造原価
販売費
一般管理費
営業
利益
変動費
固定費
粗利益
変動費
限界利益
A
Bパターン
Cパターン
これ以上の値引禁止

図表9・11のAパターンは、すべての原価が回収されて営業利益が出る範囲である。それができない場合には、変動性の強い原価から回収する。製造原価までは回収して粗利益が出ればよしとするのがBパターンである。それもムリならば、変動費が回収されて限界利益が出ればよしとするのがCパターンである。こうして、回収する順番を考えるが、変動費も回収できない限界利益マイナスの売価設定は避けたい。これが、売価を決めるときの限界点であり、変動費のことを限界原価と呼ぶ。

以上のように、利益にはどこまでの原価を回収したかによって営業利益、粗利益、限界利益の3段階のいずれも利益である。限界原価に近づけば近づくほど、製品固有の変動費が多いので、本当に採算が合う製品かどうかの判断は限界利益で見ることが正しい。

もともと、製品別の固定費は配賦いかんでどのようにでも変わる原価であり、全体の固定費はどの製品から回収してもよいのだ。「回収できる製品から回収する。取れる製品から取る」というように割り切ると、価格戦略の幅が広がる。

■例題の答えは「受注可」である

ここまで来ると、先の例題の問2で「140円の販売価格でやってもらえないだろうか」と指値されたときの解答がわかる。正解は「受注可」である。140

円で受注すれば収入は140円、支出は変動費の94円だけで、限界利益に相当する46円（140－94円）のお金が残る。その際、固定費全額555.21円は回収できないが、固定費の一部46円は回収できる。もし、断れば46円の固定費も回収することはできないのである。

しかし「いったん低価格で受注すると、それが前例となって次回からは価格を上げられない」との反論もあるだろう。そのようなときは「今回は特例で、次回の取引ではお願いします」とでも回答する交渉術を使いたい。受注可否の意思決定では「限界利益があれば受注可」であるが、これをすべての価格決定ルールとするのではない点に注意されたい。

■端数を切るな!!

ところで、見積書の最後で安易に端数を切ることがある。端数はわずかな金額であるが営業利益率は2～3％程しかないことを考えると、それだけで利益率が低下することは間違いない。むしろ、明細数字のいずれかを端数が出ないように切り上げておく。

また「端数を切る」は価格交渉の最後に使う手段であり、顧客から言われないうちにこちらから言い出す必要もない。これも交渉術の話である。

以上の結果、手順6価格見積調整、手順7提示見積書の作成により、発注が決まるよう調整した見積書に仕上げて提示する。「受注間違いなし」である。

Q 見積価格検討表を完成する

問 下表は見積価格の検討表である。1）～8）の条件のとき、利益と利益率をシミュレーションしなさい。

費目	基準販売価格	検討価格	申請価格
直接材料費	10,420		
外注加工費	2,280		
付加価値	5)	12,300	9,300
付加価値率	5)	49%	42%
直接原価	12,700	12,700	12,700
変動加工費	5,300		
限界利益	4)	7,000	4,000
限界利益率	4)	28%	18%
限界原価	18,000	18,000	18,000
固定加工費	3,000		
開発費	2,000		
粗利益	3)	2,000	-1,000
粗利益率	3)	8%	-5%
製造原価	23,000	23,000	23,000
販売費一般管理費	3,500		
営業利益	2)	6)	7)
営業利益率	5%	6)	7)
総原価	26,500	26,500	26,500
販売価格単価	1)	2,500	22,000
販売量	100	100	100
販売価格総額	0	2,500,000	2,200,000

1)営業利益率が5%のときの基準販売価格はいくらか
基準販売価格 ［　　］

2)営業利益率が5%のときの営業利益はいくらか
営業利益 ［　　］

3)営業利益率が5%のときの粗利益と粗利率はいくらか
粗利益 ［　　］
粗利率 ［　　］

4)営業利益率が5%のときの限界利益と限界利益率はいくらか
限界利益 ［　　］
限界利益率 ［　　］

5)営業利益率が5%のときの付加価値と付加価値率はいくらか
付加価値 ［　　］
付加価値率 ［　　］

6)検討価格25,000円のときの営業利益と営業利益率はいくらか
営業利益 ［　　］
営業利益率 ［　　］

7)申請価格22,000円のときの営業利益と営業利益率はいくらか
営業利益 ［　　］
営業利益率 ［　　］

8)22,000円は顧客の希望価格である場合受注するか
Y or N ［　　］

A

1）総原価÷（1－営業利益率）＝基準販売価格　26,500円÷（1-0.05）＝27,895円
2）基準販売価格－総原価＝営業利益　27,895円－26,500円＝1,395円
3）基準販売価格－製造原価＝粗利益　27,895円－23,000円＝4,895円
　粗利益÷基準販売価格＝粗利益率　4,895円÷27,895円＝18%
4）基準販売価格－限界原価＝限界利益　27,895円－18,000円＝9,895円
　限界利益÷基準販売価格＝限界利益率　9,895円÷27,895円＝35%
5）基準販売価格－直接原価＝付加価値　27,895円－12,700円＝15,195円
　付加価値÷基準販売価格＝付加価値率　15,195円÷27,895円＝54%
6）検討価格－総原価＝営業利益　25,000円－26,500円＝△1,500円
　営業利益÷検討価格＝営業利益率　△1,500円÷25,000円＝△6%
7）申請価格－総原価＝営業利益　22,000円－26,500円＝△4,500円
　営業利益÷申請価格＝営業利益率　△4,500円÷22,000円＝△20%
8）限界利益はプラスなので受注可

9-4　価格決定シミュレーション

（1）受注可否判断となる利益

■限界利益があれば赤字受注してよい

赤字とは利益がマイナスのことであるが、何利益が赤字であろうか。一般に赤字と言うと「売上高－（売上原価＋販管費）＝営業利益」がマイナスのことであるが、「売上高－変動費＝限界利益」が大事である。

原価の内訳である変動費と固定費のうち、受注したときに増えるのは売上と変動費だけで、固定費は受注可否に関係なく一定である。すると、受注して増える利益は限界利益になる。そこで、営業利益が赤字であっても、限界利益がプラスであれば受注してよい。

図表９・12の製品１個の売値：200円、変動費：100円、固定費：400円の

図表９・12　赤字製品を受注するか

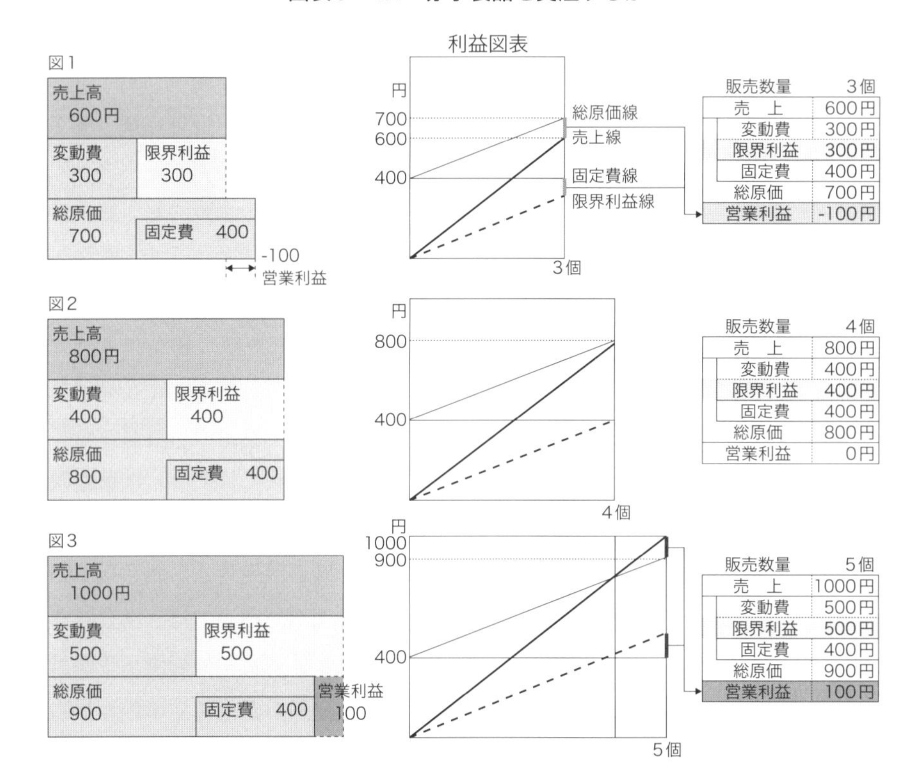

ときの利益図表で説明しよう。図表9・12内の図1は現在3個売れているときで、営業利益は△100円の赤字である。この赤字製品に受注がきて、計4個売れたときが図2で、営業利益は±0円になった。さらに受注がきて、計5個売れたときが図3で、営業利益は＋100円で黒字になった。このように限界利益の増加分に相当する営業利益が増えることがわかる。利益図表の変動費線と限界利益線は生産・販売量に比例し並行して動くからである。
そこで「赤字でも受注してよい」が結論であるが、正確に言うと「営業利益は赤字でも、限界利益が黒字なら受注してよい」ことになる。

■限界利益の出ない製品は中止せよ

出血大サービスとは限界利益がマイナスのことで、出血を放っておくと命にかかわるので、さっそく治療しよう。

受注生産タイプの部品メーカーであるT社では、赤字製品リストを毎月コンピュータから打ち出していたが、生産終了後ということもあって、誰も見ようとしなかった。そこで、赤字製品リストを次の3点でソートし、毎月アクションを打つことにした。

・受注生産ではあるが、今後も継続する製品
・変動費も回収できない限界利益がマイナスの製品
・マイナス金額の大きい順に上位10点をリストする。

アクションは、① 営業が値上げ交渉をする、② 材料費・外注費の値下げ交渉をする、③ 廃止する、のいずれかである。3ヵ月ほどで限界利益マイナスの製品は姿を消した。

すべて黒字の製品で構成されている会社はないが、赤字製品にも出血赤字と仮想赤字がある。出血赤字は限界利益がマイナスの製品であり、あってはならならない。

■変動費と固定費を区分しないと判断ができない

図表9・13の利益図表のAとB製品は売上高60円、総原価60円、営業利益△20円、販売量10個の全く同じ損益である。しかし、総原価の内訳はA製品が変動費80円、固定費10円、B製品が変動費20円、固定費40円で、A製品は限界利益がマイナスの製品である。

図表9・13　限界利益が出ない製品は中止する

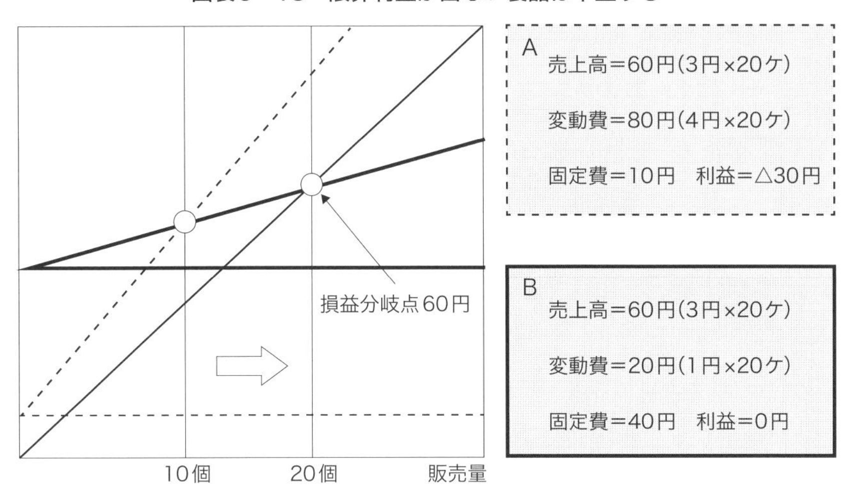

もし、販売量が倍の20個に増えたとき、B製品は営業利益0円で、ちょうど損益分岐点に来るが、A製品は営業利益△30円に増大し、両者は全く逆の損益になる。B製品は販売増、A製品は販売中止のアクションである。

このように、原価を変動費と固定費に分けておかないと、全く異なる両者のアクションを導き出すことができない。

(2) 価格政策が使えるときと使えないとき

■値引き政策が命取りになる製品

「半値にしても倍売れば元が取れる」と思っていないだろうか。図表9・14でそのカラクリにかからないようしてみよう。上図は100円の売価を50円にしたときの損益の変化を示した。現在100円の売価の製品が1個売れて100円の売上高である。原価は1個あたりの40円の変動費が1個売れ、固定費の60円と合わせると100円で、現在のところ収支トントンである。

ところが、売価が100円から50円の半値になると、限界利益は一気に60円から10円に減り、10円の限界利益で60円の固定費を回収するには6個売らなければならない。6倍売ってはじめて従来の利益が確保できるので、よほど限界利益率の高い製品でなければ半値などという価格政策は取れない。このように、原価に占める変動費が高い製品を値引きすると、一気に限界利益率が低下して業績悪化につながる。

■値引き政策が有利に働く製品

ところが、原価のほとんどは固定費という製品がある。図表9・14の下図は、上図と同様に100円の売価を50円にしたときの損益の変化を示したものである。現在100円の売価の製品が1個売れて100円の売上高である。原価は固定費のみの100円で、現在のところ収支トントンである。

図表9・14　値引き政策の可否

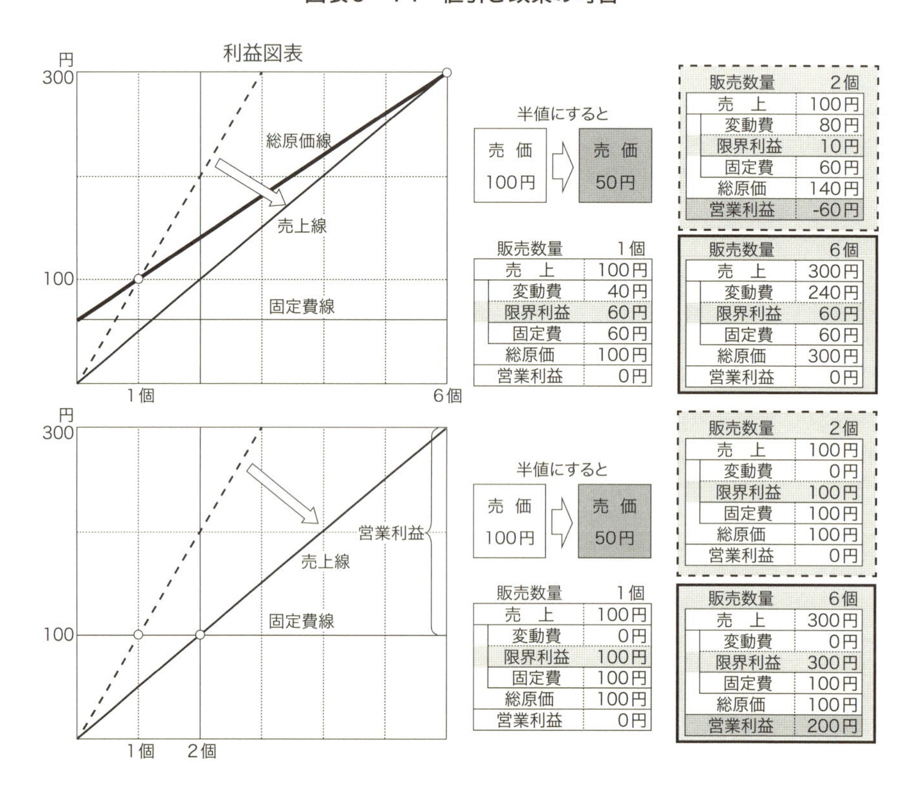

上図：

販売数量	1個
売　上	100円
変動費	40円
限界利益	60円
固定費	60円
総原価	100円
営業利益	0円

販売数量	2個
売　上	100円
変動費	80円
限界利益	10円
固定費	60円
総原価	140円
営業利益	-60円

販売数量	6個
売　上	300円
変動費	240円
限界利益	60円
固定費	60円
総原価	300円
営業利益	0円

下図：

販売数量	1個
売　上	100円
変動費	0円
限界利益	100円
固定費	100円
総原価	100円
営業利益	0円

販売数量	2個
売　上	100円
変動費	0円
限界利益	100円
固定費	100円
総原価	100円
営業利益	0円

販売数量	6個
売　上	300円
変動費	0円
限界利益	300円
固定費	100円
総原価	100円
営業利益	200円

売価を100円から50円の半値にしても、限界利益率は100％で変わらず、限界利益額が100円から50円になる。50円の限界利益で100円の固定費を回収するには2個売ればよい。「半値にしても倍売れば元が取れる」のはこのケースだけで、材料代がかからないサービス業に多い。携帯やインターネットサービスは、基地局をつくり配線網が敷かれたら、交信にかかる変動費はほとんど

ないに等しい。そのとき1人でも契約が取れて売上が増えれば損益分岐点であり、売上増がまるまる利益になる。

■会社全体で利益を出す

以上のように、価格政策が販売促進策として有利に働くのは限界利益率の高い製品であり、これを限界利益率の低い製品に適用すると、よほど売上増が見込めない限り大幅な減益は免れない。

顧客は安く購入したいと考え値引き要求をするが、どれだけ値引きをするかはこの原理を頭に置き、どんなに安くても限界原価（変動費）以下の価格を設定してはならない。新規取引先の開拓などに無謀な値引き受注が起こりやすいので注意が必要である。

最後に「限界利益があれば受注可」の判断は受注するかどうかの意思決定をする際に用いる基準で、これをすべての製品に当てはめてはならない。会社全体で見れば固定費はいずれかの製品から回収しなければ営業利益は赤になる。要するに、会社全体で営業利益が出るように考えることが大切である。

(3) 販促向きの製品は何か

■限界利益の高い製品は販売促進型

図表9・15　限界利益の大きい製品は販売促進型

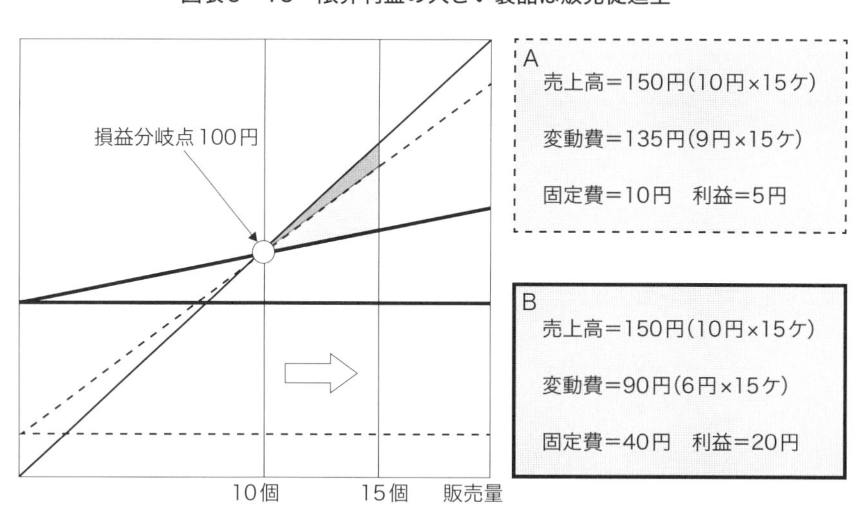

図表9・15の利益図表のAとB製品は売上高150円、総原価150円、販売量10個のまったく同じ営業利益0円の損益分岐点にいる。しかし、総原価の内訳はA製品が変動費150円、固定費10円、B製品が変動費90円、固定費40円である。もし販売量が15個に増えたとき、A製品は営業利益5円であるが、B製品は営業利益20円で4倍の違いが出る。

どちらを売るかの判断は限界利益の多いB製品である。A製品でB製品と同じ20円の利益を出そうとしたら20個（20円÷1円／個）売らなければならない。

食品の販売店であるK社の販売員は「これはよいことを聞いた」と、店頭に限界利益率の高い商品を目立つよう並べ利益拡大をねらった。ところが、売上も利益も落ちるというさんざんな結果に終わった。何がいけなかったのだろうか。

限界利益が高いからといって売れるとは限らない。店頭に並べる商品は売れ筋商品か、需要が期待できる商品でなければならない。まずは、売れる商品を優先的に販促することである。そして限界利益は次のように用いる。

■お勧め商品ベスト10

図表9・16は売れ筋商品を売上数量の多いものからリストし、その中から限界利益／個の高い順に並び替えた「お勧め商品ベスト10」である。ちなみに、第1位のJ商品は1個売ると494円、第10位のQ商品の限界利益は118円であり5倍ほど違う。J製品を1個売るとQを4個売ったよりも多くの利益が出て、売り値は1割ほどしか違わない。

販売員は売れる商品の中で顧客が選択に迷っているとき、限界利益／個の大きい商品を勧める。「これはおいしいですよ。人気ありますよ」を顧客の耳元で囁く。「あなただけに教えますよ」が効果的である。

会社は利益率ではなく利益額の増大を目的にしている。その判断には量（よく売れる商品）から質（限界利益／個の高い商品）を攻めることである。

店頭に並べた商品は上記20点である。蛇足ではあるが、並べ方も図表9・16右下のよう変えてみた。改善前の並べ方では店の右から来た人は左側の商品、左から来た人は右側の商品しか目に入らない。しかし、改善後の並べ方ではどちら側から来ても目に留まり、足を止める人が増えて売上増につながる。

また、店頭に並べる商品も上記10点から5点以下に絞り込んだ方がよく売れる。選択の科学である。

図表９・16　お勧め商品ベスト10の内訳

売れ筋商品リスト

順位	商品名	数量 個	限界利益 千円	限界利益／個 円
1	A商品	827	309	374
2	B商品	619	238	384
3	C商品	608	209	344
4	D商品	529	186	352
5	E商品	390	98	251
6	F商品	369	63	171
7	G商品	356	7	20
8	H商品	346	125	361
9	I商品	339	97	286
10	J商品	318	157	494
11	K商品	290	100	345
12	L商品	267	89	333
13	M商品	211	37	175
14	N商品	200	32	160
15	O商品	198	59	298
16	P商品	178	40	225
17	Q商品	169	20	118
18	R商品	168	8	48
19	S商品	159	48	302
20	T商品	150	50	333
21				
22				

お勧め商品リスト

順位	商品名	限界利益／個 円
1	J商品	494
2	B商品	384
3	D商品	352
4	K商品	345
5	L商品	333
6	S商品	302
7	O商品	298
8	I商品	286
9	M商品	175
10	Q商品	118

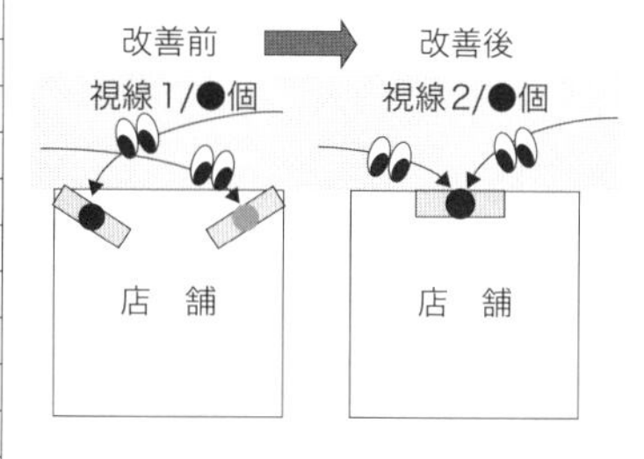

9-5　正しい意思決定ができるか

下記は原価計算基準の予算編成・基本計画策定に関する記述である。

・予算は、業務執行に関する総合的な期間計画であるが、予算編成の過程は、たとえば製品組合わせの決定、部品を自製するか外注するかの決定等個々の選択的事項に関する意思決定を含むことは、いうまでもない。
・基本計画とは、経済の動態的変化に適応して、経営の給付目的たる製品、経営立地、生産設備等経営構造に関する基本的事項について、経営意思を決定し、経営構造を合理的に組成することをいい、随時的に行われる決定である。

(1) 意思決定の原則

意思決定は、必ず未来に対して行うことを念頭に、過去にはこだわらないことである。そこで、意思決定の原則は「変わるところだけ考え、利益の出る方を取る」であり、変わらないところは、利益に影響しないので考えないことである。

■原則1：変わるところだけを考える

いくつかの選択肢があっても、相違分がなければ、いずれを選択しても優劣は生じない。優劣が生じるのは変わるところだけである。そこで、意思決定の経済計算では変わるところだけを計算すれば、優劣の判断はつく。

変わるところとは、通常は意思決定によって得られる収入と支出である。収入は期待値も含めて予想するので難しいが、何をするかがわかれば支出の予想はそれほど難しくない。そして、収入と支出の差額で、得られるお金＝利益額の大きい案を選択する。

■原則2：これから発生する収入と支出だけを計算する

代替案の数値化では、収入または支出の「変動幅」に注目する。いずれを選択しても変化がない収入または支出は検討する必要がない。損得計算に入れるのは、過去に支出したお金とは無関係に、選択した範囲の中で発生する収入と支出だけである。

(2) 意思決定に出てくる経済計算用語

図表9・17は現在時点より左側は過去、右側は未来である。意思決定するには現在よりどこまでの未来期間かを決め、過去は考えないことである。ここに経済計算で使われる埋没原価という用語がある。さらに、増分原価と機会原価についても解説しておこう。

埋没原価とは、過去に要した原価あるいは原価の一部分で回収不能となり、現時点での意思決定に関与しない原価である。代表的な埋没原価に減価償却費がある。減価償却費は期間損益計算目的で、過去に取得した資産を使用期間に費用配分しているにすぎない。

過去に支払ったお金は、戻ってくるわけではないので現時点での意思決定は関与しない埋没原価になる。「せっかく買ったのに…」「せっかくやったのに…」

図表9・17　変わるところは限界利益

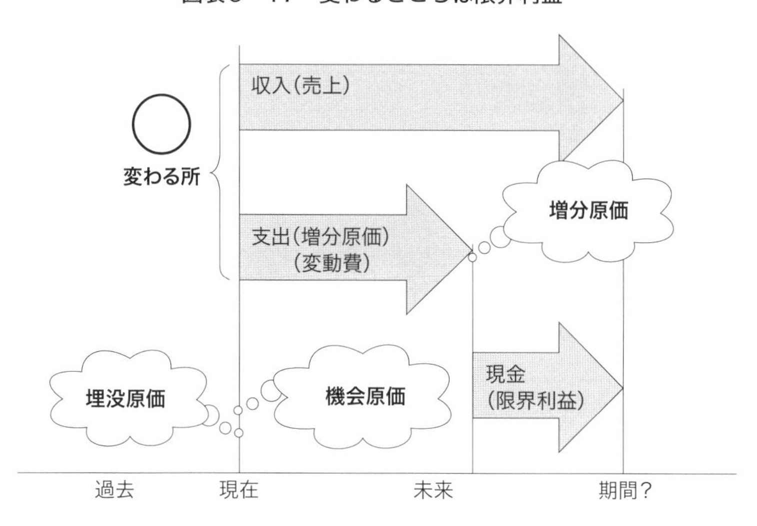

と「せっかく」いう言葉が口をついて出たら、埋没原価の話をしていると考えてよい。

増分原価とは、何らかの意思決定による行動に伴って増加する原価である。意思決定にはいくつかの選択肢があるが、その何れかを選択し行動するとそれに伴って原価がかかる。経済計算では意思決定によって増える原価を抽出する。

2つの案の中で採用されることによって得られる利益は、採用されなかった案の中でもっとも有利な案の持つ利益を犠牲にして得られたものである。この犠牲になった利益を機会原価という。機会損失は機会原価と同意であるが、得られなかった利益を原価と呼ぶことに抵抗があれば機会損失としてもよい。

意思決定での原価概念の中で機会原価がもっとも判断に迷うことが多い。というのは、選択された案は後で確実に検証できるが、選択されなかった案は選択されたと仮定したときにはこうなるであろうという推定計算であり、財務会計上は表面化することはないからである。これが隠れ蓑になって多くの意思決定の誤りが見過ごされている。

以上は、原価計算基準では特殊原価調査と呼ばれる経済計算の用語である。他にもあるが、埋没原価、増分原価、機会原価の3つをしっかり覚えておこう。

以下の損益分析シミュレーションは原価計算した結果を管理である計画意思決定に用いる代表例である。せっかく原価計算ができても業績向上に結び付く正しい使い方をしたいものである。

Q 損益分析シミュレーション

問 下図はパン事業を営む会社の製品別損益表である。製品の種類は10種類あり、それぞれの生産量、売上高、製造原価（材料費、変動加工費、固定加工費）、付加価値（売上高－材料費）、限界利益（売上高－材料費－変動加工費）、粗利益（売上高－製造原価）は図のとおりである。

合計では年間生産量353,800個、売上高44,000千円であるが、粗利益は7,000千円（15.9%）しかなく、営業利益はゼロの会社である。

NO	製品	生産量 個	売上高 千円	製造原価 千円				付加価値		限界利益		粗利益	
				材料費	変動加工費	固定加工費	計	金額	%	金額	%	金額	%
		353,800	44,000	19,000	13,130	4,870	37,000	25,000	56.8%	11,870	27.0%	7,000	15.9%
1	クロワッサン	36,000	3,895	1,788	1,877	661	4,326	2,107	54.1%	230	5.9%	-431	-11.1%
2	カレーパン	14,400	1,440	548	385	143	1,076	892	61.9%	507	35.2%	364	25.3%
3	アンパン	17,900	810	638	199	70	907	172	21.2%	-27	-3.3%	-97	-12.0%
4	バターロール	91,000	8,736	3,898	1,823	679	6,400	4,838	55.4%	3,015	34.5%	2,336	26.7%
5	サンドイッチ	23,500	3,995	838	2,114	774	3,726	3,157	79.0%	1,043	26.1%	269	6.7%
6	クリームパン	5,200	670	148	442	163	753	522	78.0%	81	12.0%	-83	-12.3%
7	食パン	102,700	18,486	7,687	4,219	1,611	13,517	10,799	58.4%	6,580	35.6%	4,969	26.9%
8	ピザ	13,900	2,073	647	1,069	400	2,115	1,426	68.8%	358	17.3%	-42	-2.0%
9	フランスパン	23,000	2,097	1,716	461	172	2,348	381	18.2%	-80	-3.8%	-251	-12.0%
10	ペストリー	26,200	1,798	1,092	543	197	1,833	706	39.2%	163	9.1%	-35	-1.9%

以下に原価が日常の経営の意思決定に使われる代表的事例を設問形式で記述した。正しい意思決定をして業績向上につなげてみよう。解答に当たっては、意思決定の原則で述べた「変わるところ」とは、通常は変動費（材料費と変動加工費）だけであり増分原価である。「変わらないところ」とは、通常は固定加工費であり埋没原価になることが多い。

以上を念頭に解答されたい。

問1　赤字製品を中止するか継続するか

分析の結果、6点の赤字製品があるが、粗利率マイナスの上位4点は下記のとおりである。不採算製品の生産を中止するか継続するか？

○×		売上高	材料費	変動加工費	固定加工費	製造原価	粗利益
	改善前	44,000	19,000	13,130	4,870	37,000	7,000
	クリームパン						
	フランスパン						
	アンパン						
	クロワッサン						
	改善後						

問2　赤字受注をするかしないか

不採算製品であるクリームパンに対して、さらに1000個の引合いがあった。あなたは受注するか。

○×		売上高	材料費	変動加工費	固定加工費	製造原価	粗利益
	改善前	44,000	19,000	13,130	4,870	37,000	7,000
	クリームパン						
	改善後						

問3　値引き要求に応ずるか

黒字製品である食パンに10,000個の大量注文がきたが、（180⇒135円）25%の値引き要求があった。あなたはこの注文を受けるか。

○×		売上高	材料費	変動加工費	固定加工費	製造原価	粗利益
	改善前	44,000	19,000	13,130	4,870	37,000	7,000
	食パン						
	改善後						

問4　設備投資をしてまで受注するか

上記の注文が大量であったため、設備投資をしないと能力不足で生産できないことがわかった。設備投資をしてまで受注するだろうか。設備投資金額は1,500,000円、耐用年数10年である。ただし、設備を入れても年間稼働時間2,200時間中50%しか稼働しない。

○×		売上高	材料費	変動加工費	固定加工費	製造原価	粗利益
	改善前	44,000	19,000	13,130	4,870	37,000	7,000
	食パン						
	改善後						

問5　販促製品はどれか

顧客は、下記商品のいずれを買うかを迷っている。1点のみ選択するとしたらどの商品を勧めるか（購入数量は1,000個）。

	売 価	変動費	限界利益	率	製造原価	粗利益	率
カレーパン	100／個	65	35	35.2%	75	25	33.8%
バターロール	96／個	63	33	34.5%	70	26	36.5%
サンドイッチ	170／個	126	44	26.1%	159	11	7.2%

ちなみに、限界利益率ではカレーパン、　粗利率ではバターロール
限界利益額ではサンドイッチ　粗利額ではバターロール　である。

○×		売上高	材料費	変動加工費	固定加工費	製造原価	粗利益
	改善前	44,000	19,000	13,130	4,870	37,000	7,000
	カレーパン						
	バターロール						
	サンドイッチ						
	改善後						

問6　広告宣伝して販促する製品はどれか

販促投資で売上増に最適な商品を1点選択せよ。ちなみに、販促投資の広告には500,000円かかりその効果は売り上げ増10%である。

○×		売上高	材料費	変動加工費	固定加工費	製造原価	粗利益
	改善前	44,000	19,000	13,130	4,870	37,000	7,000
	改善後						

問7　内製するか外製するか

赤字製品であるピザとペストリーを外注に見積らせたところ、下記のとおり社内製造原価より15%安く引き受けるという。あなたは内製するか外製するか。

	社内製造原価	外注見積原価	低減率
ピ　ザ	152.2円／個	132.5円／個	15%
ペストリー	69.9円／個	60.0円／個	15%

○×		売上高	材料費	変動加工費	固定加工費	製造原価	粗利益
	改善前	44,000	19,000	13,130	4,870	37,000	7,000
	ピザ						
	ペストリー						
	改善後						

問8　海外生産するか

現在、海外生産を検討中である。海外生産の目的が海外の低賃金の活用にあるとき、どの製品を選択するか。

国内変動加工費と連動する海外の賃金は1/20の水準である。当面、材料は国内から支給するが、物量コスト・関税は材料費の20%かかる。

○×		売上高	材料費	変動加工費	固定加工費	製造原価	粗利益
	改善前	44,000	19,000	13,130	4,870	37,000	7,000
	改善後						

A

問1　製品を中止すると売上と変動費は減るが、固定費は変わらない。固定費はもともと合計額をそれぞれの製品に配賦したもので、会社の設備、組織の体制を変えない限り総額では変わらない。そこで限界利益マイナスの製品を中止すると売上は減るが、変動費はもっと減ってくれるので逆に利益が増える。フランスパンとアンパンである。

○×		売上高	材料費	変動加工費	固定加工費	製造原価	粗利益
	改善前	44,000	19,000	13,130	4,870	37,000	7,000
×	クリームパン	-670	-148	-442		-589	-81
○	フランスパン	-2,097	-1,716	-461		-2,177	80
○	アンパン	-810	-638	-199		-837	27
×	クロワッサン	-3,895	-1,788	-1,877		-3,665	-230
	改善後	41,093	16,646	12,471	4,870	33,986	7,107

※改善後は○印のみを計算している。

問2 クリームパンは限界利益がプラスであるが、生産量が少ないために固定費が回収されずに赤字となっている製品である。受注して生産量が増えると増益となる。

○×		売上高	材料費	変動加工費	固定加工費	製造原価	粗利益
	改善前	44,000	19,000	13,130	4,870	37,000	7,000
○	クリームパン	129	28	85		113	15
	改善後	44,129	19,028	13,215	4,870	37,113	7,015

※129＝670÷5,200×1,000個

問3 顧客は安く購入したいと考え値引き要求をするが、どんなに安くても限界原価（変動費）以下の価格を設定してはならない。このケースは限界利益プラスである。

○×		売上高	材料費	変動加工費	固定加工費	製造原価	粗利益
	改善前	44,000	19,000	13,130	4,870	37,000	7,000
○	食パン	1,350	748	411		1,159	191
	改善後	45,350	19,748	13,541	4,870	38,159	7,191

※1,350＝135円×10,000個

問4 問3との違いは、設備投資額が増えることである。どの程度の投資まで許されるかは、先の注文で出る限界利益191千円までである。収益と費用は同じ期間（1年）で比較すると、150千円（1,500千円÷10年）の固定加工費が増えるが、OKである。設備の稼働は50%でも支払いが増えるわけではないので、意思決定の影響しない。ただし、受注が1年限りであれば1,500千円の投資も1年で回収しなければならないのでNOである。

○×		売上高	材料費	変動加工費	固定加工費	製造原価	粗利益
	改善前	44,000	19,000	13,130	4,870	37,000	7,000
○	食パン	1,350	748	411	150	1,309	41
	改善後	45,350	19,748	13,541	5,020	38,309	7,041

問5 儲かる商品とは利益率ではなく利益額であり、固定費を除いた限界利益額の大きい製品で考える。

○×		売上高	材料費	変動加工費	固定加工費	製造原価	粗利益
	改善前	44,000	19,000	13,130	4,870	37,000	7,000
×	カレーパン	100	38	27		65	35
×	バターロール	96	43	20		63	33
○	サンドイッチ	170	36	90		126	44
	改善後	44,170	19,036	13,220	4,870	37,126	7,044

問6　売上高10%の向上は限界利益も10%向上するので、限界利益最大のものを選択する。販促投資の広告には500,000円は販売費である。

○×		売上高	材料費	変動加工費	固定加工費	製造原価	粗利益
	改善前	44,000	19,000	13,130	4,870	37,000	7,000
○	食パン	1,869	769	422		1,191	658
	広告宣伝費					500	-500
	改善後	45,869	19,769	13,552	4,870	38,691	7,158

問7　外製した場合、外注費の支払いが増える代わりに、社内の変動費が減るので、ピザの外注は不利、ペストリーは有利である。

○×		売上高	材料費	変動加工費	固定加工費	製造原価	粗利益
	改善前	44,000	19,000	13,130	4,870	37,000	7,000
×	ピザ		-647	-1,069		-1,715	
			1,842			1,842	-126
○	ペストリー		-1,092	-543		-1,635	
			1,572			1,572	63
	改善後	44,000	19,480	12,587	4,870	36,937	7,063

問8　海外生産は変動加工費がもっとも減るので、最大の変動加工費がかかるのは食パンである。

○×		売上高	材料費	変動加工費	固定加工費	製造原価	粗利益
	改善前	44,000	19,000	13,130	4,870	37,000	7,000
○	食パン			-4,219		-4,219	4,219
			1,537	211		1,748	-1,748
	改善後	44,000	20,537	9,122	4,870	34,529	9,471

(3) 内外製・海外生産の選択

■変わる原価は何か

内製を外製に、反対に外製を内製に、また現地工事を工場生産に切り替えることによってコストダウンをねらうことがある。図表9・18は社内原価に比較して、どこまでを外製するかを、変わるところだけを取り出して比較したものである。

① 材料支給で外製する場合：社内変動加工費＞外製費であればOK

② 材料持ち外製の場合：材料費＋社内変動加工費＞外製費であればOK

③ 材料＋型持ち外製の場合：金型費＋材料費＋社内変動加工費＞外製費であ

ればOK

④ 材料支給海外生産の場合：社内変動加工費＞外製費＋物流費であればOK

通常の場合、社内原価の中で変わるところは変動費（材料費、変動加工費）であり、固定費は変わらない。

図表9・18　内外製の判断

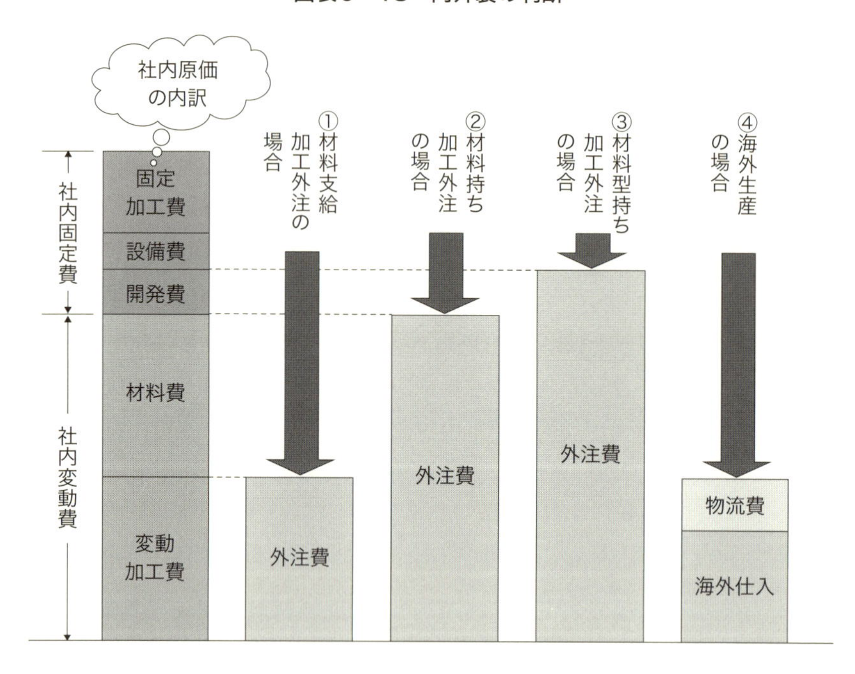

■海外生産の選択も視野に

賃金格差を活用した海外生産も内外製判断と同様であるが、各国の賃金格差を考慮して適正価格を判定しなければならない。国内生産と海外生産の原価を比較してみよう。

図表9・19に示すように、国内生産では△528円の大赤字製品があった。これだけの赤字解消には海外生産しかないとして、見積を取ってみると100円／個が出てきた。当面は国内の材料を現地に送って品質問題には対処すると、加工費の差額原価△685円に輸出入にかかる物流経費106円を差し引いても、増分原価は△579円になる。結局、100円／個の価格の発注で51円の黒字になるが、海外からの見積りはこれでよいのだろうか。

図表9・19　国内・海外生産の損益比較

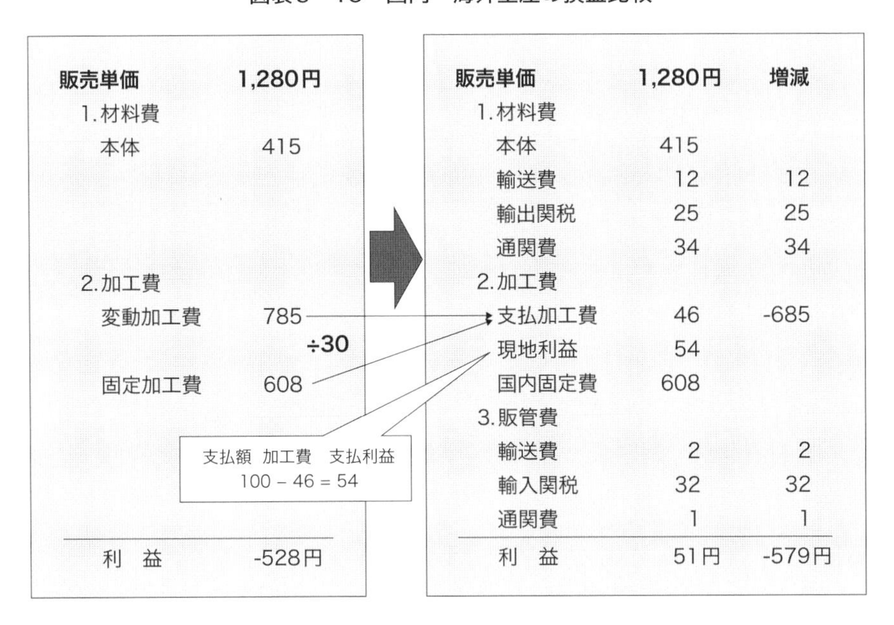

社内の加工費1,393円（785＋608円）に相当する現地加工費は1/30なので、現地加工費は46円（(785＋608円）÷30）と推定される。すると、現地では54円の利益になり、なんと国内の利益51円よりも多い。過去の社内原価と比較して改善されたからよしとするのではない。あるべき原価と比較すると、もっと自社の儲けがあってもしかるべきで、購入価格の決定にも適切な原価計算を活用したいものである。

9-6　原価管理から利益管理へ

(1) 部門別業績評価

企業の目的は営利追求であり、業績向上とは利益増でなければならない。経営には、生産、販売、財務という3つの機能があり、それぞれが機能が利益にどれだけ貢献したかを示す損益計算書がある。この中で本書は営業と生産の機能が営業利益に結び付く原価の活用範囲を記述してきた。これを図表9・20の業績管理月報で部門別に見える化してみよう。

図表9・20は全社の営業利益が、いずれの部門の努力で達成したものかを測

図表9・20 部門別にみた業績管理月報

単位：千円

部門	責任者	営業利益		売上高		実際原価	標準原価	CD効果		CD余地	
		営業利益	%	売上高	内部振替			改善	管理	ロス	CP%
		①−③	利/①	①	②	③	④	当月効果		③−④	④/③
全社		226,079	5.5%	4,112,014	0	3,885,936	3,392,829	12,120	63,366	493,107	87%
本社	加藤部長	165,593	4.0%	4,112,014	3,226,737	2,695,425	2,613,103	0	15,000	82,323	97%
営業部	加藤部長	150,593	3.7%	4,112,014	3,211,737	493,442	493,442	0	0	0	100%
総務部	小田課長	0	0.0%			82,240	82,240	0	0	0	100%
資材管理	篠田課長	0	0.0%			61,680	61,680	0	0	0	100%
資材調達	〃	15,000	0.4%	1,975,741	15,000	2,058,063	1,975,741	0	15,000	82,323	96%
工場	豊田部長	60,486	1.5%	3,226,737	1,975,741	3,166,251	2,755,467	12,120	48,366	410,784	87%
第一製造	豊田部長	23,081	0.6%		1,027,026	1,418,195	1,151,237		23,081	266,958	81%
第二製造	松田部長	25,284	0.6%		948,715	1,310,056	1,174,230		25,284	143,826	90%
開発設計	山川課長	7,800	0.2%			200,000	200,000	7,800	0	0	100%
生産技術	清水課長	4,320	0.1%			100,000	100,000	4,320	0	0	100%
生産管理	三上課長	0	0.0%			85,000	80,000	0	0	5,000	94%
品質管理	下村課長	0	0.0%			53,000	50,000	0	0	3,000	94%

※間接はKPIにて評価　　※生産売上は前期実力原価で営業へ振替

定する業績管理月報である。「誰・何・どれくらい」の順に見て行こう。

全社の営業利益226,079千円（5.5％）は、本社部門の努力で165,593千円（4.0％）、工場部門の努力で60,486千円（1.5％）の貢献利益である。本社と工場の業績を分ける基準は、工場より本社への生産売上（振替価格）であり、生産売上は前期実力原価のレベルで設定している。営業は工場から実力値の原価で仕入れた後、販売努力で営業利益を確保することが、一方工場は実力値の原価をさらに引き下げるコストダウン努力で（営業）利益を確保することが期待されているからである。

図表9・20では① 売上高、② 内部振替の列を使って、工場の製造原価3,226,737千円を営業と資材に（3,211,737＋15,000円）、本社資材で調達した材料費1,975,741千円を第一・第二製造に（1,027,026＋948,715円）それぞれ振り替えている。

本社・営業が工場・生産から製品を仕入れる振替価格に「売値×○○％」で

算定した基準を用いることがある。すると、販売価格の変動があっても営業は常に利益が出て有利に働くという矛盾が出る。しかし、振替価格を前期実力値の基準を用いれば、販売価格の変動と関係なく営業と生産の役割を区分することができる。

図表9・20の例では、本社には営業、資材、総務部門がいるので、営業の販売努力で150,593千円（3.7%）、資材の購買努力で15,000千円（0.4%）、その他に区分している。

一方、工場には6部門ある。第一製造・第二製造は23,081千円（0.6%）、25,284千円（0.6%）の原価管理によるコストダウン努力に、開発設計・生産技術は、7,800千円（0.2%）、4,320千円（0.1%）の改善によるコストダウン努力に、生産管理、品質管理は製造部門をサポートする役割に区分している。なお、第一製造、豊田部長の原価管理月報については第8章の図表8・23を参照されたい。

(2) 直接部門と間接部門の業績向上への役割

直接部門である営業はアウトプットの増大、購買、製造はインプットのコストを低減することで、業績向上に貢献する。

しかし、開発設計、生産技術、生産管理、品質管理などの間接部門は、自らの部門費を低減する役割もさることながら、アウトプットの増大を支援する役割が大きい。インプットは各部門費の低減効果として算定することは比較的容易である。間接部門費はほとんど固定費（間接人件費が大）なので、前月と今月の部門費を比較してみればよい（図表9・20では間接部門費低減効果はなしとしている）。

問題はアウトプットの増大効果の測定である。開発設計部門は付加価値の高い製品開発によって利益増に貢献する。生産技術または品質管理部門は製品の開発や機能・品質向上を支える新製品・製品高度化のための設備導入によって利益増に貢献する。生産技術部門は製造リードタイム短縮または生産管理部門の短納期推進によって利益増に貢献する。

図表9・20では売上増はすべて営業部門の貢献利益としているが、この中から間接部門のアウトプットレベルが向上したことによる利益増を調べて、営業

からそれぞれの部門に貢献利益を振り替える処理をする。

間接部門にはKPI（Key Performance Indicator）を使って部門別の業績評価を行っている企業は多いが、KPIが向上して業績向上へ繋がらない企業もまた多い。KPIが業績向上へ繋がらない理由は、下記のようなものである。

・KPIそのものが、各部門長が自ら選択したお手盛り指標になっている。
・KPIにはアウトプット作用因であるパフォーマンスドライバーと、インプット作用因であるコストドライバーがあるが、両者の区分をしていない。
・間接業務にはインプットしたコストがアウトプットに結び付くにはタイムラグがある。

以上の欠陥を是正し、KPI向上が業績向上につながるようなれば、その有効性を実感することだろう。

第９章のまとめ

■ポイント

・原価の積上げから作成する基準販売価格を計算しておく
・利益率で価格戦略を加味する
・販売価格決定要素は原価から、需要、競争、指値に移ってきた
・市場価格（需要）、類似価格（競争）、希望価格（指値）のいずれかで価格が決定する
・価格設定では売価からどこまでの原価を回収するかが大事である
・採算判断は変わるところだけ（限界利益）で行う
・意思決定の原則は
①変わるところだけを考える
②これから発生する収入と支出だけを計算する

おわりに

本書は「原価」の本ではあるが、原価情報を管理に活用して業績向上に繋げる管理会計の実務書として執筆した。

日本はもともと改善力には強くても、管理力の弱さによって業績に直結する成果に導くことができないでいる。日本企業は米国企業の3分の1の収益力（総資本利益率）しかないのだ。米国に科学的管理法が発祥してから一世紀、原価計算・管理会計をはじめ多くの優れたマネジメント技術（VE、IE、TOC、BSC［KPI］など）が導入されたにも関わらず、十分使いこなせない日本のマネジメント力が浮彫りになる。

日本的経営と称し、自身に合ったアレンジもよいが、その本質を逸脱したり形だけの導入では成果はおぼつかない。やがて形骸化し、お蔵入りの道を繰り返しては来なかっただろうか。その結果、経営が見えなくなり、模倣や実績のみを拠り所とする経営体質を生んでいるように思える。その吹溜まりに集う「会議」にいたずらに時が流れるさまを目の当たりにする。とくに管理者が会議を使って見える化に多くの時間を使おうとするのは、よほど見えていないからであろう。実績報告や会議用に作成したデータ・資料の説明、さらには、データの信憑性の議論に多くの時間を費やしている限り、未だ管理のゼロステップである。計画（PLAN）なしに実績（SEE）だけを見ても管理に至らないという意味である。

本書の冒頭で、「分ける（定性的）→測る（定量的）と見えてくる」、目的を考えて分け、お金で測ると利益に繋がる見える化になることを述べた。そして、PLAN—DO—SEEの管理サイクルを回すマネジメントに入るが、実績（SEE）より大事な計画（PLAN）に時間を使うこと、計画段階は「誰が、何を、どれくらい」の順に「人中心」にまとめると未来の利益に繋がる意思決定ができることに多くの紙面を割いた。

日本ではPLAN–DO–SEEと共にPLAN–DO–CHECK–ACTIONは誰もが知る管理のイロハであるが、どれほど実践できているだろうか。

時代はアナログからデジタルの世界へ、IoT（Internet of Things）を支えるデジタルツイン（Digital Twin）などの技術が登場する。デジタルツインとは、工場や製品などに関わる物理世界の出来事を、そっくりそのままデジタル上にリアルタイムに再現する。実際に製造する工場や出荷する製品を、システム上にあたかも双子のように現実世界を模したシミュレーション空間を構築し、現実の工場の制御と管理を容易にする手法である。

これは次世代のモノづくりの重要なコンセプトであるが、データを集めても基準（計画・標準）がなければ良否の判定はできない。収集したデジタルデータをどのように制御と管理に使うかが重要である。

本書で扱ってきた管理データはデジタルの世界でリアルタイムに回り始める。管理の本質に立ち戻って「やるべきことが見えるようになれば」未来もまた見えるようになることだろう。

2018年9月

MEマネジメントサービス
橋本　賢一

◇参考文献◇

第１章　原価のしくみと原価計算

原価計算基準	太田　哲三	中央経済社
AAA原価管理会計基準	青木茂男・桜井通晴	中央経済社
IMAの原価管理指針	米国管理会計人協会	白桃書房
Accountants Cost Handbook	R.I.デッキー	John Wiley & Sons
よくわかる原価のしくみ	橋本　賢一	JMAM
絵でみる原価計算のしくみ	小川　正樹	JMAM
社長　経営が見えていますか	橋本　賢一	日本経済新聞社
科学的管理法	F.W.テイラー	産業能率大学出版部
新訳　科学的管理法	F.W.テイラー	ダイヤモンド社

第２章　事業・製品別実際原価計算のやり方

原価計算	岡本　清	国元書房

第３章　部分原価・直接原価計算のやり方

見える化でわかる限界利益と付加価値	橋本　賢一	日刊工業新聞社
マーケティング・マネジメント	P.コトラー	プレジデント社
ライフサイクル・コスティング	岡野　憲治	同文館出版

第４章　見積・標準原価計算のやり方

技術者のための見積原価計算	橋本賢一・宮田武	JMAM
動作・時間研究の理論と実際	M.E.マンデル	紀伊国屋書店

第５章　事前原価計算に必要なデータ

図解でわかる回帰分析	桶井良幸・貞美	日本実業出版社

第６章　多目的の原価をERPで一元化

米国標準原価計算発達史	岡本　清	白桃書房
企業予算	G.A.ウェルシュ	日本生産性本部

第7章　原価計算から原価管理へ

ザ・ゴール	E.M.ゴールドラット	ダイヤモンド社
IEハンドブック	W.K.ハドソン	メナード
理想原価への挑戦	橋本　賢一	JMAM
よくわかるムダとりの本	橋本　賢一	日刊工業新聞社

第8章　2つの原価管理でコストダウン

技術者のための原価企画	橋本賢一・小川正樹	JMAM
実践原価企画	小川正樹・大塚泰雄	税務経理協会
標準原価管理システム	橋本　賢一	JMAM
Standard costs for manufacturing	S.B.ヘンリッチ	McGRAW-HILL
仕事と人間性	F.ハーズバーグ	東洋経済新報社
動機づける力	DIAMONDハーバード・ビジネス・レビュー編集部	

第9章　原価・価格見積と採算判断

ABCマネジメント	ジョン・イネス他	中央経済社
原価の見積もりと価格のしくみ	橋本　賢一	JMAM
見える化でわかる売り値と買い値	橋本賢一・大塚泰雄	日刊工業新聞社
経済性工学がわかる本	橋本　賢一	JMAM
選択の科学	シーナ・アイエンガ—	文春文庫

◇索　引◇

■さ

■た

■な

■は

■ま

■や

■ら・わ

■記号、英字、数字

MEMO

MEMO

MEMO

■プロフィール

橋本　賢一（はしもと・けんいち）

マネジメント・コンサルタント、公認会計士

株式会社MEマネジメントサービス

URL：http：//www.mejapan.com

1969年 中央大学商学部卒業、公認会計士事務所、日本能率協会コンサルティング・IE本部チーフコンサルタントを経て、1985年にMEマネジメントサービスを設立し現職。米国、カナダ、韓国、中国、タイにもブランチを持つ。

現在、製造業を中心に、IE、コストダウン、原価管理、管理会計をテーマとして、企業の業績を革新するコンサルティングを行っている。同テーマの公開セミナー、社内教育も行う。

管理会計で未来の利益が増大する
実践　原価計算

2018年10月20日　初版第1刷発行
2023年 4 月15日　　　第2刷発行

著　者 —— 橋本 賢一
©2018 Kenichi Hashimoto

発行者 —— 張 士洛
発行所 —— 日本能率協会マネジメントセンター

〒103-6009 東京都中央区日本橋 2-7-1 東京日本橋タワー
TEL 03（6362）4339（編集）/03（6362）4558（販売）
FAX 03（3272）8127（販売・編集）
https://www.jmam.co.jp/

装　　　丁 —— 冨澤崇（EBranch）
本文DTP —— 竹田康子
印　刷　所 —— 広研印刷株式会社
製　本　所 —— 東京美術紙工協業組合

ISBN 978-4-8207-2683-8 C2034
落丁・乱丁はおとりかえします。
PRINTED IN JAPAN